# La physique racontée
# aux poètes et aux enfants

Ulf Danielsson

# La physique racontée aux poètes et aux enfants

Traduit du suédois
par Anna Herbert de La Portbarré

ROBERT LAFFONT

Titre original : STJÄRNOR OCH ÄPPLEN SOM FALLER


---

ISBN 978-2-221-10947-2
(édition originale : ISBN 91-0-010138-9 Albert Bonniers Förlag, Stockholm)

*À ma mère*

# Préface

*Nous sommes tous dans le caniveau, mais certains d'entre nous regardent les étoiles.*

Oscar WILDE

Ils sont sans doute peu nombreux les scientifiques qui se montrent rationnels à chaque instant de leur vie. Il m'arrive par exemple de cracher en cachette par-dessus mon épaule si je vois un chat noir traverser la rue ; d'être convaincu que ma femme lit dans mes pensées ou d'imaginer que j'ai des dons de voyance… Mais que quelqu'un me dise croire à ces superstitions infondées, et je serai le premier à les décrier haut et fort. La plupart du temps, je suis malgré tout capable de maîtriser mes petites escapades dans l'irrationnel et d'adopter un point de vue raisonnable sur le monde.

Une vision du monde raisonnable, sans superstition, n'est pas pour autant une vision scientifique. Certaines questions qui touchent à l'humain, peut-être les plus importantes d'ailleurs, ne peuvent pas se comprendre en termes purement scientifiques. Observations et idées d'origines très diverses se recoupent. Certaines idées liées à la nature sont issues de circonstances historiques, et le récit qu'on en fait intègre l'évocation de destinées humaines. On ne peut rien comprendre si on ne se met pas dans une perspective humaine dont nous ne nous libérerons jamais. Nous faisons tous partie, en tant qu'êtres humains, du récit de l'univers, et ce par la matière même qui constitue nos corps. Une matière créée il y a longtemps dans les entrailles d'une étoile géante, et qui s'est raffinée pendant des milliards d'années.

À la longue, il est impossible de vivre sans vision, sans perspective. Autrefois, la religion offrait cette mise en perspective. À notre époque laïcisée, c'est un vide qui l'a remplacée. Comment le combler ? Seule solution pour guérir ceux qui deviennent de plus en plus superstitieux et sont en manque de vision : leur montrer l'inconnu et le merveilleux du monde réel. À une condition : que la compréhension soit au rendez-vous et que les limites de la science soient bien appréhendées. La science n'est en aucun cas une vision du monde complète ou une religion.

À l'heure où j'écris ces lignes, Mercure vient de passer devant le Soleil. Ce matin, j'ai apporté un télescope à l'école de mon fils pour montrer à sa classe la petite boule noire de la planète sur le disque éclatant du Soleil. Les enfants m'ont écouté avec curiosité parler de mondes très éloignés de la Terre ; j'espère que certains d'entre eux poursuivront leur réflexion. Mon message principal vise à montrer que nous en sommes encore à découvrir le monde. Tous ceux qui prétendent que c'est la fin de la science, que les questions les plus fondamentales ont trouvé leur réponse ont tort, j'en suis convaincu. Notre époque n'est en rien la fin des temps, nous nous trouvons au contraire au cœur de l'histoire.

*Uppsala, le 7 mai 2003*

# 1
# Le défi de Platon

*Où Platon défie les sages,*
*Eudoxe perd un globe stellaire*
*et Kepler chantonne la mélodie des sphères.*

J'ai toujours regardé les étoiles mais je me souviens tout particulièrement de la grande comète du printemps 1976. Mes parents m'avaient offert un abonnement à un magazine d'astronomie américain. On y parlait de la nouvelle comète, West, qu'on verrait bientôt apparaître. Très tôt un matin de mars, alors que personne n'était réveillé et qu'il y avait encore du givre, je suis sorti, plein d'espoir. L'air était vif, le jour commençait à poindre et on ne voyait plus que quelques étoiles. Pas de comète à l'horizon... Un peu déçu, je marchais sur le chemin près de la maison. Et tout à coup, au coin de la grange du voisin, je l'ai vue. Accompagnée de sa queue mystérieuse, elle était suspendue au-dessus de la montagne de l'autre côté du lac. Cela dépassait mon imagination. J'ai glissé sur une plaque de verglas en courant chercher mon télescope...

Des comètes d'une telle splendeur ont déjà été observées à de nombreuses reprises. L'Homme, étonné, un peu effrayé s'est demandé quelle était cette menace inattendue apparue dans le ciel. Dans le meilleur des cas, il a parié sur des phénomènes atmosphériques, dans le pire sur des mauvais présages, annonçant malheurs et accidents. Martin Luther affirmait que seuls les hérétiques pouvaient croire à des explications naturelles. Les deux effrayantes comètes apparues en 1664 et 1665 en sont un bon exemple. Pour les curieux de l'avenir, l'astrologue londonien John Gadbury pouvait être utile. Il venait de publier un ouvrage sur les événements à attendre suite à l'apparition d'une comète. Il suffisait de savoir dans quelle constellation la comète avait été observée au départ. Comme nos deux comètes avaient débuté leur voyage dans les constellations de la Vierge et du Capricorne, selon Gadbury, cela signifiait émeutes, persécutions et malheurs. Et, bien entendu, des événements dramatiques ont eu lieu en Angleterre à l'époque. Une peste terrible a emporté un grand nombre d'habitants. Ironie du sort, les comètes étaient apparues dans les seules constellations qui n'étaient pas signe de peste… Ironie encore, le jeune Isaac Newton (1642-1727) faisait partie de ceux qui ont fui l'épidémie. Le même Newton qui allait découvrir les lois expliquant la nature des comètes…

Ma comète West est sortie des rayons éblouissants du Soleil dans la constellation du Verseau ce matin-là. Selon John Gadbury, l'apparition aurait dû être suivie d'une épidémie de peste, de longues guerres et de la mort d'un prince ou d'une femme d'importance. D'après moi, la comète n'a rien changé au cours de l'histoire…

## Réflexion sur le retour des comètes

> *La comète pourrait aussi entrer en collision avec la Terre. Les habitants de la région d'impact s'en trouveraient sans doute assez mal mais ce serait positif pour l'Homme en général. Il pourrait faire vers cette nouvelle planète des voyages bien utiles, et tous ceux avides de terres vierges pourraient se lancer dans de nouvelles conquêtes*[1].
>
> Anders CELSIUS,
> *Tanckar om cometernes igenkomst*, 1735

La peur des comètes n'a pas disparu mais elle s'est parée avec le temps d'un voile scientifique. En 1910, quand la comète de Halley nous a rendu une de ses nombreuses visites, les astronomes ont découvert la présence d'acide cyanhydrique, extrêmement toxique, dans sa queue. Lorsqu'on a ensuite constaté que la Terre passerait par le milieu de la queue à la mi-mai, cela a soulevé une vague d'émotion et de visions apocalyptiques…

Les journées en question sont passées, rien de particulier n'a été signalé. Le gaz n'était bien évidemment pas assez dense pour provoquer quoi que ce soit et la comète a poursuivi son chemin comme si de rien n'était, sans se soucier du destin des hommes. À une exception près peut-être : l'écrivain américain Mark Twain. Twain avait vu le jour en 1835, lors de l'avant-avant-dernière visite de la comète de Halley. Il aurait lui-même affirmé être venu au monde avec le passage de la comète et prédit sa disparition pour son

1. Traduction libre du suédois.

passage suivant. Et quand donc est mort Mark Twain… sinon en 1910 ?

Les comètes font encore peur aujourd'hui mais on peut sans doute affirmer que cette peur est plus sérieusement fondée. Nous savons qu'il peut arriver que certaines comètes entrent réellement en collision avec la Terre, avec des conséquences catastrophiques. Exemple le plus connu : le choc en Amérique centrale il y a soixante-cinq millions d'années qui a plongé la Terre dans une obscurité hivernale pendant plusieurs années. C'est au cours de cette nuit glaciale que les dinosaures ont fini par capituler. Et cela se reproduira, peut-être demain, peut-être dans cent millions d'années. On ne peut pas non plus être certains d'être prévenus. Nous sommes loin de connaître tous les blocs de pierre ou de glace susceptibles d'approcher de la Terre et assez gros pour y provoquer une catastrophe à l'échelle mondiale. Ces blocs surgissent de nulle part et si par hasard ils arrivent de la même direction que le Soleil, on ne les distingue qu'une fois qu'ils s'éloignent. Ou qu'ils ont percuté la planète.

Par une douce nuit d'août 2002, j'ai vu passer un de ces blocs de pierre tueurs, d'un diamètre d'à peu près huit cents mètres. Il passait dans la nuit, juste au-delà de la Lune. J'ai vu dans mon télescope une étoile un peu faiblarde qui se déplaçait lentement dans le ciel. Et si son parcours avait été ne serait-ce qu'un peu différent, elle aurait changé le cours de l'Histoire… En 1908, l'accident n'était pas loin. La Terre se trouvait en trajectoire de collision avec un corps bien moins important, peut-être les restes d'une comète, qui a explosé très haut dans l'atmosphère et a dévasté ensuite une grande partie du désert sibérien près du fleuve Toungouska. Si la collision s'était produite dans une région plus peuplée, les conséquences auraient pu être catastrophiques.

Heureusement, les victimes d'objets tombés du ciel sont très rares et les cas documentés le sont encore plus. Ce pauvre chien à Nakhla, en Égypte, n'a vraiment pas eu de chance lorsqu'il est mort en 1911, percuté par une roche tombée de Mars. On ne connaît vraiment que très peu de roches qui, suite à d'importantes chutes de météores sur la planète rouge, sont catapultées dans l'univers pour finir sur terre. On frémit à l'idée des millions d'années de hasards successifs qui ont abouti à la mort précoce de ce pauvre chien… Ces météores martiennes présentent naturellement beaucoup d'intérêt : ce sont les seuls éléments de Mars que nous pouvons obtenir sur terre et les pierres sont étudiées au mieux de nos capacités. En 1996, la Nasa (agence spatiale américaine) a affirmé avoir retrouvé des traces de fossiles dans l'une de ces pierres. La déclaration a été vivement remise en cause depuis et l'avenir montrera ce qu'il en est.

Des pierres de plus petite taille tombent en revanche sans arrêt des cieux, on les voit toutes les nuits sous forme d'étoiles filantes. À l'instar des comètes, les étoiles filantes ont été liées à des phénomènes surnaturels.

Pour se moquer gentiment de ces idées parfois folkloriques, Aristophane (485-445 av. J.-C.) suggéra que les étoiles filantes n'étaient en fait que les âmes des morts rentrant avec force galipettes d'une fête bien arrosée. On visualise d'autant plus ladite fête lorsque la Terre traverse des nuages de poussière et de petits blocs de roche, *les essaims de météores*. On peut observer l'un des plus connus, les Perséides, pendant les belles nuits du mois d'août. Avec un peu de chance, les étoiles filantes sont nombreuses. En s'intéressant un peu à leur mouvement, on s'aperçoit qu'elles sont toutes issues de la même constellation, Persée. C'est bien sûr de là que l'amas tire son nom.

Comme d'autres essaims de météores, les Perséides trouvent leur origine dans une comète. On pense que ce sont des débris laissés dans le sillage de la comète Swift-Tuttle. Les deux astronomes Lewis Swift (1820-1913) et Horace Tuttle (1837-1923) l'ont découverte lors de son passage en 1862. Exception faite de la comète de Halley, dont je vous parlerai plus longuement, les comètes prennent habituellement le nom de celui ou de ceux qui les découvrent. On a compris petit à petit que la comète de 1862 devait être la même que celle apparue en 1737, et qu'elle réapparaîtrait vraisemblablement en 1992. Elle était au rendez-vous. Et au moment d'étudier sa trajectoire pour précisément localiser sa réapparition à proximité de la Terre et du Soleil, inquiétante découverte… En août 2126, date de la prochaine apparition prévue de la comète au cœur de notre système solaire, il y aurait risque de collision avec la Terre. Des calculs plus récents ont exclu cette menace, mais le spectacle sera sans doute magnifique lors du passage de cette grande comète.

Reste qu'il faudra encore attendre un million d'années avant que la comète West, ma comète, ne revienne. À l'heure où j'écris ces lignes, elle sort à grande vitesse de notre système solaire et entre dans la nuit, sous forme de boules froides, mélange de glace et de matière. Je n'oublierai jamais ce matin-là. C'est la comète West et, plus généralement, le ciel étoilé qui ont éveillé ma curiosité pour la nature. Et je ne suis pas le seul. Celui qui regarde les étoiles se pose rapidement une foule de questions : à quelle distance se trouvent-elles ? Pourquoi brillent-elles ? D'où viennent-elles ? Depuis combien de temps existent-elles ? Et quelle peut bien être notre place dans cette immense et mystérieuse création ? Les réponses, ou tentatives de réponses, nous mènent bien plus loin. La nature et le monde semblent d'une richesse incomparable en termes de phénomènes et d'expériences. Comme Albert Einstein (1879-1955) l'a dit, le plus remarquable c'est qu'ils soient tout de même compréhensibles.

Les régularités, la simplicité sous-jacente permettant la compréhension de la nature, l'Homme a pu en être convaincu grâce à l'étude des corps célestes. Ce qu'il fallait ensuite, c'étaient la réflexion, l'imagination, un œil vif. Le début de tout cela, le quand et le comment, s'est perdu dans le temps. Nous ne saurons jamais qui a, pour la première fois, donné un nom aux constellations ou qui, le premier, a suivi la danse des planètes d'année en année. C'est petit à petit que l'image s'est formée. Celle d'un univers empli de choses merveilleuses, dans lequel nous habitons à la surface d'une petite boule se déplaçant à une vitesse vertigineuse, au-delà de toute compréhension humaine. Et pourtant lorsqu'on regarde le ciel la nuit, il paraît si paisible… On ne devine même pas que notre Terre est ronde.

## La Terre est ronde !

De nos jours, plus personne, ou presque, n'a de doutes – la Terre est ronde. Il existerait encore une société en Angleterre qui affirmerait le contraire... Si j'avais un jour nourri des doutes, un vol de nuit d'Europe en Amérique du Sud les a estompés. J'ai toujours eu du mal à dormir en avion, je me suis donc réveillé régulièrement pendant le voyage. J'en ai profité pour observer le ciel nocturne par le hublot. Plus nous allions vers le sud, plus Orion se déplaçait dans le sens des aiguilles d'une montre dans le ciel. La constellation se retrouvait à un endroit toujours plus bizarre. J'ai pu voir bientôt que d'autres étoiles prenaient également des positions inhabituelles. Une fois l'équateur passé, le ciel de l'hémisphère nord était derrière nous, celui du Sud devant nous. Le Lion s'est retrouvé la tête à l'envers. Une fois arrivé, j'ai profité d'une excursion nocturne pour faire une observation déterminante : dans la pampa, la Grande Ourse est morte, seules les pattes dépassent. Plus de doute possible : la Terre est bien ronde !

On peut aussi percevoir la forme de la Terre sans prendre l'avion entre deux continents. Un navire qui sort en mer le montre bien à un terrien observateur. Il finit par disparaître derrière l'horizon, en ne laissant dépasser finalement qu'un bout de son mât. Si le navire revient après un certain temps et que l'équipage vous raconte de surcroît qu'il n'est pas du tout tombé dans un gouffre, la démonstration est complète. Et malgré les idées reçues, la forme de la Terre est bien connue depuis des milliers d'années. Un Colomb plus ou moins seul à en avoir été convaincu n'est qu'un mythe assez récent.

Si on est un peu malin, il est également possible avec des instruments assez simples de déterminer la taille de la Terre. Ératosthène (276-194 av. J.-C.), le responsable de la gigantesque et mythique bibliothèque d'Alexandrie, s'est justement lancé dans l'exercice il y a de cela plus de deux mille ans. Ératosthène savait que le soleil de midi, le jour du solstice d'été, venait éclairer le fond d'un puits de la ville de Syene (Assouan).

En d'autres termes, le soleil de Syene était à ce moment précis au zénith, c'est-à-dire à la verticale de la Terre. Ératosthène avait également pu constater qu'un poteau à Alexandrie projetait au même moment une ombre d'une certaine longueur. À l'aide de l'ombre on pouvait donc calculer la hauteur du soleil à Alexandrie. La seule explication possible aux différences de hauteur devait être que la Terre était ronde. Il a suffi à Ératosthène de connaître la distance entre Alexandrie et Syene pour ensuite évaluer la taille de la Terre. Ce qui est assez extraordinaire, c'est qu'il est parvenu à déterminer une circonférence d'à peu près quarante mille kilomètres, ce qui correspond assez bien à la valeur que nous connaissons aujourd'hui. Malheureusement, les résultats d'Ératosthène ont été très rapidement oubliés et les géographes n'ont plus su faire de calculs aussi précis. Ils persistaient au contraire à dire que la Terre était bien plus petite. Heureusement peut-être pour Christophe Colomb… S'il avait connu la taille réelle de la Terre, son projet de rejoindre la Chine et l'Inde par l'ouest aurait semblé bien trop dangereux.

En remontant encore plus loin, on peut trouver des partisans de la *Flat Earth Society* très tôt.

Quelques siècles avant Ératosthène, le Grec Anaxagore était convaincu que la Terre était plate. S'il avait tenté les mêmes observations qu'Ératosthène, il aurait sans doute expliqué le résultat très différemment. Sur une terre plate, si le Soleil est perçu à des endroits différents au même moment, cela doit signifier qu'il est assez proche de la Terre. Si on mesure la hauteur du Soleil à différents endroits en partant de l'idée fausse que la Terre est plate, on en conclut naturellement que le Soleil ne se trouve qu'à six mille petits kilomètres. D'ailleurs, cette distance de six mille kilomètres correspond assez bien à certaines mesures d'Anaxagore. Il avait calculé que la taille du Soleil devait correspondre à peu près à la presqu'île du Péloponnèse. Intéressant de constater que des observations concrètes peuvent également être intégrées à une vision fausse du monde, pour ensuite la développer et la préciser. Ce n'est pas la première fois que cela arrive dans l'histoire des sciences. Certaines de nos affirmations actuelles pourront sans doute à l'avenir servir d'exemples instructifs et amusants…

## Le moulin d'Hamlet

La Terre n'est pas seulement ronde, elle est également en mouvement. Nous ne ressentons pas ce mouvement mais nous pouvons l'observer en levant les yeux. Enfin, il est sans doute plus facile de croire que la Terre est immobile et que c'est plutôt le ciel qui bouge. Les étoiles font un tour en vingt-quatre heures et le Soleil fait un tour dans le sens inverse des aiguilles d'une montre en un an par rapport aux étoiles. C'est ainsi que le ciel étoilé change selon les saisons.

Les Égyptiens ont remarqué très tôt que les changements de saison étaient liés à des changements dans le ciel et les étoiles. Pour eux Sirius était l'étoile la plus importante, la plus brillante. Ils avaient également observé son lever juste avant l'aube autour de la Saint-Jean. Sirius marquait la crue à venir du Nil ainsi que le début de la nouvelle année. Pour les Égyptiens, c'était même Sirius qui était responsable des inondations. Il n'est pas facile de déterminer la cause ou les conséquences, ou le simple hasard. Il est vrai que les Égyptiens s'étaient vite aperçus que l'année ne comptait pas exactement 365 jours mais un peu plus : à peu près 365 jours un quart. Mais, pour une raison quelconque, ils ont tenu à conserver un calendrier de 365 jours. Au bout de 1 460 années naturelles, il s'était en fait écoulé 1 461 années selon le calendrier égyptien. La nouvelle année, marquée par Sirius, était par conséquent décalée un peu tous les ans pour finalement reprendre sa place initiale au bout de 1 461 ans. C'est ce qui s'appelait le *cycle de Sothis*, d'après Sothis justement, le nom que les Égyptiens donnaient à Sirius.

Les mouvements importants de la voûte céleste ont sans doute depuis longtemps joué un rôle clé dans les mythes et légendes. Dans l'Edda islandais, écrit vers le XIIIe siècle, Snorri Sturluson nous parle du roi Frodi qui moud l'or, le bonheur et la paix dans son moulin de la grotte. L'histoire trouve cependant une fin atroce lorsque Mysing, le roi des Mers, tue Frodi et emporte le moulin en mer. Rien ne va plus :

> « Il leur ordonna de continuer à moudre. Elles s'exécutèrent, mais il ne se passa pas longtemps avant que le bateau ne sombrât. Puis il se forma un grand tourbillon dans la mer quand les flots s'engouffrèrent dans l'œil de la meule. Ce fut alors que la mer devint salée[1]. »

Ce récit n'est peut-être pas seulement une histoire pour expliquer pourquoi la mer est salée. Peut-être trouve-t-on ici un message bien plus profond : à mots couverts il est fait référence à des mythes ancestraux sur la voûte céleste. C'est encore plus intéressant si on lit l'auteur danois Saxo, qui au XIIIe siècle baptise le moulin « moulin d'Hamlet ». C'est d'ailleurs ce qui est repris par Giorgio de Santillana et Hertha von Dechend dans leur essai *Hamlet's Mill*[2] dont les analyses ont semé fascination et perturbation depuis plus de trente ans. Selon les deux auteurs, cette histoire du moulin d'Hamlet ouvre la voie à des interprétations vertigineuses, une antique théorie du Tout. Il faut pour mieux comprendre que je vous en dise plus long sur la place de la Terre dans l'Univers.

On pourrait comparer notre planète à une toupie géante qui fait un tour sur elle-même en vingt-quatre heures. Tout comme la toupie, son axe de rotation fait des mouvements de va-et-vient. Aujourd'hui l'axe est

1. Snorri Sturluson, *L'Edda*, traduit du vieil islandais par François-Xavier Dillman, Paris, Gallimard, 1991, p. 128.
2. Giorgio de Santillana et Hertha von Dechend, *Hamlet's Mill*, Boston, David R. Godine, 1977.

pointé sur l'étoile $\alpha$ *Ursae minoris* de la Petite Ourse, notre étoile Polaire, mais à l'époque de l'Égypte ancienne, il l'était sur la constellation du Dragon. Ce mouvement très lent s'appelle la *précession*, et l'axe fait un tour complet en vingt-six mille ans. Était-il possible d'avoir connaissance du phénomène pendant l'Antiquité ? Au cours d'une vie humaine et sans instruments de mesure précis, impossible de voir des changements dans le ciel dus à la précession. Mais une culture qui garderait en mémoire ce que voyaient les ancêtres pourrait permettre de prendre conscience du phénomène.

L'idée n'est pas absurde ; dans de nombreuses cultures, le ciel et les étoiles ont été utilisés pour marquer les moments importants de l'année, surtout chez les Égyptiens. Et si, comme nous l'avons dit, la précession influence les mouvements du ciel, l'Homme a dû, au cours des siècles, s'apercevoir que la connaissance accumulée n'était plus valable. Que rien n'allait plus, le temps avait déraillé.

Eudoxe de Cnide, (409-356 av. J.-C.) était un grand mathématicien. Outre les mathématiques, il s'intéressait aussi aux étoiles, et il aurait laissé à ses héritiers un globe stellaire gravé de constellations. Malheureusement rien n'a survécu, ni globe ni écrits astronomiques. En 270 av. J.-C., le poète Aratos de Soles nous parle tout de même de toutes les constellations du globe d'Eudoxe. Cent cinquante ans après Aratos, c'est Hipparque de Rhodes qui étudie le poème et s'en trouve perplexe. Pour lui, les constellations d'Eudoxe sont tout à fait étranges. On retrouve des étoiles dans le poème que ni Aratos ni Eudoxe n'auraient pu observer. Et certaines étoiles tout à fait visibles pour Hipparque ne sont même pas mentionnées par Eudoxe. Impossible de savoir si Hipparque a jamais réussi à élucider le mystère, mais il a en fait trouvé la solution dans un autre cadre. Il a noté les positions de certaines étoiles et les a comparées avec les positions notées quelques siècles auparavant. En 127 av. J.-C., il a constaté que les étoiles avaient bougé. Il avait découvert la précession.

Le secret du globe d'Eudoxe est qu'il représente le ciel bien longtemps avant son époque. C'était, comme je l'ai précisé, un excellent mathématicien, mais peut-être était-il moins observateur quant au monde réel. Il a dû reprendre de vieilles observations notées très longtemps auparavant, sans prendre la peine de les vérifier. Il se serait alors aperçu que quelque chose n'allait pas. Si on compare le poème d'Aratos et les calculs d'aujourd'hui, on en déduit que les astronomes à l'origine du globe d'Eudoxe devaient avoir fait leurs observations aux alentours de 2500 av. J.-C. Mais qui étaient-ils ? Peut-être une boule de métal ou de pierre gravée de constellations ancestrales est-elle enterrée quelque part et attend l'heureux archéologue…

On peut quand même se demander si Hipparque est vraiment le premier à avoir découvert la précession. Peut-être cette connaissance ancestrale des changements du ciel a-t-elle été intégrée à nos récits. Et nombreux sont nos mythes à trouver leurs origines dans les cieux. On retrouve cela en grande partie dans la littérature. Lors de l'équinoxe de printemps, la position du Soleil change par rapport aux différentes constellations, c'est l'une des conséquences de la précession. Les époques se suivent, et l'on trouve le Taureau, le

Poisson ou le Bélier. En remontant suffisamment loin, on se retrouve sous le signe des Gémeaux. Pendant des siècles, l'œuvre de l'homme sur terre et les mouvements des cieux faisaient partie intégrante d'une vision complète du monde. Une théorie du Tout, pourrait-on dire. Peut-être le moulin de l'Edda n'est-il qu'un reflet de l'axe de la Terre en rotation permanente. Le mythe raconte comment la Terre est sortie de son axe.

C'est tentant, peut-être un peu trop d'ailleurs, de se demander dans quelle mesure, au cours des millénaires passés, les cultures ont pu comprendre le ciel et les étoiles. Je pense surtout ici aux Mayas avec leurs larges connaissances mathématiques et astronomiques – cela invite à la spéculation. Le mystérieux calendrier maya trouve son origine dans le passé lointain, à la date du 13 août 3114 av. J.-C., et il se termine quelques jours après le solstice d'hiver, le 23 décembre 2012. C'est une période de 5 125 ans que l'on appelle communément le *grand cycle*. Pourquoi donc se préoccupaient-ils de perspectives si éloignées ? On peut comprendre le début du calendrier au mois d'août en regardant le récit maya de la création. C'est en tout cas l'avis des chercheurs David Freidel, Linda Schele et Joy Parker dans leur ouvrage *Maya Cosmos*[1]. Selon le mythe maya la Voie lactée, telle qu'on la voit dans le ciel d'août, est comme l'arbre du monde, un monstre cosmique, ou encore comme le bateau qui mène le dieu du maïs à l'endroit de la création. Voilà

1. David Freidel, Linda Schele et Joy Parker, *Maya Cosmos : Three Thousand Years on the Shaman's Path*, New York, W. Morrow, 1993.

peut-être ce qui explique pourquoi le début des temps selon les Mayas est au mois d'août. Mais pourquoi en 3114 av. J.-C. ? Est-ce un hasard de voir la fin du calendrier si proche d'un solstice d'hiver ? Peut-être était-ce pour eux une évidence que le temps s'arrêterait à ce moment-là. On peut aussi se demander si les Mayas, avec leur vision si large du temps, n'avaient pas pressenti la précession ? À ma connaissance, il n'existe cependant aucune tentative sérieuse de démontrer de telles théories. Peut-être que l'époque de grandeur des Mayas n'a pas été assez longue... Les spéculations continueront sans aucun doute bien après le début du nouveau grand cycle.

Pour nos ancêtres, le ciel faisait partie intégrante de la vie quotidienne ; aujourd'hui, nombreux sont ceux qui n'ont jamais vu la Voie lactée alors même que nous en savons bien plus sur le monde. Nous vivons à une époque très particulière... Ne nous laissons tout de même pas emporter par ces vieilles idées, nous savons aujourd'hui que tous ces mythes sur les liens entre Terre et ciel n'étaient rien de plus que des histoires. Pour citer Nils Ferlin : « Aux étoiles peu importe si quelqu'un est né ou mort[1]. »

J'aimerais plutôt montrer comment l'émerveillement peut rester le même aujourd'hui, grâce à nos nouvelles connaissances. La métaphore de la Terre comme toupie géante peut paraître pauvre, c'est vrai. On peut se demander si notre ancienne vision du monde a été remplacée par quelque chose de trop simple, vidé de son sens, où l'Homme n'aurait plus sa place. Est-il devenu interdit

1. Traduction libre du suédois, d'après Nils Ferlin, *En döddansares visor*, Stockholm, Bonniers, 1943.

de rêver ? Pour moi, c'est l'inverse... Les sciences et la physique ont enrichi et développé notre vision du monde. Les raisons de s'émerveiller sont plus nombreuses que nous ne pouvions l'imaginer. Les liens cosmiques existent mais vont plus loin, sont plus merveilleux, et le plus fascinant est de vivre à une époque où nous avons encore des découvertes à faire. Le monde est encore jeune et nous n'y connaissons pas la place de l'Homme.

La meilleure illustration à mes propos est peut-être une image. Une image que ni Eudoxe, ni Hipparque, ni Ératosthène n'ont pu contempler. Une photo prise dans des régions désertiques, loin de notre Soleil et de sa chaleur, dans l'espace interstellaire où il n'apparaît plus que comme une étoile. L'étoile la plus brillante, la plus grosse d'accord, mais seulement une étoile. L'image a été prise par la sonde Voyager 1 le 14 février 1992. Dix ans auparavant, Voyager avait frôlé Jupiter et Saturne avant de quitter le système solaire. Il fallait alors sept heures à la lumière du soleil pour atteindre Voyager – à comparer avec les huit minutes pour arriver sur terre. On a simplement tourné la caméra de la sonde vers le Soleil et pris une photo de tout le système solaire. On voit bien que la Terre n'est qu'une des planètes du Soleil, presque cachée par sa lumière. Un petit point, c'est tout. C'est là que nous nous trouvons. C'est là que toute notre Histoire s'est déroulée, que tous nos rêves ont été rêvés.

## Le défi de Platon

Platon est connu pour bien des choses, pas seulement pour ses considérations philosophiques. Il a mis les sages au défi d'expliquer les mouvements des corps célestes. Selon lui, il devait exister une simplicité profonde derrière les mouvements des planètes, reposant de préférence et de toute éternité sur le cercle. Et le premier à relever le défi ne fut autre que notre ami Eudoxe, son contemporain. À l'aide d'un système de sphères, il aurait mathématiquement réussi à décrire les mouvements des sept corps célestes dans le ciel – les cinq planètes, le Soleil et la Lune. Comme je l'ai déjà indiqué, il ne reste rien du mystérieux globe stellaire d'Eudoxe, ni de ses écrits concernant le ciel. Une grande partie des connaissances antiques a disparu à jamais et c'est bien triste.

Intéressons-nous plutôt au grec Ptolémée d'Alexandrie, car c'est lui le premier qui va apporter une solution plus durable au défi de Platon. Dans son ouvrage l'*Almageste* (« Le plus grand » en arabe), vers l'an 150 apr. J.-C., il décrit de façon détaillée la meilleure façon de comprendre les mouvements. Son système a si bien fonctionné qu'il est resté valable mille cinq cents ans, et Ptolémée lui-même a écrit, satisfait : « Lorsque j'observe avec satisfaction les mouvements de va-et-vient des corps célestes, j'ai ma portion d'ambroisie, la nourriture des dieux[1]. »

Ptolémée avait pris Platon au mot et construit des systèmes ingénieux fondés sur des cercles, permettant de prévoir correctement la position des planètes. Les planètes, la Lune et le Soleil décrivent principalement des mouvements circulaires autour de la Terre. Pour être tout à fait fidèle aux observations, il fallait cepen-

1. Traduction libre.

dant ajouter un système de cercles plus petits, les *épicycles*, dont les centres respectifs se trouvaient sur l'orbite. Plus la précision était élevée, plus il fallait de cercles.

Le système de Ptolémée n'était qu'une construction mathématique. Les prévisions étaient justes, mais on ne sait pas si la réalité correspondait aux prévisions. Au cours du XIIIe siècle, on commence à fusionner l'astronomie de Ptolémée, la physique d'Aristote et les croyances chrétiennes pour en faire un tableau complet. Un dogme qui ne pourrait jamais être remis en cause. Mais il y avait encore bien des sceptiques…

Deux nouveaux systèmes visant à mieux décrire le tout ont été élaborés au XVIe siècle. L'un d'entre eux est signé Nicolas Copernic (1473-1543), l'autre l'astronome danois Tycho Brahé (1546-1601). En opposition avec le dogme établi, Copernic pensait que le soleil était au centre du système et que toutes les planètes, Terre incluse, étaient en orbite autour de lui. Dans la pratique, le système de Copernic ne fonctionnait pas beaucoup mieux que celui de Ptolémée. Comme son prédécesseur, Copernic était obsédé par les mouvements circulaires, et il avait besoin d'épicycles tout comme Ptolémée pour reproduire de façon exacte les mouvements réels des planètes. Copernic n'est d'ailleurs pas le premier à avoir imaginé un système solaire avec pour centre le Soleil. Le grec Aristarque y pensait déjà en 300 av. J.-C. et Copernic le savait bien. Dans le manuscrit de son *De revolutionibus*[1], Copernic mentionne qu'Aristarque

1. Nicolas Copernic, *Des révolutions des sphères célestes*, achevé vers 1530.

avait eu les mêmes idées que lui, mais dans la version révisée puis publiée, Aristarque a disparu. Par erreur peut-être…

Tycho Brahé était convaincu, comme Copernic, que le système de Ptolémée était erroné. Il existe d'ailleurs une série d'observations astronomiques simples qui permettent de le prouver. On peut par exemple se pencher sur les observations de Vénus. Selon Ptolémée, Vénus est toujours plus proche de la Terre que le Soleil. Vénus devrait donc normalement toujours être visible comme un croissant dans le ciel. Quand Galilée (1564-1642), quelques décennies plus tard, tourne son nouveau télescope vers le ciel, il constate que Vénus présente une gamme complète de phases, comme la Lune. Il devient donc impossible de s'en tenir aux théories de Ptolémée. Vénus est toujours proche du Soleil dans le ciel et ne peut apparaître plus qu'à demi pleine que si elle se trouve plus loin de la Terre que le Soleil. On peut avec de simples jumelles suivre les phases de Vénus et s'apercevoir que Ptolémée avait tort. Autre possibilité, les observations de Mars. Selon Ptolémée encore, le Soleil est toujours plus proche de la Terre que ne l'est Mars, alors que selon Copernic la distance varie. Pour connaître la vérité, il faut naturellement trouver un système ingénieux pour mesurer la distance des planètes.

Les phases de Vénus ou la distance par rapport à Mars étaient cependant bien au-delà des possibilités de Tycho, qui n'avait comme seul outil que ses yeux… C'est grâce à son intuition et à son bon sens qu'il fut convaincu de l'erreur de Ptolémée et de la nécessité d'adopter un nouveau système. Ensuite, Tycho s'est perdu. Il avait bien compris les lacunes du système ptoléméen mais restait persuadé que la Terre était au centre du système. Non sans difficulté, il donne la solution : le Soleil est en orbite autour de la Terre, et toutes les autres planètes en orbite autour du Soleil. Cette construction géniale permet, selon Tycho, de tirer le meilleur parti de tous les systèmes.

Selon cette nouvelle vision du système solaire, il devient possible de se débarrasser des orbes de cristal. Celles-ci correspondent, dans le système de Ptolémée, à des cercles auxquels le Soleil, la Lune, les planètes et les étoiles sont fixés et qui se déplacent lentement autour de la Terre. Dans le système de Tycho, l'orbe du Soleil coupe la route aux orbes de Mercure, de Vénus et de Mars et toute cette construction en orbes ne tient plus. Les astres en mouvement feraient voler en éclats les orbes de cristal…

Tycho Brahé avait cependant d'autres arguments et observations qui posaient problème à Copernic également. Selon Tycho, si la Terre tournait autour du Soleil, on devrait voir les étoiles bouger quelque peu les unes par rapport aux autres au cours d'une année. Comme un doigt qui bouge si on le tient devant le visage et qu'on le regarde de l'œil gauche puis de l'œil droit. C'est ce qu'on appelle la *parallaxe*. Tycho n'a pas observé de parallaxe et en a donc conclu, à tort, que la Terre ne bougeait pas. Nous savons bien entendu de nos jours que la parallaxe existe, même si elle est infime. L'éloignement des étoiles est tel qu'il dépasse de loin tout ce que Tycho avait pu imaginer. Les mesures de parallaxe sont aujourd'hui très importantes pour calculer la distance à laquelle se trouve une étoile, si elle n'est pas trop éloignée. Le record est détenu par le satellite Hipparcos qui a pu mesurer des parallaxes pour des étoiles à mille années-lumière de nous.

Tycho Brahé ne s'est pas limité à la parallaxe des étoiles. Il s'est aussi intéressé aux comètes et on lui doit plusieurs découvertes intéressantes sur ces corps célestes. Cependant, il faudra longtemps avant qu'on ne soit convaincu que les comètes peuvent se prêter à des études scientifiques, et qu'elles ne sont pas dues à des phénomènes surnaturels. En 1577, Tycho découvre une comète de taille impressionnante. Tout de suite, il veut mesurer sa parallaxe, à l'instar de ce qu'il a essayé de faire pour les étoiles. Pour y parvenir, il compare la position de la comète dans le ciel à celle des étoiles à Prague et dans l'île de Ven. C'est encore un échec, et la conclusion – juste cette fois-ci – est que les comètes se meuvent parmi les planètes et qu'il ne s'agit pas du tout d'un phénomène atmosphérique.

Résumons ainsi : Tycho a eu à la fois tort et raison dans ses raisonnements sur les parallaxes, même si ses observations étaient justes dans les deux cas. À l'œil nu, il est en effet impossible de détecter une quelconque parallaxe, pour une étoile ou une comète. En revanche, sur la base de ses idées préconçues, il a tiré la bonne conclusion dans un cas et la mauvaise dans l'autre. Gardons cela en tête...

## Sur ce qui est naturel et ce qui ne l'est pas

Pour ce qui est des mouvements relatifs des corps célestes, impossible donc de savoir si Tycho Brahé ou Copernic avaient raison. Pour aller plus loin, on ne pouvait se contenter d'observations astronomiques, la physique sous-jacente devait être explicitée. Aristote, dans les années 300 av. J.-C., élève de Platon et professeur d'Alexandre le Grand, aurait sans doute nié toute possibilité d'une Terre en mouvement. Il aurait rejeté les théories de Copernic en posant la question : Mais comment se fait-il que nous ne tombions pas de la Terre si celle-ci se déplace si vite à travers l'espace ? Ptolémée pour sa part affirmait : « Mais si la Terre avoit un mouvement qui lui fût commun avec tous les autres corps graves, elle les précéderoit bientôt par l'effet de sa masse, et laisseroit sans autre appui que l'air, les animaux et les autres corps graves, et seroit bientôt portée hors du ciel même. Toutes ces conséquences sont du dernier ridicule, même à imaginer[1]. »

Notre pensée a vraiment changé depuis…

Aristote parlait de mouvements naturels et de mouvements contre nature. Le mouvement naturel d'un corps terrestre pouvait, selon lui, aller vers le haut ou vers le bas par rapport au centre de la Terre. Cela dépendait de la composition du corps et de ses proportions par rapport aux quatre éléments : terre, eau, air et feu. Aristote avait bien sûr compris que certains mouvements n'entraient pas dans ce moule. Exemple simple : un caillou que l'on fait tourner attaché au bout d'une ficelle. Ces mouvements-là étaient, selon lui, tout à fait contre nature et temporaires.

Au centre de la vision d'Aristote, on trouve la séparation entre ciel et Terre. Pour lui, les lois régissant ces deux parties du monde sont fondamentalement différentes. Le mouvement naturel des corps célestes est le cercle. Ces corps ne sont donc pas composés d'un des

1. Claude Ptolémée, *Almageste*, Paris, A. Blanchard, 1988, facsim de l'édition de Paris, H. Grand, 1813-1816, livre I, p. 19.

quatre éléments mais d'un cinquième : l'éther ou quintessence. Avec une telle vision du monde, les arguments pour l'immobilité de la Terre sont innombrables. Si la Terre était en rotation, ses composantes décriraient des cercles. Or il s'agit d'un mouvement contre nature, forcé, donc temporaire. L'ordre du monde étant éternel, cela ne peut pas être. La physique d'Aristote, qui par ailleurs correspond assez bien aux observations du réel, ne laisse pas de place à une Terre en mouvement.

Cette ancienne physique d'Aristote peut nous paraître étrange à bien des égards. Reste que beaucoup, en leur âme et conscience, continuent de raisonner de la même manière lorsqu'il est question de corps en mouvement. Ils se disent éclairés, prétendent savoir que la Terre est une boule en mouvement rapide dans l'espace, mais dès qu'il s'agit de mener un raisonnement indépendant, tout se complique.

Nous ne savons pas grand-chose d'Aristote, quand il fut vraiment en activité et à quoi il ressemblait. On peut dire qu'il a vécu entre 384 et 322 av. J.-C., mais cela mis à part… Dans *Météorologie*, Aristote relate un événement qui le rapproche de nous :

> « … et nous-mêmes nous avons vu deux fois déjà la planète de Jupiter entrer en conjonction avec une des étoiles qui sont dans les Gémeaux, et la cacher[1]… »

C'est un indice suffisant pour établir un lien entre notre époque et un instant remontant à plus de deux mille ans. Les trois chercheurs Sheldon Cohen, Paul

1. Aristote, *Météorologie*, traduction de Jules Barthélémy Saint-Hilaire, Ladrange, 1863, version électronique, livre I, ch. VI, § 12.

Burke et Jean Meeus ont calculé qu'il devait s'agir du 5 décembre en 327 av. J.-C. et l'étoile, qui se trouve dans le pied gauche du gémeau droit, donc Castor, doit correspondre à ce que nous appelons aujourd'hui 1 Geminorum. Aristote aurait sans doute apprécié : ses observations un soir d'hiver il y a bien longtemps sont retrouvées à l'aide des lois découvertes par ses successeurs. Aristote s'est beaucoup trompé, mais il avait saisi qu'on pouvait comprendre la nature grâce à ses phénomènes récurrents, et qu'il était possible de les découvrir grâce à la logique et à la raison.

Aristote et la scolastique médiévale donnent une vision du monde logique et figée où il ne reste rien à découvrir. Les lois régissant le ciel et la Terre entrent dans un cadre bien déterminé, correspondant à un dualisme fondamental : l'éternel dans le ciel et l'éphémère ici-bas. Tout a un sens, tout est pour le mieux et l'objectif suprême de la création est la gloire de Dieu. La tâche des scolastiques était de transmettre cet héritage de connaissances figées.

Par opposition à ce monde, une résistance en partie souterraine s'est mise en place : l'hermétisme avec sa mystique et son alchimie. La base de l'hermétisme se retrouve dans des écrits occultes remontant aux premiers siècles apr. J.-C. Ils sont attribués à Hermès Trismégiste, nom grec donné au dieu égyptien Thot, la source de toutes les connaissances. Selon ce mouvement et son principal représentant, l'alchimiste allemand Théophraste Paracelse (1493-1541), la logique n'est pas suffisante pour expliquer les mystères de la nature. Une certaine intuition ainsi que des révélations étaient nécessaires pour atteindre la véritable connaissance. Nous comprenons bien aujourd'hui que l'hermétisme était basé sur des superstitions, nous le rejetons comme une aberration, mais tout de même, on peut y trouver des éléments intéressants. Les fondements de la physique moderne se trouvent dans les deux systèmes. Tout comme Aristote, nous sommes convaincus de ne pouvoir compter que sur notre bon sens assorti de logique pour comprendre les mystères de la nature. Comme les alchimistes et contrairement à Aristote, nous pensons que nous n'avons pas une vision complète du monde. De nouvelles questions surgissent, de nouvelles profondeurs restent inexplorées. C'est bien la combinaison des deux qui nous fait avancer.

Les sciences sont un jeu d'équilibriste qui se complique au fur et à mesure que leurs frontières sont repoussées. Il faut rester ouvert aux nouvelles idées, aux nouvelles possibilités. Il faut rester prêt à penser différemment. D'un autre côté, il faut toujours éprouver et remettre en question de façon approfondie tout ce qui pourrait aller à l'encontre des idées reçues. Pour qu'une idée perce, il lui faut une certaine force.

Lorsque je dois donner ma vision des sciences, ma description change en fonction du public. Si j'ai en face de moi quelqu'un de nature assez fermée, qui pense avoir les deux pieds sur terre, c'est ma nature paracelsique qui perce. Je mets en avant tout ce qui reste à découvrir. Ce que nous savons nous laisse entrevoir un univers bien plus merveilleux que ne le laisse apparaître la rigide mécanique newtonienne. La mécanique quantique et la relativité combinées nous ouvrent les portes d'un monde où le sens et la conscience pourraient même avoir leur place.

À d'autres moments, je me sens au contraire obligé d'expliquer qu'on ne peut pas rêver le monde. Nous avons bien sûr le choix des questions et donc une influence sur nos connaissances à venir, connaissances scientifiques incluses. Mais il y a des limites. On ne trouve aucun élément subjectif ou idéologique dans les lois de Newton. Si je saute par la fenêtre de notre chambre, je tomberai que je le veuille ou non à une vitesse que je peux calculer et prévoir.

## La musique des sphères

Il me faut maintenant en revenir au système des mondes. Moment décisif : Galilée voit la Lune pour la première fois dans son nouveau télescope en 1609. Il comprend que c'est un autre monde, pas si différent de la Terre. Le voilà convaincu de l'excellence du système de Copernic. Sa découverte ultérieure des lunes de Jupiter achève de le convaincre. Le 7 janvier 1610 il remarque trois de ces lunes, puis un temps plus tard la quatrième. Au bout d'une semaine d'observation et de réflexion, il comprend que ces lunes sont vraiment en orbite autour de Jupiter et constituent un système solaire en miniature. Les orbites des corps ne se font donc pas forcément autour de la Terre ! Cependant dans son *Sidereus nuncius*, *Le Messager céleste*[1], dédié à Cosme de Médicis (il nomme d'ailleurs les lunes les étoiles de Médicis), ses interprétations sont prudentes. Galilée est un catholique fervent et comprend qu'il est en terrain

1. Galilée, *Le Messager céleste*, Paris, Les Belles Lettres, 1992.

glissant. Mais lorsqu'il étudie finalement les différentes phases de Vénus à travers son petit télescope, il n'y tient plus. Il faut qu'il publie ses idées.

Cette décision aura d'énormes conséquences. Robert Bellarmin, cardinal et grand théologien à Rome s'attaque à Galilée et aux autres défenseurs du système de Copernic. Le système copernicien permettait il est vrai de décrire simplement les mouvements des corps. Il était donc pratique de penser que le Soleil était immobile et que la Terre était en orbite autour de lui, mais cela ne suffisait en aucun cas à le prouver ! On pouvait bien sûr souligner le côté pratique du système, c'était sans danger. Aller plus loin aurait courroucé les théologiens et les philosophes, remis en cause les croyances sacrées et donc été extrêmement dangereux. Que de véritables preuves fussent apportées, et il aurait fallu réinterpréter la Bible en profondeur. Le cardinal Bellarmin était convaincu que Galilée n'était pas en possession de ces preuves. Et il avait raison. Le système de Tycho Brahé fonctionnait tout aussi bien. Le cardinal Bellarmin pouvait également expliquer à Galilée les difficultés politiques que son système engendrait. Les protestants d'Europe du Nord remettaient en cause de façon de plus en plus virulente les interprétations bibliques des catholiques. Pour se défendre, ces derniers faisaient une lecture de la Bible de plus en plus rigide, les écarts devenaient intolérables. Conséquence : on pouvait encore moins accepter les spéculations coperniciennes...

Galilée a, par la suite, rencontré le pape Urbain VIII (1568-1644) mais rien n'a jamais pu le convaincre de mettre fin à ses raisonnements ni de renier ses croyances. Le *Dialogue sur les deux grands systèmes du monde*[1] fut la goutte de trop… Dans cet ouvrage merveilleux, Galilée laisse ses personnages Salviati, Sagredo et Simplicio débattre des systèmes du monde. Simplicio se pose en défenseur de l'ancienne physique avec sa Terre immobile. Le nom que Galilée lui a choisi montre bien ce qu'il en pense. Il est assez probable que le pape se soit reconnu en Simplicio et que cette comparaison l'ait vexé et énervé…

Galilée est arrêté mais pas condamné pour hérésie. C'est plutôt son dangereux refus d'obéir qui met l'Église hors d'elle. À une époque plus moderne, l'Église a gagné en lucidité et fini par regretter ses agissements. Une commission est nommée en 1979 pour enquêter sur l'affaire. Le verdict tombe en 1992, trois cent cinquante ans après la mort de Galilée. Le pape Jean-Paul II explique que les théologiens se sont trompés ; ils ont laissé les écrits de la Bible influencer le monde physique.

Ce processus long et pénible nous apparaît comme franchement contraire au processus scientifique. Et pourtant le côté éternel, atemporel du phénomène peut aussi faire penser au domaine scientifique. Les vérités que recherche la physique n'ont rien d'éphémère non plus, ce sont des valeurs pérennes que les scientifiques veulent obtenir. Nous trouvons là une ressemblance. Dans les romans de Peter Nilson, *Rymdväktaren*[2] (*Le*

1. Galileo Galilei, *Dialogue sur les deux grands systèmes du monde*, traduit de l'italien par René Fréreux et François de Gandt, Paris, Le Seuil, 1992.

2. Peter Nilson, *Rymdväktaren*, Stockholm, Norstedt, 1995. La traduction du titre en français est une traduction libre.

*Gardien de l'espace*) et *Nyaga*[1], le lecteur découvre un avenir dans lequel l'Église catholique est porteuse de culture et de connaissance. Des ordinateurs quantiques résolvent les ultimes mystères scientifiques et religieux. Le cours de l'Histoire aurait pu être très différent dans un monde de tolérance, un monde où l'on aurait compris que la religion et les sciences ne sont finalement que différentes facettes du même tout. Pensée vertigineuse…

Contemporain de Galilée, l'astronome allemand Johannes Kepler (1571-1630) tente à la même époque de systématiser plus encore les mouvements des corps célestes. Il reprend les observations de Tycho Brahé et tente de les interpréter géométriquement. Il utilise une numérologie ancestrale, remontant jusqu'à Pythagore, au IVe siècle av. J.-C. Dans la pensée de Pythagore, les polyèdres réguliers sont un élément central. Platon, qui avait une vision du monde similaire, associe dans son *Timée* les quatre éléments à quatre de ces figures. Pour le cube, la terre. Pour le tétraèdre (quatre triangles équilatéraux), le feu. Pour l'octaèdre (huit triangles équilatéraux), l'air. Et pour l'icosaèdre (vingt triangles équilatéraux), l'eau. Platon évoque aussi un mystérieux cinquième polyèdre régulier, le dodécaèdre, associé à la *quinta essentia* ou quintessence qu'utilise Dieu pour montrer les limites du tout. Le dodécaèdre, composé de douze pentagones, serait la plus grande découverte des pythagoriciens. Selon la légende, le grec Hippase de Métaponte aurait été noyé pour avoir dévoilé le secret du cinquième corps à des non-initiés. D'aucuns racontent qu'Hippase avait un

1. Peter Nilson, *Nyaga,* Stockholm, Norstedt, 1996.

autre délit sur la conscience. Il avait découvert qu'il existait des nombres autres que les entiers et les fractions. Hippase avait démontré que l'hypoténuse d'un triangle rectangle dont les deux petits côtés sont respectivement égaux à un est égale à la racine de deux. Ce chiffre ne peut pas s'écrire de la façon reconnue par les pythagoriciens, c'est donc un nombre irrationnel. Un ébranlement pour le monde des pythagoriciens qui pourrait bien être la raison de la mort d'Hippase.

Si un nouvel Hippase arrivait demain avec un nouveau polyèdre, personne ne le croirait. Notre monde aussi s'écroulerait face à une telle découverte. Mais il n'existe pas de sixième polyèdre régulier, notre mathématique nous affirme que c'est impossible. Espérons que c'est vrai.

Kepler était fasciné par ces cinq corps réguliers et les utilisait pour mesurer les distances entre les planètes du système solaire. Il a intelligemment placé les cinq corps entre les sphères célestes des planètes pour tenter de comprendre l'apparence du système solaire. Et afin de poursuivre l'idée de la musique des sphères, il attribue une série de notes aux planètes. *Mi, fa, mi…* Sur son parcours, la Terre entonne une mélodie plutôt morose : *misera, famina, misera, famina…* Misère, famine, misère, famine… Cette musique des sphères reprend une histoire ancestrale. J'y reviendrai dans un prochain chapitre où nous en dirons également plus sur Pythagore.

Il est bien sûr facile de se moquer de telles considérations, mais ne nous moquons pas trop. Bien souvent, les idées comme celles de Kepler sur la beauté mathématique de la nature ont vu juste. La physique des particules, assez récente, en est un bon exemple. Les symétries mathématiques, les idées du beau ont souvent et avec succès guidé la physique vers la révélation des lois naturelles. La théorie de la relativité générale pour la gravité en est sans doute le meilleur exemple. Près de l'étape finale qui allait confirmer sa théorie, on a demandé à Einstein ce qu'il aurait pensé si sa théorie n'avait pas été juste. Il aurait répondu qu'il aurait été très dommage que le Créateur n'y ait pas pensé.

Quoi qu'il en soit, la musique des sphères de Kepler ne fonctionnait pas vraiment, dans aucune de ses versions. Un scientifique médiocre aurait peut-être poursuivi aveuglément dans la même voie. Kepler savait cependant se défaire de ses idées préférées lorsqu'elles se révélaient fausses, et prendre une autre direction. Il croyait à la belle géométrie mais faisait passer la nature en premier. Il a fini par être récompensé en découvrant les trois lois qui portent aujourd'hui son nom. Ce sont des lois très différentes de celles qu'il recherchait au départ. Elles décrivent le parcours elliptique des planètes et donnent des informations sur leur période de rotation. Ces lois cachent quelques indices nous révélant un univers bien plus merveilleux que les notes de la musique des sphères.

## Avoir un cratère sur la Lune

Pour avoir un parfait résumé des luttes sur les systèmes des mondes dont je vous ai parlé, rien de tel que de sortir de simples jumelles et de regarder la Lune lors de sa prochaine apparition. On retrouve là un miroir de tout ce qui s'est produit sur terre. Lorsque Galilée découvre que la Lune est un monde à part, avec ses montagnes et ses plaines, il faut rapidement mettre des noms sur toutes ces découvertes. Dans son *Almagestum Novum* de 1651, le jésuite Giovanni Battista Riccioli (1598-1671), professeur de philosophie, d'astronomie et de théologie à Bologne, met en place une grande partie de la nomenclature utilisée encore de nos jours. Les noms pleins d'imagination que portent les plaines volcaniques nous viennent de Riccioli : *Mare Imbrium* (mer des Pluies), *Mare Nectaris* (mer des Nectars) et bien d'autres.

Aujourd'hui, nous savons évidemment qu'il n'y a pas la moindre goutte d'eau dans ces déserts mais nous avons heureusement conservé les jolis noms… Riccioli a également nommé un grand nombre de cratères d'après des philosophes et des scientifiques. Le système est à peu près logique, avec les plus anciens au nord et les plus modernes au sud. Plus l'homme est connu, plus le cratère est grand. Riccioli était un grand admirateur de Tycho Brahé, son système des mondes lui convenait tout à fait. Tout naturellement, le cratère le plus visible de la lune porte donc le nom de Tycho. En revanche, Copernic, Aristarque et Kepler – les « terrebougiens » – ont été relégués par Riccioli à l'océan des Tempêtes, *Oceanus Procellarum.* On peut quand même sentir une certaine admiration de Riccioli pour ces penseurs hérétiques. Les cratères qui portent leurs noms ne comptent aucunement parmi les plus petits. On peut même soupçonner Riccioli d'avoir voulu laisser au monde une idée de ce qu'il pensait vraiment mais ne pouvait admettre à une époque d'inquisition et de persécutions. J'ignore si l'un de ses puissants collègues a jamais tourné un télescope vers la Lune et contemplé avec inquiétude *Copernicus* le magnifique…

Mais tournez plutôt vos jumelles vers des régions plus septentrionales et l'histoire antique. Presque à la pointe nord, au bord de la mer des Pluies, fondu dans la montagne au sud de la mer du Froid (*Mare Frigoris*), voici l'un des cratères les plus grands de la Lune. C'est *Plato*, portant le nom de Platon. Le cratère est très ancien, presque rempli de lave et le fond est devenu un lac lisse et sombre. Il ne brille peut-être pas autant que *Tycho* ou *Copernicus* mais il est un peu plus grand… Je l'ai observé plusieurs fois à la jumelle et au télescope. Chaque fois, c'est pour moi une piqûre de rappel sur le commencement, sur un Grec qui voulut, voilà bien longtemps, comprendre le fonctionnement du monde.

# 2
# La déité de Laplace

*Où nous maîtrisons le temps,
réglons la question de la longitude
et voyons lord Kelvin mettre les pieds
dans le plat une première fois.*

Mon père connaît un homme qui tous les ans, à l'automne, s'allonge sur une tourbière pour scruter la Voie lactée et en déduire le temps qu'il fera l'année suivante. Il voit si l'hiver sera plutôt doux ou plutôt rigoureux et quand viendra la première neige de la saison. Il peut vous mettre en garde contre une tempête de neige plusieurs mois à l'avance !

Comment est-ce possible ? Il ne s'agit en aucun cas d'une explication mystérieuse ou surnaturelle, mais plutôt d'un œil aguerri et entraîné qui sait ici lire les messages de la nature. Cela peut paraître cohérent – après tout, il y a sans doute bien des choses que la science ne connaît pas encore. Le problème, dans ce cas précis, c'est que la nature elle-même ne sait pas le temps qu'il fera. En conséquence, les prévisions de cet homme sont parfois justes bien sûr, même si le plus souvent elles se révèlent fausses. La majorité choisira de se souvenir des bons pronostics et oubliera les mauvais. On aimerait tant qu'il existe une porte qui s'ouvre sur l'avenir, une possibilité de savoir…

## Le grand changement

Dans quelle mesure pouvons-nous prévoir ce qui nous attend ? Existe-t-il vraiment des lois capables de tout régir ? C'est en analysant le sens des phénomènes naturels que la science et la théologie médiévales tentaient de les expliquer. Les événements se produisaient pour servir une fin, que l'Homme avait pour but d'analyser. Dans ce cadre, il paraissait également naturel de discuter de l'existence d'un dieu. Les sciences nouvelles ont cependant abandonné l'idée d'une fin et l'ambition est devenue bien plus modeste : il s'agit de décrire le monde et non plus de donner un sens aux événements. C'est tout au moins ce que l'on choisit de retenir a posteriori. La question de l'existence de Dieu est remplacée par des problèmes en apparence tout à fait innocents, tels que la description de billes roulant sur un plan incliné. Voilà un changement drastique de position qui illustre bien le principe « mieux vaut répondre à une question simple que d'en laisser une complexe sans réponse ».

L'idée selon laquelle la nature se comporterait conformément à une fin cachée demeure cependant profondément ancrée en l'Homme, surtout lorsqu'il s'agit du vivant. Les termes utilisés pour décrire l'évolution de la vie selon la théorie darwinienne évoquent cette recherche d'un objectif. On dit ainsi que les espèces animales développent des caractéristiques nouvelles de façon à mieux survivre dans un environnement en constante évolution – finalement, il ne s'agit là que d'un écho d'Aristote.

On a toujours en tête une intention ou un sens. La cause des événements n'est pas à chercher dans le passé mais plutôt dans l'avenir. Les événements présents se produisent pour ouvrir des possibilités futures. La description correcte est pourtant tout autre : on dit que l'évolution est aveugle. Le grand Tout est une conséquence de la collaboration aveugle de ses composantes. Les lois naturelles fondamentales régissent chaque atome et le Tout en surgit comme par miracle, même si cela n'est écrit dans aucune équation.

Et cela paraît réellement fonctionner. Rien ne démontre la nécessité d'autre chose. Le hasard aveugle, à l'aide de la sélection naturelle, a fini par créer, en quelques milliards d'années, un monde fourmillant de vie à partir d'une terre morte. Pas parce que les lois de la nature l'ont dicté, mais parce que le hasard en a voulu ainsi. Et les particules fondamentales régies par ces lois n'ont pas la moindre idée de ce qui s'est produit. Une molécule d'eau chez un organisme vivant n'est pas plus vivante qu'une molécule isolée dans l'océan.

On pourrait penser que cela exclut l'humain en quelque sorte, étant donné que nous passons une bonne partie de notre temps à essayer de comprendre le sens de notre vie. Nous voulons croire que ce sens existe, et il est donc naturel de voir le monde en fonction de cette espérance. Nombreuses sont les cultures à avoir de tout temps cherché et trouvé des réponses sous la forme de grandes idées tissant un lien entre le monde de l'Homme et les mystères cosmiques. Que nous reste-t-il de cette tradition ? Avons-nous perdu le contact avec l'atemporel ? Marchons-nous avec des œillères, sans voir aucun lien ?

Les sciences ont radicalement changé notre vision du monde. Nombreux, sans doute, sont ceux qui redoutent ces progrès et sont d'avis que le merveilleux est en train de disparaître. Pär Lagerkvist écrivait : « Je marche dans l'obscurité. Je chemine sous les étoiles. Je sens l'humilité de l'Homme face à l'éternité, j'ai froid[1]. »

L'importance de l'Homme ne cesse de diminuer, et cela fait bien longtemps que nous ne sommes plus l'aboutissement de la Création. Nous voilà, au contraire, réduits à l'état de moisissure insignifiante à la surface d'une boule sans importance, à proximité d'une étoile moyenne et à la périphérie d'une galaxie parmi tant d'autres, dans un univers sans objectif.

Pourtant, il ne s'agit pas là d'une description juste. Les sciences décrivent le monde, rien de plus. Au cours des derniers siècles, nous avons découvert à la nature une profondeur nouvelle et inconnue qui la rend plus merveilleuse encore. La physique moderne semble de plus faire émerger une théorie du Tout – avec une unité entre infiniment grand et infiniment petit qui donne une vision unificatrice du monde. L'éternel rêve de cohérence de l'Homme – où nous jouerions un rôle important dans le spectacle cosmique – est loin d'avoir disparu. Peut-être ce rêve a-t-il mûri et, plutôt que d'en rester au stade du rêve, cherchons-nous à comprendre la réalité des choses.

1. Traduction libre du suédois, d'après Pär Lagerkvist, *Kaos, Den fordringsfulla gästen*, Stockholm, Bonniers, 1919.

Ironie de l'histoire – c'est grâce à l'humilité de leur approche que les scientifiques modernes ont réussi à résoudre certains des grands problèmes dont les Anciens ne se sont jamais sortis. Nous progressons donc petit à petit, c'est ainsi. Voyons à présent comment cette approche va nous permettre de comprendre certains des mécanismes importants pour la marche du monde.

## Sur la Terre comme au Ciel

J'ai sur mon bureau une petite pomme rabougrie et j'espère vraiment que personne ne la jettera par erreur. Je l'ai cueillie sur un pommier devant une maison de pierre du village de Woolsthorpe, au cœur de l'Angleterre. Ce fruit n'a rien de particulier, pas plus que l'arbre qui le portait. Ses pommes ne sont pas d'une espèce rare et même si je ne les ai jamais goûtées, je suis convaincu qu'elles n'ont rien d'extraordinaire. Reste que l'histoire de ma petite pomme est exceptionnelle, au point d'en faire une des pommes les plus importantes au monde.

Vers la fin de sa vie, Newton a raconté à William Stukeley, l'auteur de la première biographie qui allait lui être consacrée, comment lui était venue l'inspiration pour sa théorie de la gravité. Un jour de 1666, assis sous un pommier près de la maison de sa mère à Woolsthorpe, il voit tomber une pomme. L'histoire est peut-être issue de sa seule imagination, visant simplement à nourrir le mythe qui entoure son personnage. Newton était très conscient de l'héritage qu'il laisserait, et une bonne anecdote ne pouvait pas faire de mal. Il est possible, néanmoins, que l'histoire ait été tout à fait réelle, au moins en partie…

Évidemment, le pommier de Newton n'existe plus aujourd'hui. Une tempête aurait eu raison de lui en 1820. Mais un nouvel arbre en serait issu et c'est celui qui se trouve dans le jardin de Woolsthorpe aujourd'hui ; c'est bien entendu là que j'ai cueilli ma pomme. Une pomme tout à fait ordinaire pourrait-on arguer, mais lorsque je la jette délicatement en l'air pour ensuite la récupérer au creux de ma main, je ne peux m'empêcher de penser qu'elle tombe avec une grâce toute particulière.

À la manière de Newton, réfléchissons maintenant à ce qui sous-tend la chute de la pomme. On est d'abord tenté de se demander, en toute logique, *pourquoi* elle tombe ? Mais c'est la mauvaise question, en tout cas au départ ! Voici, en revanche, la question qui peut nous mener plus loin : *comment* tombe la pomme ? Le comment vient avant le pourquoi. La science doit toujours commencer par décrire, et ces premières questions peuvent nous mener loin, peut-être même jusqu'à la réponse au pourquoi.

Selon Galilée, les concepts de vitesse et d'accélération exprimés en chiffres étaient d'une importance capitale pour décrire la nature, surtout lorsqu'il s'agissait de chute des corps. Il avait compris, à la différence d'Aristote, l'importance cruciale de l'accélération de la chute des corps au fur et à mesure de la chute. Des expériences patiemment répétées montrent que la vitesse d'un corps en chute libre sur terre augmente à chaque seconde de 9,8 m/s, quels que soient son poids ou sa nature. Exception faite, bien sûr, des objets dont la forme permet à la résistance de l'air de prendre le dessus, nous y reviendrons. Il est donc possible de parler d'une accélération de la chute généralisée à 9,8 m/s$^2$, c'est-à-dire une rapidité trois fois supérieure à celle d'une voiture moderne.

Des expériences pertinentes permettent de vérifier d'autres caractéristiques importantes de la chute libre. Si je lâche la pierre que je tiens dans la main, elle tombera évidemment rapidement sur le sol. Si je décide par contre de la jeter sur le côté d'un coup sec, atteindra-t-elle le sol à la même vitesse ? Réponse : la durée de la chute sera exactement la même. Mais pourquoi ne pas vous livrer vous-même à cette expérience très facile ? C'est bien d'ailleurs ce qui définit les sciences, chacun est libre d'en mettre les conclusions à l'épreuve. Nul besoin d'apparitions divines ou d'autorisations spéciales des puissances célestes…

Admettons tout de même que certaines affirmations ultérieures seront de plus en plus difficiles à remettre en cause par de simples expériences à la maison. Quoi qu'il en soit, cet exemple de la pierre qui tombe à la même vitesse quelle que soit la manière de la jeter est un exemple de la relativité déjà exprimée par Galilée lorsqu'il expliquait que les lois de la nature étaient les mêmes à terre que sur un navire en mouvement. Dans son *Dialogue sur les deux grands systèmes du monde*, l'ouvrage qui a, le mot est faible, courroucé le pape, Galilée laisse Simplicio et Salviati débattre de cette question.

À cet endroit précis du texte, Simplicio explique qu'une pierre lâchée du haut d'un mât tombera à son pied si le navire est à l'arrêt, mais loin du mât si le navire est en mouvement. Salviati essaie alors de le convaincre que sa théorie est erronée :

> « *Salviati* : Dites-moi maintenant : si la pierre abandonnée au sommet du mât quand le navire avance à grande vitesse tombait précisément au même endroit du

navire que lorsqu'il est à l'arrêt, comment ces chutes vous serviraient-elles à décider si le vaisseau est à l'arrêt ou en mouvement ?

*Simplicio* : Je ne pourrais rien en faire : le cas est analogue, par exemple, à celui du battement du pouls qui ne permet pas de savoir si quelqu'un dort ou est éveillé, puisque le pouls bat de la même façon quand on dort et qu'on est éveillé.

*Salviati* : Très bien. Avez-vous jamais fait l'expérience du navire ?

*Simplicio* : Je ne l'ai pas faite, mais je crois vraiment que les auteurs qui la présentent en ont fait soigneusement l'observation ; de plus, on connaît si clairement la cause de la différence entre les deux cas qu'il n'y a pas lieu d'en douter.

*Salviati* : Que ces auteurs puissent la présenter sans l'avoir faite, vous en êtes vous-même un bon témoin : c'est sans l'avoir faite que vous la tenez pour certaine, vous en remettant à leur bonne foi ; il est donc possible et même nécessaire qu'ils aient, eux aussi, fait de même, je veux dire qu'ils s'en soient remis à leurs prédécesseurs, sans qu'on arrive jamais à trouver quelqu'un qui l'ait faite. Que n'importe qui la fasse et il trouvera en effet que l'expérience montre le contraire de ce qui est écrit : la pierre tombe au même endroit du navire, que celui-ci soit à l'arrêt ou avance à n'importe quelle vitesse[1]. »

L'explication de Galilée répond au problème de Copernic et permet également de comprendre pourquoi nous ne sommes pas éjectés de la Terre, quand bien

1. Galileo Galilei, *Dialogue sur les deux grands systèmes du monde*, traduit de l'italien par René Fréreux et François de Gandt, Paris, Le Seuil, 1992, p. 166.

même elle fonce dans l'espace à une vitesse vertigineuse ; près de trois cents ans plus tard, Einstein pousse cette même relativité encore plus loin. On peut bien comprendre l'énervement du pape Urbain VIII qui s'était vu attribuer ainsi le rôle du simplet Simplicio !

Dans quelle mesure Aristote était-il dans l'erreur, peut-on se demander ? Des objets légers en chute libre dans l'air ne suivent pas du tout les principes généraux d'accélération décrits par Galilée. Une feuille qui tombe d'un arbre tombe à vitesse quasi constante. Et pour Aristote, rien d'étrange à cela, la feuille ne fait que chercher son mouvement naturel. Si Galilée avait choisi la chute des feuilles comme objet d'étude, il ne serait pas allé particulièrement loin dans son raisonnement ; il s'est fort heureusement aperçu que le fondamental était ailleurs. L'important est que chaque corps en chute libre commence sa chute par une période d'accélération, qui ensuite se transforme en vitesse constante lorsque la résistance de l'air est en parfait équilibre avec la gravité. Pour une feuille qui tombe, ce moment arrive presque immédiatement, alors que la vitesse maximale de chute pour un homme qui tombe d'un avion sera de deux cents kilomètres-heure s'il met les bras en croix et fait de son mieux pour freiner la chute. Étant donné que la vitesse maximale est atteinte après quelques centaines de mètres, une chute de cinq kilomètres n'est pas plus grave qu'une chute d'un kilomètre. L'ironie veut qu'Aristote aurait sans doute trouvé cela assez normal.

Pour Aristote, c'était l'accélération de départ qui n'était pas naturelle, alors que la vitesse constante atteinte au final correspondait à un principe fondamental. Galilée a choisi de voir les choses différemment : selon lui, l'accélération correspond à un principe fondamental, alors que la vitesse constante finale, elle, n'est qu'une complication mineure liée à la résistance de l'air. Tout ceci représente une véritable révolution, menant à une transformation de la physique.

J'ai maintenant tant bien que mal présenté différentes conclusions quant au mouvement des corps sur Terre. Qu'en est-il donc des mouvements dans l'espace ? Et les planètes ? Ces anciennes déités sont-elles mues par les mêmes lois qui nous attirent vers la Terre, nous autres pauvres et mortelles créatures ? Les lois naturelles qui régissent les mouvements de la Lune sont-elles liées de près ou de loin à ce qui se passe sur Terre ? C'est bien dans ce cadre qu'il convient de replacer Newton et son coup de génie du millénaire.

S'appuyant sur les lois de Kepler pour les mouvements des planètes autour du Soleil, Newton a élaboré des équations décrivant non seulement la chute d'une pomme, mais également le parcours de la Lune dans le ciel. Des phénomènes en apparence tout à fait distincts trouvaient de cette façon sinon une explication commune, tout au moins une description. C'est là le premier exemple d'une théorie unitaire. Quelque chose de vraiment nouveau. Le vieux dualisme d'Aristote disparaît : sur la Terre comme au Ciel. La découverte de Newton est d'une importance capitale – difficile d'imaginer une révolution scientifique de plus grande ampleur.

L'astronome anglais Edmond Halley (1656-1742) disait de Newton : « Nul être humain ne pourra s'approcher plus près des dieux. »

Et pourtant, malgré ces découvertes quasi divines, l'homme Newton avait un caractère bien spécial. Humphrey Newton – embauché par Newton à l'université de Cambridge et n'ayant malgré le nom aucun lien de parenté avec le physicien – raconte que Newton errait tel un fantôme, les chaussettes en tire-bouchon, sa crinière de cheveux argentés en bataille. Personne ne prenait la peine d'assister à ses médiocres cours. Humphrey Newton raconte encore qu'une fois ses cours achevés Newton s'en retournait à ses recherches méconnues et interminables. « Quel pouvait être son objectif ? Je ne l'ai jamais compris », écrit-il.

Isaac Newton était de surcroît lunatique et hermétique à la critique. Il consacrait une énergie folle à des campagnes haineuses à l'encontre d'adversaires réels ou imaginaires ; ses nombreux problèmes peuvent s'expliquer en partie par le fait qu'il était réticent à publier les résultats de ses recherches. Lorsque quelqu'un, souvent bien après lui, parvenait aux mêmes conclusions, il prenait la mouche et l'accusait de plagiat.

Dans certains cas, le savant avait de bonnes raisons de garder le secret sur ses recherches. Il avait en effet toute une série d'activités parallèles pas très catholiques… Une grande partie de son temps était consacrée à des considérations religieuses, et il pensait que ces découvertes théologiques lui assureraient une place dans la postérité. Pour lui, la Trinité était une supercherie par exemple, et le Christ n'avait rien de divin. N'oublions pas que Newton travaillait au Trinity College de Cambridge, ce qui rendait le dossier encore plus sensible – il était en outre terrorisé à l'idée d'éventuelles accusations d'hérésie.

Le physicien anglais Robert Hooke (1635-1703) a subi les plus virulentes attaques de Newton. Hooke était un scientifique éminent, qui a apporté de nombreuses et importantes contributions à la physique dans différents domaines. Pour son plus grand malheur, il était le contemporain de Newton et donc contraint de vivre dans l'ombre du grand homme. En 1678, Hooke évoquait l'idée d'une force diminuant à hauteur du carré de la distance pour expliquer les mouvements des planètes. Il ignorait que Newton était parvenu aux mêmes conclusions dix ans auparavant. Hooke en parle en 1680 dans une lettre à Newton, soutenant par la suite que Newton lui avait volé l'idée et ne l'avait pas suffisamment reconnu. Sur le tard, en 1687, Newton a publié dans ses *Principia*[1] les conclusions qui lui ont assuré immédiatement une renommée mondiale. Edmond Halley avait supplié Newton d'être généreux et de mentionner le malheureux Hooke. Après tout c'était bien lui qui avait rendu la découverte publique en premier ! Rien n'y a fait. Dans une lettre expliquant le succès de ses travaux, Newton dit avoir été juché sur les épaules de géants. Nulle humilité dans cette expression, mais plutôt une moquerie insolente à l'adresse de Hooke, assez petit de son état. Newton n'était pas non plus le premier à user de telles formules. Bien avant son époque, c'est de la même façon que Bernard de Chartres, philosophe français du XII<sup>e</sup> siècle, avait exprimé sa réelle admiration pour la philosophie antique.

Edmond Halley allait être celui qui ferait les prévisions les plus spectaculaires sur la base de la théorie de Newton. Après avoir calculé le parcours des comètes visibles en

1. Isaac Newton, *Principia : Principes mathématiques de la philosophie naturelle*, Paris, Dunod, 2005.

1531, 1607 et 1682, il en avait déduit que, selon toute vraisemblance, il s'agissait du même objet. Il avait donc prévu que la comète reviendrait vers la fin des années 1750, bien longtemps après sa mort et celle de Newton. Et, le soir de Noël 1758, le fermier et astronome amateur allemand Georg Palitzsch aperçoit justement un objet mystérieux entre la constellation du Poisson et celle de la Baleine. Les observations effectuées les jours suivants montrent qu'il s'agit bien d'une comète, celle de Halley. L'événement tombait à point nommé : le cent seizième anniversaire de Newton était pour le lendemain.

Newton ne s'interrogeait pas seulement sur la gravitation, mais sur tout ce qui touchait à la physique. Dans les trois livres composant son œuvre *Optique*[1], il livre ses conclusions sur les lois de la lumière et bien d'autres choses encore. Il avait même prévu une quatrième partie à *Optique*, où il présenterait une théorie globale de la nature, englobant toute la physique, achevant ainsi la tâche qu'il s'était fixée. Cette quatrième partie de l'ouvrage n'a cependant jamais été publiée ; le maître a été dépassé par sa tâche et nous comprenons maintenant pourquoi. Les indices menant à cette théorie globale de la nature ne seraient disponibles pour expérience et étude que des siècles après la mort de Newton, et même son imagination débordante ne pouvait en prévoir les résultats. Pour remplacer ce quatrième livre, Newton a dû se contenter d'exprimer une série de questions, ou *queries*, qu'il a ajoutées à la fin du troisième livre d'*Optique*. Il s'y laisse aller – et cela ne lui res-

1. Isaac Newton, *Optique*, Paris, Christian Bourgois, 1989.

semble pas – à des spéculations sur des théories du Tout qui font frémir de plaisir un théoricien de la physique.

Il est intéressant de se demander si Newton n'aurait pas pu coucher sur le papier des idées encore plus folles que celles qui nous sont parvenues. Une histoire passionnante sur les documents disparus du savant peut nourrir des spéculations dans ce sens. Un jour, Newton, distrait, avait laissé une bougie allumée sur son bureau. À son retour chez lui, il constate catastrophé que son chien Diamond a renversé la bougie et mis le feu à toute une série de documents non publiés. Newton se serait écrié : « Oh ! Diamond, Diamond, mais qu'as-tu donc fait là ! » Que pouvaient donc contenir les documents détruits ? Qu'est-ce que Newton aurait pu découvrir d'autre ? Quelles sont les possibilités ? La relativité et la mécanique quantique étaient en toute logique hors de portée même du plus grand des génies – les expériences et les observations n'existaient pas encore, et l'on n'était pas prêt à poser les bonnes questions. Peut-être existait-il dans ces documents disparus une découverte que nous n'aurions pas encore faite, un coup de génie plus grand encore que la théorie de la gravité et qui aurait disparu dans les flammes par un malencontreux hasard il y a près de trois cents ans… Peut-être faudra-t-il attendre encore plusieurs siècles avant qu'un autre génie d'une autre époque ne réitère l'exploit ?

## L'horloge cosmique

Nous avons vu comment la physique classique pouvait expliquer ou plutôt décrire les mouvements des planètes et des corps sur terre. En poussant la réflexion, on s'aperçoit rapidement que les organismes vivants, constitués de la même matière, suivent également ces lois incontournables. Le cerveau humain, nos pensées donc, semble également régi par ce déterminisme. On peut *tout* prédire ! Pierre Simon Laplace (1749-1827) réfléchissait à une déité omnisciente qui connaîtrait les mouvements de tous les corps à un moment donné. Elle aurait donc la possibilité de tout savoir sur les temps à venir. L'avenir serait déjà dessiné dans ses moindres détails. On peut d'ailleurs trouver plusieurs exemples historiques qui vont dans ce sens.

Mon premier exemple porte sur Christophe Colomb et son quatrième voyage vers le Nouveau Monde. La petite flotte de Colomb, attaquée par les vers et diminuée de deux navires, fait naufrage sur la côte nord de la Jamaïque. Au bout de six mois, la moitié de l'équipage se mutine : les marins volent les provisions, attaquent puis tuent les autochtones qui leur fournissaient des vivres. Assez naturellement, les Indiens cessent d'aider les naufragés. Les événements datent de février 1504 et on les retrouve dans la biographie *La Vie de Christophe Colomb*[1], écrite par son fils Fernando Colomb. La situation est grave mais Colomb a une idée géniale : il se souvient d'une éclipse de lune prévue trois jours plus tard. Colomb raconte aux Indiens que Dieu est furieux ; ils ont négligé Colomb et son équipage, et ne leur apportent plus de vivres, Dieu va les punir. Pour prouver qu'il ne plaisante pas, Dieu va leur faire un

1. Fernando Colomb, *Christophe Colomb raconté par son fils*, Paris, Perrin, 1986.

signe. Quelques jours plus tard, ils doivent prêter une attention particulière à la lune qui se lève. Elle sera enflammée de rage pour illustrer tous les malheurs que Dieu compte infliger aux pauvres Indiens. Lorsque ceux-ci voient la lune cachée et rouge sang, ils sont terrorisés. Ils apportent immédiatement des vivres et supplient Colomb de demander en leur nom le pardon de Dieu. Colomb se retire, prétend dialoguer avec Dieu. Lorsque l'éclipse est complète, il explique que Dieu leur a pardonné. Les Indiens soulagés regardent la lune réapparaître. Plus de problèmes de vivres…

L'éclipse de lune du 29 février 1504 est importante pour Colomb à plus d'un titre. Les marins comme Colomb avaient longtemps pu déterminer leur latitude grâce aux étoiles. Dans l'hémisphère nord on peut se fier à l'étoile Polaire la nuit, et au soleil le jour. Leur hauteur donne immédiatement la latitude nord. En regardant le ciel on ne peut cependant pas calculer directement sa longitude. Le ciel étoilé est le même partout dans le monde si on se trouve à la même latitude. Plus le monde devient tributaire du commerce et de la navigation, plus il devient nécessaire de trouver une méthode sûre pour déterminer la longitude d'un navire. En 1714, le Parlement anglais finit par décider de récompenser celui qui trouverait enfin la solution. Vingt mille livres sterling, des millions d'euros de nos jours, à celui qui résoudrait le mystère. Les propositions fantaisistes n'ont pas manqué. Le philosophe et diplomate anglais sir Kenelm Digby (1603-1665) avait inventé un médicament remarquable, une poudre à guérir les blessures. Mais voici le plus étrange : il ne fallait pas appliquer la poudre sur la plaie mais sur un objet appartenant au blessé. Les effets secondaires étaient malheureusement assez douloureux pour le patient, qui subissait d'horribles souffrances pendant l'utilisation. Dans *L'Île du jour d'avant*[1], Umberto Ecco nous raconte une navigation pendant laquelle cette poudre magique, *unguentum armarium*, peut être utilisée pour résoudre le problème de la longitude. Le héros du roman, Roberto della Griva, s'aperçoit que le docteur Byrd, un autre passager, va régulièrement surveiller l'un de ses paquets. Della Griva remarque aussi que l'absence de Byrd se fait à une heure un peu différente tous les jours, et notre héros finit par percer le mystère. Le fameux paquet de Byrd n'est autre qu'un pauvre chien avec une blessure ouverte sur le flanc qui refuse de guérir. Les collaborateurs de Byrd en Angleterre appliquent tous les jours à midi la poudre magique à un tissu imprégné du sang du chien blessé. Au même moment, le chien hurle à bord du navire qui se trouve peut-être de l'autre côté de la Terre. C'est grâce à cela que l'équipage savait qu'il était midi en Angleterre. En comparant avec l'heure locale à bord, obtenue grâce au soleil, on pouvait calculer la longitude. L'histoire peut paraître cruelle mais elle est présentée à l'époque comme une solution tout à fait valable.

Le roman d'Eco se poursuit avec le naufrage du navire de della Griva près de l'antéméridien, ou ligne de changement de jour, à l'opposé du méridien de Greenwich dans la banlieue de Londres. C'est le méridien de Greenwich qui est l'origine du système des coordonnées terrestres. Lorsqu'il est midi à Greenwich, il est

1. Umberto Eco, *L'Île du jour d'avant*, Paris, Grasset, 1996.

minuit sur l'antéméridien. Pourquoi Greenwich a-t-il eu cet honneur ? L'explication est amusante… C'est en fait une concession française : à l'Angleterre l'honneur de représenter le milieu de la terre à condition que la France décide des poids et des mesures dans le monde entier grâce au système métrique. L'Angleterre n'a toujours pas rempli le contrat !

L'antéméridien a ceci d'étrange qu'à son est, c'est toujours le jour d'avant par rapport à son ouest. Lors du naufrage, della Griva se retrouve sur une île à l'ouest de l'antéméridien. Il voit de son île une autre île, placée à l'est : c'est l'île du jour d'avant. Della Griva fait aussi la rencontre du père Caspar, qui a beaucoup à raconter sur sa vision du monde. Le père Caspar mène par exemple des expériences intéressantes pour déterminer l'endroit où il se trouve. Ses tentatives sont bien plus prometteuses que celles assez étranges menées à bord du navire de Roberto.

De nombreux physiciens et astronomes, Newton le premier, étaient d'avis que, pour résoudre le problème de la longitude, il fallait en passer par l'astronomie. C'est là que nous retrouvons l'éclipse de lune de Colomb. Grâce à ses tables d'astronomie, il savait exactement quand l'éclipse allait avoir lieu à l'heure européenne. En comparant avec l'heure effective de l'éclipse en heure locale, il était en principe possible pour Colomb de déterminer sa longitude. C'était en tout cas l'idée… mais une erreur s'est glissée dans le système, et la position calculée était bien trop à l'ouest. Colomb a poursuivi dans son erreur : il était convaincu d'être arrivé aux frontières de l'Empire chinois.

Plus généralement il est impossible de se fier aux éclipses de lune, c'est un phénomène assez peu fréquent et il n'est pas rare que quelques années les séparent. Des tableaux précis sur la position de la lune ont donc été élaborés, remplissant la même fonction. Dans le roman d'Eco, le père Caspar s'appuie sur une autre idée, issue de la découverte des lunes de Jupiter par Galilée. Elles aussi pouvaient servir d'horloges, comme la lune, pourvu qu'on dispose de tableaux suffisamment précis. Malheureusement, c'en était trop pour nos marins déjà accablés. Il aurait fallu des instruments précis et des calculs complexes.

Tout cela nous paraît bien compliqué à une époque où la mesure précise du temps fait partie de notre quotidien. Autrefois, c'était un problème extrêmement complexe, les montres étaient d'une imprécision notoire, surtout s'il fallait les transporter en mer. Colomb pour sa part utilisait des sabliers qu'il fallait retourner toutes les demi-heures. On constate dans ses notes que l'éclipse de lune en question s'est terminée cinq sabliers après le coucher du soleil. Avec de telles méthodes, il était bien entendu impossible de garder une idée de l'heure en Europe pendant une traversée de l'Atlantique.

Le premier à avoir conçu une montre de bonne qualité est le génial John Harrison (1693-1776), horloger de son état. Sa motivation : trouver la solution au problème de la longitude et donc remporter le prix du Parlement anglais. Les règles stipulaient que la montre ne devait pas s'écarter de plus de trois secondes du temps réel sur une durée de vingt-quatre heures. Ma montre-bracelet qui n'est plus toute neuve s'écarte de trois secondes en à peu près une semaine… Harrison a créé en tout cinq montres plus innovantes les unes que les autres. Il a fini par remporter au moins en partie le prix tant convoité, après intervention du roi George III. Des astronomes jaloux contrecarraient en effet sans arrêt l'invention très agaçante d'Harrison. Grâce à sa montre, un coup d'œil suffisait pour déterminer sa position sur terre. Finis, tous les tableaux astronomiques ! Et fini l'*unguentum armarium*.

Mon deuxième exemple porte lui aussi sur un phénomène céleste : une éclipse de soleil à 8 h 59 le 6 juillet en 1230 av. J.-C. L'éclipse était visible dans une partie du sud de la Suède. Nous pouvons être certains que l'éclipse s'est bien produite et ceux qui se trouvaient au bon endroit à l'époque ont forcément remarqué qu'il se passait quelque chose. Surtout si la journée était ensoleillée par ailleurs. Sur un pétroglyphe à Boglösa, non loin d'Enköping, on voit quelque chose qui pourrait être un soleil caché – avec un peu d'imagination. Une reproduction de l'éclipse de soleil en 1230 av. J.-C. ? C'est en tout cas ce qu'affirme l'astronome Göran Henriksson d'Uppsala. En plus d'un soleil caché, il voit deux autres points sur le pétroglyphe qui pourraient être, selon lui, les planètes Vénus et Mercure. Il faut bien sûr mettre de telles affirmations à rude épreuve et le débat a été houleux, comme il se doit. J'ai moi-même été regarder le pétroglyphe en question. Il se trouve au milieu d'un champ, entouré de vaches et de chevaux. Il est usé par le temps mais on peut facilement y voir un soleil caché. Comment cette journée s'est-elle donc passée il y a si longtemps ? Si le dessin montre vraiment l'éclipse, on sait qu'il faisait beau. Le paysage nous amène à imaginer une baie et des personnes sur la plage qui montrent du doigt le ciel où le soleil commence à disparaître. Pas très étonnant que quelqu'un ait voulu graver dans la pierre cette journée où le soleil a disparu à Boglösa. Nous ne saurons jamais qui sont les graveurs, leurs noms, leur apparence. Et nous ne saurons peut-être jamais ce que représente le pétroglyphe. Quelle que soit la vérité, nous savons au moins que l'éclipse a eu lieu. Nous détenons ainsi une petite part de certitude sur cet instant de notre lointaine histoire. Neuf heures moins une, un matin d'été il y a longtemps. C'était un mercredi d'ailleurs.

Je tire mon troisième exemple de l'histoire nordique. C'est l'été en l'an 1030 apr. J.-C. et le roi Olaf Haraldson, devenu ensuite saint Olaf, tombe à la bataille de Stiklestad. Snorri Sturluson écrit dans sa *Saga de saint Olav* :

> « Le temps était beau et le soleil brillait clair ; mais quand la bataille commença, une rougeur s'étendit sur le ciel et mêmement sur le soleil, et avant que la bataille fût terminée, le ciel devint aussi sombre que la nuit[1]. »

C'est l'année d'une éclipse totale de soleil en Norvège, le 31 août vers quinze heures, et c'est peut-être pile à ce moment-là qu'a eu lieu la bataille. D'autres sources racontent que la bataille a eu lieu le 29 juillet, certains disent même une autre année. C'est vrai que ce serait une coïncidence énorme : un phénomène aussi

1. Snorri Sturluson, *Saga de saint Olav*, Paris, Payot, 1930, p. 281.

rare qu'une éclipse de soleil aurait eu lieu le même jour que la mort d'un roi, événement historique d'exception ? Lorsque l'histoire a été racontée, transmise de génération en génération avant d'être finalement écrite, on peut comprendre que l'éclipse et la mort du roi aient fini par se fondre en une seule journée. Il est tout de même vertigineux de voir qu'on peut remonter l'histoire et les siècles. En partie grâce aux traditions orales et aux vieux écrits, et en partie grâce à des ordinateurs modernes selon les lois éternelles de la physique. Différentes voies vers le passé se croisent et éclairent un moment disparu.

## Maîtriser le temps

Mais quelle est au juste la signification d'une date ? Comment tenir compte du fait que l'année naturelle ou tropique ne compte pas un nombre entier de jours ? À l'époque de Jules César, le calendrier s'est retrouvé sens dessus dessous. Pour y remédier, César embauche en 46 av. J.-C. l'astronome Sosigène d'Alexandrie. Sa tâche, trouver une solution. Première mesure pour retrouver un rythme normal, l'année en cours – appelée *annus confusionis*, ce n'est pas surprenant – compterait 445 jours. Ainsi le premier jour de la nouvelle époque, le 1er janvier de 45 av. J.-C., tomberait lors de la première nouvelle lune après le solstice d'hiver. Assez logique comme point de départ. Cette nouvelle lune survenait une semaine après le solstice d'hiver qui tombait donc le 24 décembre, l'équinoxe de printemps étant le 24 mars. Nous pouvons remercier un hasard astronomique vieux de deux mille ans lorsque nous récupérons quelques jours de congé entre Noël et le jour de l'an… L'année s'est vu attribuer 365 jours avec des mois qui correspondent peu ou prou aux nôtres. Pour éviter un nouveau dérapage, on mit en place un système avec un jour supplémentaire : un jour bissextile tous les quatre ans. L'année moyenne avait donc une durée de 365,25 jours. C'était le calendrier julien, du nom de l'empereur.

Seulement voilà, l'année est en réalité un peu plus courte que ne l'indique le calendrier julien, 365,2422 jours à peu près. Malgré le jour bissextile, cela signifiait que l'équinoxe de printemps allait tomber de plus en plus tôt. Lors du concile de Nicée en 325 apr. J.-C., organisé sous la houlette de l'empereur romain Constantin, l'équinoxe de printemps tombait le 21 mars ; au XVIe siècle, le 11 mars. Le désordre s'installait de nouveau. En poursuivant de la sorte, Noël allait finir par tomber en plein été (en 22 000 apr. J.-C. à peu près) ! Le problème le plus épineux concernait Pâques. Lors du concile de Nicée, il est décidé que Pâques tombera le premier dimanche suivant la pleine lune après l'équinoxe de printemps. À supposer que l'équinoxe de printemps se produise toujours le 21 mars… Le pape Grégoire XIII (1502-1585) décide donc de mettre en place un nouveau calendrier, dit grégorien, sur proposition de l'Italien Luigi Lilio. Première étape, sauter dix jours. Ainsi l'équinoxe de printemps tombera à nouveau le 21 mars et le solstice d'hiver le 21 décembre. Au jeudi 4 octobre 1582 succède tout simplement le vendredi 15 octobre. Pour corriger la durée moyenne d'une année et mieux la faire correspondre à l'année tropique, une nouvelle adaptation liée aux jours bissextiles est introduite. Les années de changement de siècle qui sont normalement des années bissextiles sont retirées du système, sauf les années qui sont divisibles par quatre. 1600 est donc une année bissextile, pas 1700, 1800 ou 1900. En revanche, 2000 en est à nouveau une. L'année moyenne compte ainsi 365,2425 jours. Le temps était maîtrisé.

La mise en place de ce nouveau calendrier en Suède a été particulièrement chaotique[1]. Ce n'est qu'en 1753 que le calendrier grégorien a été instauré, le lendemain du 17 février sautant directement au 1er mars. Ils ont sans doute été nombreux à penser que les plus hautes autorités de l'État volaient le temps. Onze jours avaient disparu d'un seul coup !

On retrouve les traces d'anciens calendriers dans nos traditions populaires même si les liens sont oubliés depuis bien longtemps. La Sainte-Lucie[2] le 13 décembre nous rappelle que c'était la date du solstice d'hiver il y a bien longtemps. Avant 1753, la nuit de la Sainte-Lucie était la plus longue de l'année.

---

1. Une première tentative a eu lieu en 1700. La différence était alors de onze jours et on a commencé par enlever le jour bissextile. L'idée était ensuite de supprimer sept jours supplémentaires en novembre puis de sauter les jours bissextiles en 1704, 1708 et 1712. Cela n'a cependant pas eu lieu… Résultat, la Suède avait pendant la première décennie du XVIIIe siècle un calendrier différent d'une journée par rapport à l'ancien calendrier julien et de dix jours par rapport au grégorien. Le roi Charles XII (en expédition à Bender et sur le point d'affronter d'autres batailles) s'est assuré d'un retour au vieux calendrier julien en 1712.

2. En Suède, la Sainte-Lucie est une fête traditionnelle, célébrant le retour de la lumière. (*N.d.T.*)

À quand la prochaine réforme du calendrier ? Le calendrier grégorien est assez précis. Pour l'améliorer, il faudrait tenir compte du fait que nos journées deviennent un peu plus longues. L'année comptée avec ces jours plus longs devient donc un peu plus courte. La rotation de la Terre ralentit à cause de l'effet de frein des marées. Nous transmettons ce mouvement à la Lune qui peut ainsi s'éloigner de la Terre. Il est par ailleurs assez compliqué de calculer la durée des nouvelles journées. Il ne serait pas très cohérent de vouloir trouver des règles générales pour améliorer le calendrier. Nous devons tout simplement accepter des exceptions de temps en temps pour les années bissextiles, quand le besoin s'en fait sentir. Sinon, nous nous retrouverons dans dix mille ans avec un équinoxe de printemps aussi farfelu qu'à Nicée.

## L'univers, une machine ?

Les éclipses de Lune et de Soleil semblent suivre des lois infaillibles. Elles nous montrent bien comment nous pouvons déterminer avec certitude des événements dans un avenir lointain. Ces lois font partie de la mécanique newtonienne dont le déterminisme total ne semble laisser aucune place au libre arbitre. Les conséquences d'une telle vision du monde sont immenses, même pour l'image que nous avons de nous-mêmes. Notre cerveau devient une machine compliquée certes, mais prévisible. Où est donc l'humain ? Dans quelle mesure est-on responsable de ses actes ? Les théologiens se sont posés de telles questions bien avant l'époque de Newton. La physique d'Aristote, qui renforçait son emprise sur le monde chrétien au Moyen Âge, poussait déjà à croire en un monde compréhensible, régi par des lois sans intervention divine. L'Église s'est bien entendu sentie menacée et a décidé de prendre les devants. En 1227, l'évêque de Paris, Étienne Tempier, condamne le déterminisme. Toute une série d'idées dangereuses pour le christianisme subissent le même sort.

Mais que pouvons-nous vraiment prédire de l'avenir ? Y a-t-il des limites ? Mes actions à venir sont-elles toutes aussi prévisibles que le lever du soleil demain matin ? Si on jette un dé, on ne sait généralement pas sur quelle face il va retomber. Et personne d'autre ne le sait. C'est d'ailleurs tout l'intérêt des dés : l'imprévisible, ou ce que nous appelons le hasard. Et lorsque les enfants font plouf plouf, n'est-ce pas encore le hasard qui décide ? Et le temps qu'il fera le 30 avril l'année prochaine ? C'est bien encore le hasard qui en décidera ? Le physicien danois Niels Bohr aurait déclaré : « La prévision est très difficile, particulièrement au sujet du futur. »

Comment reconnaître les situations dans lesquelles on peut mettre en cause le hasard ? Pour prédire l'avenir, il faut d'abord des lois naturelles mais aussi une connaissance du présent. D'abord, nous essayons d'appréhender le présent au mieux puis nous pouvons prédire l'avenir à l'aide des lois naturelles. Ce principe fonctionne assez bien pour un certain nombre de systèmes simples. Les mouvements des corps célestes dans le système solaire en sont un parfait exemple. En localisant les planètes dans le présent et en mesurant leurs mouvements, on peut grâce aux lois de Newton calculer où elles se trouveront demain. Si les mesures du présent sont approximatives, nous aurons bien sûr des prévisions moins précises et ce, même si nos calculs sont très précis. Si nous connaissons mal le présent, nous connaissons mal l'avenir. Si nous connaissons à peu près le présent alors nous pouvons connaître à peu près l'avenir et si nous connaissons bien le présent, nos prévisions pour l'avenir pourront être bonnes. Conséquence, l'horloge cosmique peut poursuivre sa course sans surprises désagréables.

À dix-sept ans, j'ai suivi Jupiter et Saturne qui traversaient ensemble la constellation du Lion. Un soir de printemps vingt ans plus tard j'ai vu Jupiter s'approcher du Lion pour la deuxième fois depuis, alors que Saturne était encore très loin à l'ouest. Il lui faudra encore quelques années pour se retrouver dans la même position. Avec un peu de chance je verrai encore une ou deux années de Saturne avant de partir. Mesurer des vies humaines à l'aune de planètes géantes est un exercice assez spécial.

Mais ce qui vaut pour les mouvements des planètes est plutôt l'exception que la règle. Prenons la météo qui est un bon exemple. Les météorologues font des prévisions à quelques jours de plus en plus précises mais pour des périodes plus longues, on s'aperçoit vite que c'est bien plus difficile. Plus les prévisions sont à long terme, mieux il faut connaître la température de l'eau et de l'air ainsi que la direction des vents. Il faut de plus en plus de données et bientôt elles deviennent trop nombreuses. On parle de l'effet papillon : le battement d'une aile de papillon pourrait être la cause (ou prévenir, on ne sait pas) d'une tempête des années plus tard à l'autre bout de la Terre. Conclusion : il est impossible de prévoir le temps qu'il fera, disons le dernier jour d'avril l'année prochaine. Neigera-t-il ? Personne ne le sait, nous ne pouvons qu'attendre et laisser la nature trouver la réponse.

Mais comme je l'ai déjà dit, nombreux sont ceux qui veulent tout de même tenter de dévoiler des éléments de l'avenir. Le plus célèbre de tous les prophètes, le Français Nostradamus (1503-1566), a rédigé des prophéties difficiles à déchiffrer. Les interprètes bienveillants prétendent qu'elles se sont réalisées. Il aurait prédit une quantité d'événements historiques avec la plus grande précision. Évidemment, l'exercice devient nettement plus difficile lorsqu'il s'agit d'interpréter les prophéties avant qu'elles ne se réalisent plutôt qu'après. Selon les adeptes de Nostradamus, ses prophéties contenaient sans aucun doute possible la prévision d'une troisième guerre mondiale, ou un événement tout aussi abominable qui devait éclater au mois de juillet 1999. Nous savons tous ce qu'il en est, il n'y a pas eu de guerre mondiale. En tout cas pas en 1999, et le monde a poursuivi sa route. La malheureuse prophétie sera oubliée, les écrits de Nostradamus seront réinterprétés et de nouvelles prophéties se réaliseront. La vérité et la raison mènent une bataille perdue d'avance.

Michel de Montaigne nous parlait déjà de différents prophètes en 1580 dans ses *Essais* :

> « Joint que personne ne tient registre de leurs mescontes, d'autant qu'ils sont ordinaires et infinis : et fait-

on valoir leurs divinations de ce qu'elles sont rares, incroiables, et prodigieuses[1]. »

Les actions humaines, le développement d'une civilisation sont aussi difficiles à prévoir dans le détail que le temps qu'il fera. Les fantaisies d'un individu peuvent avoir les mêmes effets sur l'histoire du monde que le battement d'une aile de papillon sur la météo. Dans *le Cycle de Fondation*, Isaac Asimov[2] fait cependant supposer autre chose à l'un des personnages. L'histoire du monde, pas seulement sur terre mais dans tout un empire de la Voie lactée, obéit à des lois déterministes qui permettent une connaissance de l'avenir. Grâce à cela Hari Seldon, le psychohistorien génial, peut mettre en place des modèles complexes permettant de prédire l'histoire à venir dans le détail. Tâche impossible me direz-vous. Peut-être, si les actions humaines ne sont pas guidées par des principes bien plus simples qu'il n'y paraît.

Autre exemple, le dé. Si mon jet diffère ne serait-ce qu'un tout petit peu du précédent, le résultat sera différent. Il n'existe aucune possibilité de prévoir le chiffre qui tombera, même en ayant la main légère. Et si on regarde l'avenir à très long terme, les mouvements de la Terre et des autres planètes autour du Soleil sont un autre exemple d'un avenir inconnu. On peut savoir ce qui s'est produit et ce qui se produira à plus ou moins dix millions d'années. À plus long terme, l'ombre d'un

1. Michel de Montaigne, *Essais*, *Des Prognostications,* version électronique www.bribes.org/trismegiste, Livre I, chapitre XI.

2. Isaac Asimov, *Le Cycle de Fondation*, Paris, Gallimard, 2002-2003.

doute s'installe, comme le battement d'aile d'un papillon interplanétaire. Cette sensibilité aux conditions initiales est appelée *chaos*. Une petite incertitude peut avoir d'importantes conséquences. Pour aller plus loin et améliorer les prévisions, la précision nécessaire est telle qu'elle est absurde. Dans la pratique, cela nous empêche de connaître l'avenir. Et qu'en est-il du plouf plouf des enfants ? À la différence des dés, il est facile pour un adulte de jeter un œil sur les enfants et de savoir sur qui tombera le « ce sera toi ». Le hasard est déjoué… C'est un peu la déité omnisciente dont rêvait Laplace. Ce que nous appelons le hasard n'est en fait que de la méconnaissance volontaire ou forcée qui nous rend impossibles les prévisions d'avenir.

Mais ce n'est pas tout. La physique de l'infiniment petit est régie par la mécanique quantique dont je vous parlerai abondamment dans les prochains chapitres. Selon la mécanique quantique, la nature n'est pas déterministe, même dans le principe. La connaissance exacte du présent, nécessaire pour prédire l'avenir, n'existe pas. Le monde est flou et incertain, l'avenir aussi. Même la déité omnisciente ne peut pas savoir ce qui va se produire.

Je préfère d'ailleurs à titre personnel un avenir inconnu, laissant la place au libre arbitre et à la responsabilité. Un avenir que nous créons, qui n'est pas issu d'une destinée déjà existante. Cela dit, l'un n'exclut pas forcément l'autre. Boèce (475-525 apr. J.-C.) explique dans *La Consolation de philosophie*[1] qu'il est tout à fait

1. Boèce, *La Consolation de philosophie*, Paris, Les Belles Lettres, 2002.

possible de combiner le libre arbitre et un Dieu qui connaît l'avenir. Nous opérons les choix même si Dieu connaît déjà ces choix. Il ne faut bien entendu pas qu'il nous fasse part de cette connaissance. Imaginons que nous changions d'avis ! Mais Dieu le saurait déjà aussi… Jouons avec cette idée : imaginons un livre où l'avenir est écrit. Vous pouvez lire ce que vous voulez sur l'avenir et votre vie. Rien n'est caché. Il existe cependant une limite. En refermant le livre vous oublierez tout. Peut-on dire alors que la connaissance de l'avenir existe ?

Nous en sommes arrivés à un point de rupture. Il nous faut laisser derrière nous la vieille physique et son monde d'évidences concrètes. Pour poursuivre, il nous faut des indices vers le nouveau, il nous faut découvrir ce qui ne va pas dans la vision classique. C'est peut-être un petit détail qui après étude approfondie ouvre la porte à des abîmes de questions. Appelons lord Kelvin à notre secours.

## Lord Kelvin met les pieds dans le plat une première fois

La physique classique avait connu d'énormes succès. À la fin du XIXe siècle, ils étaient sans doute nombreux à croire que les grandes énigmes du monde étaient enfin résolues et qu'il ne restait plus rien d'importance à découvrir. William Thomson (1824-1907), lord Kelvin après son anoblissement, est souvent choisi pour personnifier ce sommet de la physique classique. Il paraît que Kelvin, lors d'une conférence à Paris en 1900 aurait dit : « Nous savons tout maintenant, il n'y a plus que quelques points d'ombre dans notre ciel scientifique. » Petits détails agaçants certes, mais qui pourraient disparaître sans problème et surtout qui n'impliquaient rien de fondamental. Cette interprétation de lord Kelvin ne lui fait sans doute pas tout à fait justice mais c'est une si belle leçon… Ce sont justement ces points d'ombre qui allaient mener à la prochaine révolution dans le monde de la physique. Deux étrangetés, l'une liée à la vitesse de la lumière, l'autre au lien entre couleur et température. L'une a abouti aux théories de la relativité, l'autre à la mécanique quantique.

Le début du XX^e^ siècle a transformé notre vision du monde de bien des façons. Les vieilles connaissances ont été remplacées de façon radicale par du nouveau et du différent. On a cependant trop souvent une idée erronée des développements scientifiques. La science d'hier ne perd pas tout à coup sa valeur lorsque les nouvelles connaissances arrivent. Les prévisions de Newton fonctionnent toujours aussi bien, ou mal, que lorsque Newton a pour la première fois expliqué sa mécanique. Les pommes tombent toujours à la même vitesse, la Lune est toujours en orbite autour de la Terre. La nouvelle physique, l'œuvre d'Einstein entre autres, précise Newton, exprime des prévisions dans des domaines inaccessibles à Newton. Lors de la construction d'un pont, nul besoin de tenir compte de la théorie de la relativité d'Einstein. On pourrait bien sûr utiliser ses équations mais c'est inutile. Newton suffit et tout est bien plus simple. Dans d'autres circonstances, pour décrire les trous noirs ou comprendre la création de l'univers par exemple, il faut tenir compte de la nouveauté. Le travail scientifique consiste en grande partie à comprendre le degré de sophistication nécessaire dans une situation donnée. Connaître une loi naturelle veut dire aussi connaître ses limites.

Pour décrire les évolutions parfois dramatiques dans le domaine scientifique, le philosophe Thomas Kuhn a inventé l'expression *évolution des paradigmes.* Un paradigme établit les règles de fonctionnement de la recherche et explique quelles sont les questions intéressantes et fondamentales. Il permet de cibler les efforts et d'éviter les tâtonnements au hasard. Mais un paradigme n'est pas éternel. Le jour arrive où les vieilles questions ne donnent plus les bonnes réponses, il devient impossible d'intégrer de nouvelles découvertes dans les vieilles structures. Après une période d'incertitude et peut-être de créativité intense, un nouveau paradigme est trouvé et on peut poursuivre sa recherche ciblée vers de nouvelles découvertes.

Il est impossible de forcer l'évolution du paradigme, impossible de savoir vers où se tourner. On peut seulement repousser les limites du vieux paradigme à l'extrême et laisser la nature montrer le chemin. Ceci vaut aussi pour Albert Einstein et ses théories de la relativité révolutionnaires. Des paradigmes différents sont des façons différentes de voir le même monde. Nous en découvrons de plus en plus au fur et à mesure de l'histoire. J'en donnerai de nombreux exemples plus loin. La lumière : une particule, une onde ou les deux ? La gravitation est-elle une force ou une déformation de l'espace-temps ? Comme je l'ai déjà dit, un nouveau paradigme ne rend pas l'ancien obsolète. Un nouveau paradigme est un nouvel outil. Bien souvent les vieux outils sont encore valables, et il faut toujours utiliser le plus adapté à une situation donnée. La science est globalement un processus continu. Les nouvelles connaissances sont ajoutées aux anciennes. Les métaphores utilisées pour discuter des résultats font qu'il est parfois difficile de voir la continuité. Ce sont également ces métaphores qui sont les plus adaptées à la vulgarisation. Mais si on se concentre sur ces images, cela peut donner une idée erronée du fonctionnement de la science et de la physique en particulier. Si on regarde la réalité, Einstein ne fait qu'ajouter des décimales à Newton et étendre l'application des lois naturelles à des territoires jusqu'alors inconnus. C'est la précision des prévisions qui permet de mesurer le succès, rien d'autre.

Il est difficile d'écrire l'histoire des sciences. Chaque époque raconte son histoire en se basant sur son paradigme. Lorsque j'essaie d'expliquer ce qui s'est produit avant notre époque, j'exclus volontairement ou involontairement de larges parties des pensées anciennes. Je ne peux pas faire autrement. Je suis un enfant de mon époque et j'ai appris que certaines questions sont importantes. Mes choix seraient sans doute incompréhensibles pour les chercheurs d'époques plus anciennes. Je passe peut-être sous silence quelques-unes des grandes questions d'une époque alors que j'en souligne d'autres qui, à l'époque en question, étaient considérées comme des anomalies insignifiantes.

On peut après coup trouver lord Kelvin bien naïf et penser qu'il manquait cruellement de jugement. Et c'est vrai que dans un chapitre ultérieur nous reviendrons à lord Kelvin pour lui donner l'occasion de mettre une nouvelle fois les pieds dans le plat. C'est cependant un jugement injuste que nous rendons après coup. Lord Kelvin a tout de même réussi à nous montrer les questions importantes, celles qui allaient nous permettre d'avancer, et c'est déjà la preuve d'un esprit alerte. Mais laissons le vieux monde derrière nous et voyons ce qu'il en est du premier point d'ombre de lord Kelvin.

# 3
# Le dilemme de saint Augustin

*Où nous rencontrons M. Tompkins,*
*menons d'étranges expériences mentales*
*et où Einstein fait des suppositions stupéfiantes.*

Un été, nous sommes allés sur l'île de Gotland. Bien loin des parcs d'attractions et autres tentations qui attendent les familles en vacances, nous avons trouvé quelque chose qui aura laissé, je l'espère, une plus forte impression à nos enfants. Même si je soupçonne malgré tout ma fille de se souvenir surtout de sa rencontre avec Fifi Brindacier… Nous avons trouvé une plage entourée de raukar[1] balayés par le vent où nous avons observé les traces d'un autre temps. Parmi les pierres polies trouvées au bord de l'eau nous avons découvert des fossiles d'animaux ayant vécu il y a près de cinq cents millions d'années. Nous avons trouvé des coraux, des ectoproctes, lis de mer et spongiaires issus d'une mer disparue il y a bien longtemps. C'est le temps qui nous sépare de ce monde oublié. Mais qu'est-ce que le

1. Roches calcaires aux formes étranges sculptées par la mer, trouvées dans les îles de Gotland et Öland. (*N.d.T.*)

temps ? Et qui nous empêche de le remonter ? Où se trouve l'avenir ? Saint Augustin écrivait il y a mille six cents ans : « Qu'est-ce donc que le temps ? Si personne ne me le demande, je le sais : mais que je veuille l'expliquer à la demande, je ne le sais pas[1] ! »

Les spéculations philosophiques des siècles suivants n'ont pas permis d'obtenir une réponse définitive, mais la question fait l'objet d'une fascination constante. Et cette interrogation ne relève pas de la seule philosophie, c'est en fait l'une des meilleures questions scientifiques que l'on puisse poser. Elle est à la base de nombreux progrès scientifiques du siècle passé et nous sommes loin d'avoir tout vu ! Dans ce chapitre, j'aimerais vous raconter ce qu'est réellement le temps, mais mon histoire commence par une autre question : qu'est-ce que la lumière ?

## Qu'est-ce que la lumière ?

Il n'y a pas que les coquillages sur des plages anciennes pour susciter des questions sur le temps. L'histoire de l'espèce humaine se perd vite dans les brumes du temps lorsque nous essayons de retrouver la trace de nos ancêtres de plus en plus éloignés. Parfois la brume se dissipe et nous permet d'y voir un peu plus clair… L'écrit nous donne une possibilité d'écouter et de comprendre ce que pensaient et ressentaient les générations disparues. Il n'est pourtant pas toujours

1. Saint Augustin, *Confessions*, Paris, Éditions de Flore, 1947, livre XI.

facile de comprendre leurs symboles. Les hiéroglyphes de l'Égypte ancienne sont restés un mystère jusqu'au jour où la pierre de Rosette en a livré la clé au début du XIXe siècle. C'est le médecin et physicien anglais Thomas Young (1773-1829) qui a été le premier à en révéler partiellement les secrets. Young et ses successeurs nous ont permis de revenir plusieurs millénaires en arrière. Des rois et des reines, morts depuis longtemps, ont enfin pu nous parler. Pourtant Young est peut-être plus connu pour avoir posé une autre question, qui en apparence n'a rien à voir. Thomas Young voulait comprendre la nature de la lumière. La réponse allait révolutionner notre compréhension du temps. Laissez-moi d'abord vous dire quelques mots sur l'origine de la question de Young.

On croyait sous l'Antiquité que l'œil émettait des rayons, et que c'étaient ces rayons qui nous permettaient de voir. Selon Pythagore, l'œil comportait une antenne très sensible qui permettait d'appréhender son environnement. Cette théorie explique bien pourquoi on ne voit que les yeux ouverts et pourquoi on ne peut voir que dans la direction du regard. Cela ne permet pas en revanche d'expliquer pourquoi on ne voit pas dans l'obscurité. Pour contourner ce problème et d'autres du même type, Platon a élaboré un modèle extrêmement complexe qu'il expose dans le *Timée*[1]. Selon lui, l'œil émet un feu qui, combiné à la lumière du jour, compose une substance qui permet d'appréhender le monde extérieur. Lorsqu'il fait nuit, le feu émis par l'œil ne trouve

1. Platon, *Œuvres complètes*, *Timée*, Paris, Garnier Frères, 1936.

plus d'élément avec lequel il pourrait se combiner et s'éteint. Étonnant de se compliquer ainsi la tâche ! L'idée tout à fait correcte de la lumière qui serait un élément capté par l'œil ne se répandra pourtant qu'au Moyen Âge.

D'autres philosophes anciens plus lucides, comme le grec Empédocle d'Agrigente, actif au v<sup>e</sup> siècle av. J.-C., avaient compris qu'il fallait du temps à la lumière pour se propager. Et ce, même si sa vitesse est telle qu'on ne peut habituellement pas l'observer. La vitesse mesurée à l'époque moderne est véritablement énorme, 299 792,458 km/s, c'est-à-dire presque 300 000 km/s, chiffre sans doute plus pratique à retenir. On peut aussi transformer cette vitesse en un milliard de km/h, c'est peut-être encore plus simple. La vitesse de la lumière est une notion souvent reprise en physique et pour simplifier on a choisi de l'appeler *c*.

Mais comment s'y est-on donc pris pour mesurer une vitesse si vertigineuse ? La première suggestion de mesure à peu près réaliste nous vient de Galilée. Il avait imaginé deux personnes, chacune se trouvant sur un sommet montagneux assez éloigné de l'autre, et se faisant des signaux avec des lanternes. L'un agite sa lanterne et lorsque l'autre le voit il agite à son tour la sienne. En notant le délai de réponse, le premier porteur de lanterne pourrait calculer la vitesse de la lumière s'il connaissait la distance séparant les deux sommets. C'était en tout cas l'idée, et Galilée aurait lui-même tenté l'expérience. Malheureusement, la réactivité humaine est bien trop faible pour qu'une telle expérience ait la moindre chance de réussir. Sauf si on envoie l'un des porteurs de lanterne sur la Lune évidemment…

L'astronome danois Ole Rømer a réussi à mesurer la vitesse de la lumière de façon à peu près correcte en 1675, en utilisant une méthode bien plus intelligente. Galilée avait découvert près de cinquante ans auparavant l'existence des quatre lunes de Jupiter, Io, Europe, Ganymède et Callisto, toutes en orbite autour de la planète. Rømer a mesuré avec précision le temps de rotation de la lune Io. Il a découvert que la lune était un peu en retard sur le calendrier prévu, lorsque Jupiter était au plus loin de la Terre. Il en a très justement déduit qu'il s'agissait d'un effet de la finitude de la vitesse de la lumière. Puisqu'il faut à la lumière à peu près huit minutes pour parcourir la distance Soleil-Terre, le retard relatif maximal est de dix-sept minutes à peine – en comparant le moment où Jupiter se trouve au plus près de la Terre avec celui d'éloignement maximal. Peut-être que le père Caspar a fait la même constatation sur l'île du jour d'avant lorsqu'il essayait de déterminer sa position à l'aide des lunes de Jupiter. Une montre qui avance ou retarde de dix-sept minutes peut donner une différence de longitude de cinquante milles ! Les résultats de Rømer ont cependant été accueillis avec le plus grand scepticisme au départ. D'autres explications, erronées celles-là, établissaient que l'orbite d'Io n'était pas celle que l'on croyait au départ. On a même remis en cause les lois de Kepler.

Les lunes de Galilée continuent à jouer un rôle important en astronomie de nos jours. Une série de sondes spatiales les a étudiées en détail. Io, la lune utilisée par Rømer pour ses mesures, s'est révélée être un monde volcanique très actif, rejetant des composés de soufre. Europe, pour sa part, est un monde couvert de glace qui dissimule un océan d'eau à l'état liquide. Ce qui s'y cache est une tout autre histoire, et nous espérons qu'elle pourra être racontée un jour.

Mais *qu'est-ce que* la lumière ? En 1801, on pensait que Thomas Young tenait la réponse. Il a éclairé un disque percé de deux fentes à la lumière d'une bougie. La lumière ainsi filtrée venait ensuite buter sur un écran. Qu'a donc pu voir Young sur son écran ? Lorsque les deux fentes étaient ouvertes, il a vu une image composée de bandes sombres et lumineuses en alternance. Si l'une des fentes était recouverte, le dessin disparaissait et on ne voyait plus qu'une tache lumineuse. Si on ouvrait à nouveau les deux fentes, le dessin réapparaissait. Certaines des zones qui étaient lumineuses lorsqu'une seule fente était ouverte devenaient sombres si les deux fentes étaient ouvertes. Un résultat incompréhensible si l'on croit, comme Newton, que la lumière est une averse de particules. On pourrait naïvement s'attendre dans ce cas à ce que les deux faisceaux viennent se renforcer mutuellement, tout simplement.

Une seule explication possible à ce résultat : la lumière doit être composée d'*ondes*. Prenez une surface d'eau plane et lancez-y des pierres à une certaine distance les unes des autres. Des ondes circulaires vont se propager à la surface à partir de l'endroit où vous aurez lancé les pierres. Lorsque les ondes se croisent on constate un quadrillage à la surface de l'eau. Les crêtes des vagues qui se croisent s'additionnent pour donner des crêtes plus hautes. Si deux creux se croisent, le résultat sera un creux plus profond. Par contre une crête et un creux qui se croisent vont s'annuler. C'est ce qu'on appelle l'*interférence*. Et il semble en être de même pour la lumière. Les deux jets de pierre correspondent à la lumière issue des deux fentes du disque de Young.

L'expérience de Young a été accueillie avec une bonne dose de méfiance. Il semblait impensable de remettre en cause l'idée de Newton selon laquelle la lumière était composée de particules. Après plusieurs expériences menées par d'autres physiciens, la théorie des ondes a cependant pu être confirmée. Cette nouvelle connaissance sur la nature de la lumière allait être la pierre de Rosette permettant de révéler également les secrets du temps. La lumière composée d'ondes, voilà vraiment une révolution. Une évolution du paradigme… Nous verrons dans un chapitre ultérieur comment la mécanique quantique a permis une autre évolution dans notre compréhension de la lumière. Nous pensons maintenant que la lumière est composée d'ondes *et* de particules.

Le paradigme utilisé est important pour comprendre le type de questions qui se posent. Au XVIIIe siècle par exemple, il était compréhensible et logique de s'interroger sur une éventuelle pression de la lumière. Si la lumière est un flot de particules, il serait logique de penser qu'un rayon de lumière est en mesure d'exercer une pression. Ce type de physique est très important dans certains cadres, les queues de comète en sont un bon exemple. La queue d'une comète est toujours dirigée à l'opposé du soleil. On peut expliquer cela partiellement par la pression de la radiation. Pour être plus précis, une comète présente souvent deux types de queue : l'un composé de poussières (souvent de couleur jaunâtre), l'autre composé de gaz de faible densité (souvent bleu). La queue composée de gaz subit surtout l'influence du vent solaire, un courant de particules électriquement chargées émis par le soleil. La queue composée de poussières est dirigée à l'opposé du soleil à cause justement de la pression de la lumière solaire. Kepler avait émis ces hypothèses avant Newton : les queues des comètes seraient dirigées à l'opposé du soleil par l'effet d'une pression de la radiation. Peut-être que Kepler imaginait aussi la lumière comme un flot de particules ; il en a donc assez naturellement tiré cette conclusion.

Si on considère la lumière comme une onde, il est plus difficile de retomber sur ses pieds. Au XIXe siècle, on présentait avec beaucoup d'imagination le soleil comme source d'une force mystérieuse, peut-être électrique, qui arrangerait tout cela. Les choses sont bien plus complexes, mais même en imaginant la lumière comme une onde il est tout à fait possible d'en déduire une pression de la radiation. Le premier à s'en apercevoir fut le physicien et chimiste suédois Svante Arrhenius (1859-1927). Il était en fait plus simple de comprendre la direction des queues de comète avant les découvertes de Young au début du XIXe siècle...

## Les contestations de Goethe

Newton n'a peut-être pas tout à fait saisi ce qu'était la lumière, mais il a bien été le premier à comprendre que la lumière blanche est un mélange de toutes les autres couleurs. À l'aide d'un prisme en verre, il divise la lumière du soleil à l'instar des gouttes d'eau qui forment un arc-en-ciel pendant la pluie. Les sceptiques n'étaient pas loin, bien entendu... Le poète Johann Wolfgang von Goethe (1749-1832) n'accordait pas grand crédit à la description newtonienne de la lumière. Il s'est basé sur une tout autre approche du monde pour développer sa propre théorie assez particulière des couleurs. Pour lui, la théorie des couleurs dépend de l'expérience subjective des couleurs de chaque individu. Selon Goethe, c'est le bon point de départ pour une étude valable de la nature. Goethe veut décrire l'expérience elle-même plutôt que les caractéristiques abstraites d'un monde dont on ne peut pas faire l'expérience. Paradoxalement, il était donc totalement empirique. Lorsque nous regardons le monde, nous ne voyons pas de quarks ou d'ondes électromagnétiques. Nous vivons le monde à travers nos sens, influencés par des sentiments et des souvenirs. Voilà le monde réel dans lequel se développe notre conscience. La théorie des couleurs de Goethe était très ambitieuse. Il voulait tout décrire. L'Homme et ses pensées, sentiments, expériences du moi, tout cela faisait partie de la nature et devait donc y trouver sa place. La science ne traite pas de ces questions, elle a donc des lacunes, même si ce sont ces dernières qui ont aussi permis les progrès scientifiques. En ne tombant pas dans le piège de la complexité de certains mystères, des progrès énormes ont pu être accomplis en donnant des réponses à des questions simples.

La physique – et les sciences plus généralement – n'ont pas pu tirer grand-chose des travaux de Goethe. Alors même qu'il était convaincu de passer à la postérité grâce à sa théorie des couleurs plutôt qu'à son travail littéraire. Cela vous rappelle quelque chose ? Newton pensait qu'il serait reconnu pour ses considérations religieuses plutôt que pour la physique. Le recul et le bon sens ne vont pas toujours de pair avec la grandeur dans un domaine spécifique… Goethe écrit lui-même dans un autre cadre : « Il est vrai que l'Homme tend avec plus de passion vers l'erreur que vers la vérité, et que nous recherchons bien plus ardemment ce qui est voué à l'échec que ce qui a une quelconque chance de réussir[1]. »

Mais les doutes de Goethe demeurent. Qu'est-ce que la réalité ?

Si la lumière est une onde, on comprend aussi à quoi correspondent les différentes couleurs : il s'agit tout simplement de différentes longueurs d'onde. Longues ondes pour le rouge, plus courtes pour le bleu. Nous savons maintenant que certaines lumières ont des ondes si courtes que l'œil humain ne peut pas les détecter. Les rayons X et ultraviolets en sont de bons exemples. Il en va de même pour certaines lumières dont les ondes sont trop longues, les ondes radio ou micro-ondes. Les ondes radio captées par l'antenne d'un récepteur radio réglé sur une station FM mesurent à peu près trois mètres.

La question change alors de nature : des ondes dans quoi ? Les ondes aquatiques ont besoin d'eau, les ondes sonores peuvent se propager dans l'air *et* dans l'eau. En collant l'oreille contre un rail de chemin de fer, on constate que les ondes sonores peuvent également se propager dans d'autres matériaux. En revanche, aucun son ne peut se propager dans le vide, même si *La Guerre*

1. Traduction libre.

*des étoiles* a pu vous faire croire le contraire… Normalement, il doit falloir un support pour que la lumière se propage, ont pensé jadis les physiciens, et cette hypothétique quelque chose a été baptisé l'*éther*. La chasse à ce mystérieux éther les a beaucoup occupés pendant la seconde moitié du XIX^e siècle…

La vitesse de la lumière devait toujours être calculée par rapport à l'éther – cela faisait partie de la théorie. Si la Terre se déplace dans l'éther, alors la vitesse de la lumière mesurée sur terre sera différente selon les directions. La vitesse changera aussi selon les saisons, au fur et à mesure que le mouvement de la Terre change. Un rayon de lumière dirigé dans le même sens que le mouvement de la Terre à travers l'éther devrait se déplacer un peu plus lentement qu'un rayon dirigé dans le sens inverse. On parlait du *vent d'éther*, qui aurait transformé les vitesses. On peut comparer le lien lumière-éther à celui qui existe entre son et air. Il est beaucoup plus difficile de se faire entendre lorsqu'on se trouve face au vent.

Albert Michelson (1852-1931) et Edward Morley (1838-1923) ont mené des expériences dans les années 1880 pour mesurer ces variations de la vitesse de la lumière. Stupéfiante nouvelle, aucune variation n'est constatée ! On peut régler les instruments de mesure, les tourner dans tous les sens, le résultat est invariablement le même. Il devait y avoir une erreur fondamentale quelque part…

Les résultats des expériences apparaissent comme fondamentalement contraires au bon sens. La solution résiderait-elle dans l'abandon d'idées préconçues ? Albert Einstein l'entrevoit en menant des raisonnements théoriques portant sur les liens entre forces électriques et magnétiques. Il se demande ce qui se produirait si on rattrapait un rayon de lumière. En 1905, il fait une supposition stupéfiante : la vitesse d'un rayon de lumière est toujours la même quel que soit l'observateur.

Partant de cette observation, il va bouleverser notre vision du temps et de l'espace.

## Du temps et de l'espace

La grande idée d'Einstein a été de fonder sa réflexion sur la relativité du mouvement. Il explique que le mouvement n'a de sens que s'il se fait par rapport à quelque chose. C'est en fait une observation assez banale que nous pouvons tous faire au quotidien. Généralement, lorsque nous sommes assis dans un train, nous ne savons pas à quelle vitesse nous nous déplaçons, à moins de regarder par la fenêtre et de voir défiler le paysage. À l'arrêt en gare, si un autre train se met en mouvement, il n'est pas rare de croire que c'est en fait notre propre train qui part. Lorsqu'on constate au final que notre train est toujours en gare, la perspective change et cela donne parfois le vertige.

L'objet du raisonnement est de comprendre que le mouvement du train ne change rien dans le compartiment. Toutes les lois naturelles restent les mêmes et la vitesse de la lumière reste identique, c'est le plus important. La vitesse de la lumière est donc la seule vitesse absolue et indépendante de la méthode de mesure. Les conséquences de cette constatation sont énormes pour notre perception du temps et de l'espace.

Selon Newton, le temps et l'espace étaient absolus, rien ne pouvait les changer. Il existait un temps universel, commun à tous, où le concept du *maintenant* était clair et sans équivoque. Pour la plupart d'entre nous, c'est toujours la définition dominante du temps. Peut-être que nous avons du mal à savoir exactement ce qu'est le temps, comme saint Augustin, mais nous aurions du mal à lui ôter certaines caractéristiques évidentes. La notion de simultanéité est peut-être la plus profondément ancrée en nous. Il est naturel de parler d'un événement qui a lieu *maintenant*, que ce soit ici, à l'autre bout du monde ou dans une galaxie lointaine. En même temps. Pourtant Einstein a démontré il y a un siècle que la vérité est bien différente. En partant du principe de la relativité et du caractère absolu de la vitesse de la lumière, il montre que le temps et l'espace ne sont pas deux unités bien distinctes. Au contraire, liés dans l'espace-temps éternel, ils forment une unité au sein de laquelle le passé et l'avenir existent simultanément. Les notions de temps et d'espace ne sont pas fixées une fois pour toutes. Elles changent en fonction des personnes auxquelles on s'adresse. Et la même chose vaut pour la notion de *maintenant*.

La notion de simultanéité ne posera jamais problème si le point de référence est notre vie sur terre, avec les vitesses et les distances auxquelles nous sommes confrontés au quotidien. En revanche, il suffit d'aller au-delà pour constater que notre maintenant peut varier d'une dizaine d'années dans une galaxie à quelques milliards d'années-lumière de la Terre. Imaginons une galaxie lointaine et un être qui, juste en ce moment, se demande, comme nous, ce qu'il en est du temps et de la relativité. Selon ma perspective, si je me lève et que je vais dans la cuisine (et que la galaxie se trouve dans la bonne direction), l'être en question sera mort depuis longtemps pendant mon déplacement. Si je retourne ensuite à mon bureau, l'être n'est pas encore né. Et lorsque je finis par m'installer, il sera à nouveau et *maintenant*, en train de réfléchir à la relativité. La simultanéité est vraiment toute relative !

Grâce à des raisonnements théoriques, Einstein a également pu montrer que le temps passe plus ou moins vite selon le mouvement. C'est la *dilatation du temps*. Je vais tenter de vous expliquer l'un de ces raisonnements. Pour arriver à des conclusions sur le temps, il nous faut une montre. Imaginons une montre très particulière, une montre-lumière, composée de deux miroirs et d'un rayon lumineux qui rebondit entre eux. Le rayon fait « tic » et « tac » lorsqu'il touche l'un, puis l'autre miroir. Si nous connaissons la distance entre les deux miroirs et la vitesse de la lumière, nous connaissons aussi la durée qui sépare le « tic » du « tac ». De cette façon, nous avons conçu une montre assez simple.

Plaçons à présent la montre dans un vaisseau spatial qui passe devant la Terre à grande vitesse : comment seront alors perçus les mouvements de la montre ? Imaginons que les deux miroirs soient placés l'un au-dessus de l'autre et que le vaisseau spatial fait route vers la droite. Suivons à présent le rayon lumineux dans son parcours entre le miroir du bas – nous venons d'entendre le tic – et le miroir du haut – nous entendrons le tac. Le chemin à parcourir sera maintenant bien plus long : le rayon doit essayer de rattraper le miroir du haut dans son mouvement. Si le rayon bouge à la même vitesse malgré le mouvement de la montre – c'est le postulat d'Einstein – il lui faudra plus de temps pour parcourir la distance plus importante entre les deux miroirs. En d'autres termes : plus de temps entre « tic » et « tac », la montre semble donc marcher au ralenti. C'est aussi simple que cela, mais rien ne vous empêche de relire le paragraphe…

La nature nous procure bien des exemples du temps à vitesse variable. Le rayonnement cosmique en fait partie. Ce sont les particules de haute énergie qui nous arrivent de sources inconnues et traversent l'univers à une vitesse vertigineuse. Lorsque le rayonnement cosmique pénètre les couches supérieures de l'atmosphère et entre en collision avec les molécules d'air, cela donne naissance à des quantités de *muons*. Le muon est une particule très volatile, sa durée de vie est d'un millionième de seconde à peine avant qu'il ne se transforme en un électron et quelques neutrinos. Bien trop peu de temps pour que le muon n'atteigne la surface de la Terre. Je parlerai plus longuement de ce phénomène et des neutrinos un peu plus loin. Ce qui est étrange, c'est que nous pouvons voir les muons sur terre malgré tout. À l'aide d'un simple compteur Geiger, utilisé pour mesurer la radioactivité, on peut entendre ces muons. Ce sont les muons qui produisent certains des clics émis par l'appareil.

La clé du mystère se trouve dans la dilatation du temps. Selon Einstein, les muons se déplacent à une vitesse telle que le temps avance plus lentement et qu'ils peuvent donc faire le voyage pendant leur courte vie. Un peu comme quelqu'un dont la vie durerait quatre-vingts ans et qui ferait un voyage devant normalement en durer huit cents. Autre exemple, le rayonnement cosmique lui-même, composé de particules qui ont parcouru la Voie lactée pendant cent mille ans à peu près. Pour les particules elles-mêmes, cela ne représente que cinq minutes…

À quoi ressemble donc le monde pour un élément qui se déplace à une vitesse proche de celle de la lumière ? Quelle est l'explication de la vitesse du voyage selon cette perspective ? Les distances ont tout simplement été réduites. Du point de vue du muon, l'atmosphère a été aplatie, elle est devenue dix fois moins épaisse. Pour le rayonnement cosmique, toute la Voie lactée représente une distance inférieure à celle qui, pour nous, sépare la Terre du Soleil. C'est ce qui s'appelle la *contraction des distances*. Les grandes vitesses modifient la perspective et donc notre définition du temps et de l'espace. Mais que voit-on lorsqu'un élément passe à toute vitesse ? A-t-il vraiment l'air tout petit ?

## Les aventures de M. Tompkins

Le physicien russe George Gamow (1904-1968) est l'auteur de deux petits ouvrages merveilleux : *Monsieur Tompkins au pays des merveilles*[1] et *Monsieur Tompkins explore l'atome*[2]. George Gamow jouera un rôle important plus tard, lorsque je vous parlerai de la création du monde, mais ne nous précipitons pas. Les livres racontent l'histoire de M. Tompkins, qui se rend à une

1. George Gamow, *Monsieur Tompkins au pays des merveilles*, Paris, Dunod, 1957.
2. George Gamow, *Monsieur Tompkins explore l'atome*, Paris, Dunod, 1956.

série de conférences sur la physique tenues par un vieux professeur. Malheureusement, M. Tompkins s'assoupit pendant les conférences et rêve de tout ce qu'il a entendu. Il se retrouve dans des mondes où les lois naturelles sont tout à fait différentes des nôtres et il vit bien sûr des expériences remarquables.

Dans le premier chapitre du premier livre, M. Tompkins se retrouve dans une ville où la vitesse de la lumière se limite à 30 km/h. À première vue, rien d'anormal. Les rues sont presque vides, un policier se trouve à un carrefour, un cycliste approche doucement. Lorsque le cycliste est suffisamment près, M. Tompkins découvre, étonné, que le jeune homme à vélo est aplati comme un bonhomme de papier. Il décide de le rattraper. Il s'avère que le jeune homme est tout à fait normal, c'est à présent la ville qui a changé et s'est aplatie. C'est bien entendu la contraction des distances qui nous donne l'explication.

En fait, George Gamow avait mal compris. Ses livres ont été publiés dans les années 1940 et il est assez étrange de constater que personne n'avait alors réfléchi à ce qu'on verrait vraiment. D'un côté, il est vrai que l'objet se raccourcit si son mouvement est rapide. La contraction des distances est bien là. D'un autre côté, il faut tenir compte d'un autre effet. Parce que la vitesse de la lumière est finie, on ne voit pas les différentes parties de l'objet au même moment ! Regardons le cycliste de M. Tompkins d'un peu plus près. Normalement, il n'est pas facile de voir la partie la plus éloignée du dos du cycliste, tout simplement parce qu'elle est cachée par la partie du dos qui est plus proche de nous. Mais si le cycliste se déplace rapidement, cette partie la plus proche de nous ne gêne plus. La lumière peut donc se déplacer et montrer aussi la partie la plus éloignée. On peut donc voir des parties plus importantes du dos, et plus le cycliste va vite, plus on en voit. Si on combine cela à la contraction des distances, cela veut dire que le cycliste a l'air plus vrillé qu'aplati.

Dans notre monde, la lumière ne se déplace pas à 30 km/h mais bien à 300 000 km/s et au quotidien nous ne constatons aucun de ces effets. Ils sont pourtant bien réels. Et M. Tompkins aurait certainement été tout aussi étonné s'il avait vu le cycliste arriver en crabe !

## Un voyage dans les étoiles

Le rêve d'un voyage dans les étoiles est omniprésent dans les romans de science-fiction. On espère, dans un avenir plus ou moins proche, construire un vaisseau spatial permettant de parcourir des distances interstellaires en un temps qui soit à échelle humaine. Mais est-ce physiquement possible ? Pourra-t-on jamais développer la technologie nécessaire ? La théorie de la relativité nous met de gros bâtons dans les roues. La vitesse de la lumière étant la vitesse la plus élevée et les distances étant énormes, il faudrait plusieurs années pour parcourir la Voie lactée, même en voyageant à la vitesse de la lumière. Il faut par exemple quatre ans pour atteindre l'étoile la plus proche et vingt-six mille pour le centre de la Voie lactée. L'unité *année-lumière* a été inventée pour traiter de ces distances énormes. C'est la distance parcourue par la lumière en un an, à peu près dix mille milliards de kilomètres. La distance par rapport à l'étoile la plus proche devient donc quatre années-lumière et pour le centre de la Voie lactée il faut compter vingt-six mille années-lumière.

En se basant là-dessus, le voyage dans les étoiles restera sans aucun doute un rêve. Qui aurait le courage d'entreprendre un voyage de plusieurs millénaires ? La vitesse de la lumière comme vitesse la plus élevée n'est cependant qu'un aspect de la relativité. Nous l'avons vu, la dilatation du temps fait passer le temps plus lentement dans le vaisseau spatial. Peut-être pouvons-nous utiliser cela ? Clarifions deux choses avant de poursuivre le raisonnement.

D'abord, que veut-on dire lorsqu'on parle de temps qui passe plus lentement ? J'ai expliqué qu'une montre très spéciale, la montre-lumière, va moins vite à très grande vitesse. Mais selon la relativité, déjà entrevue par Galilée puis mise en avant par Einstein comme principe fondamental de la physique, il faudrait que cela s'applique à toutes les montres. Si les conséquences étaient différentes selon les montres, on pourrait utiliser cela pour calculer sa vitesse réelle. Le mouvement ne serait plus seulement relatif. Le principe même de la relativité veut qu'il faut regarder par la fenêtre du train pour constater un mouvement. Il ne suffit pas de comparer la montre à son bras avec le réveil dans son sac. Mais est-ce que le temps lui-même passe vraiment plus lentement seulement parce que toutes les montres vont plus lentement ?

Le temps est ce qui est mesuré par une montre, c'est une façon d'expliquer la notion de temps. Pour que les conséquences soient les mêmes pour toutes les montres, il faut aussi qu'elles soient les mêmes pour toutes les lois de la physique. Nous pensons que de la physique naît la chimie, de la chimie la biologie et de là la psychologie et la conscience. Personne n'a envoyé un être vivant en voyage ultrarapide pour voir si cet être aurait moins vieilli qu'un autre, c'est vrai. Encore moins a-t-on demandé à l'être en question combien de temps il avait l'impression d'avoir voyagé. Les horloges biologiques et psychologiques ne sont pas assez fiables pour constater des différences lors d'expéditions dans l'espace à l'heure actuelle. L'horloge psychologique est bien entendu la moins fiable et la plus facile à manipuler. Le jour de ses huit ans, mon fils a décidé qu'il essaierait de s'ennuyer le plus possible. Il aurait ainsi l'impression que la journée se terminerait moins vite. Cela aurait certainement pu fonctionner s'il n'avait pas très vite oublié son idée. Avant qu'il n'ait eu le temps de dire ouf, c'était l'heure d'aller se coucher...

Ce n'est pas parce que tous ces aspects n'ont pas été mis à l'épreuve qu'il faut douter de ce qui adviendrait si l'on entreprenait un vrai voyage dans les étoiles. Dans son vaisseau spatial lancé à pleine vitesse, le spationaute ne ressent pas le passage du temps au ralenti, puisque le vieillissement et la vitesse de la pensée ont également ralenti, comme la montre. Comme je l'ai expliqué, la relativité exige que tous les processus temporels subissent les mêmes influences. Sinon on risque de subir des contradictions logiques.

Autre difficulté à résoudre avant de poursuivre : ce que nous appelons le *paradoxe des jumeaux*. Appelons à notre secours une paire de jumeaux, appelons-les Voyageur et Pantouflard. Imaginons que Voyageur entreprenne un voyage aller-retour vers une étoile éloignée alors que Pantouflard reste sur terre et attend patiemment le retour de son frère. Selon notre raisonnement sur la dilatation du temps, celui-ci devrait passer plus lentement dans le vaisseau spatial de Voyageur et il devrait donc être plus jeune que Pantouflard lors de son retour sur terre. Jusque-là tout va bien, mais les choses se compliquent si nous décidons de pousser le raisonnement. Du point de vue du vaisseau spatial on dirait bien que c'est la Terre qui s'éloigne pour ensuite revenir ! C'est donc Pantouflard, resté sur terre, qui devrait être plus jeune que Voyageur ? Les deux affirmations ne peuvent pas être vraies, bien sûr. La relativité est bien étrange c'est vrai, mais elle ne peut pas admettre des contradictions pures. Voilà le paradoxe des jumeaux. Je ne vais pas me lancer dans une explication détaillée de la solution du phénomène. L'idée générale est qu'il existe une différence fondamentale entre Voyageur dans le vaisseau spatial et Pantouflard sur terre. Pour que le voyage puisse avoir lieu tel que nous le décrivons, il faut bien que le vaisseau spatial accélère et freine sur son parcours, alors que la Terre continue son petit bonhomme de chemin. Lorsque tout cela est pris en compte et que les équations liées à la relativité sont résolues, la réponse est claire : c'est vraiment Voyageur à bord du vaisseau spatial qui est le plus jeune des deux ! Pousser le raisonnement plus loin ne cause parfois que des problèmes…

Maintenant que nous sommes certains de pouvoir utiliser la dilatation du temps pour faciliter nos voyages vers les étoiles, regardons quelques exemples plus élaborés. En feuilletant le catalogue des destinations possibles, nous aurons aussi l'occasion de faire un peu de géographie.

Pour un voyage confortable, nous ne pouvons pas autoriser de trop grandes accélérations de notre vaisseau spatial. Il faudrait donc idéalement une accélération qui nous donne l'impression d'être restés sur terre, c'est-à-dire à peu près 9,8 m/s². Du point de vue de la santé, c'est certainement mieux que l'impesanteur qui peut être cause d'ostéoporose, paraît-il… Quoi qu'il en soit, imaginons que le vaisseau spatial connaisse cette accélération pendant la première partie du voyage. Nous inversons ensuite les réacteurs et freinons de la même façon pendant la deuxième partie. Plus le voyage est long, plus notre vitesse maximale sera élevée. Nous n'atteindrons jamais la vitesse de la lumière, même si nous pouvons l'approcher de très près en accélérant suffisamment longtemps. Ce sont justement les derniers millièmes de seconde qui nous séparent de la vitesse de la lumière qui sont extrêmement importants, c'est là que la dilatation du temps est particulièrement forte.

Notre première destination sera le système stellaire le plus proche : Alpha du Centaure, l'étoile la plus brillante de la constellation du Centaure qui se trouve dans l'hémisphère sud. On l'appelle aussi Rigil Kentaurus, ou pied du Centaure, ou encore Toliman, pousse de vigne. L'étoile que l'on voit est en fait un système triple avec d'abord deux soleils assez semblables au nôtre. Ces deux soleils sont très proches l'un de l'autre, entre dix et trente fois la distance Terre-Soleil. S'ajoute à cela une petite naine rouge, en orbite autour des deux premières étoiles à une distance beaucoup plus importante. Les deux étoiles les plus brillantes sont assez jolies à observer au télescope. Encore qu'il faille voyager assez loin vers le sud pour faire leur connaissance... La petite étoile rouge est un peu plus proche du Soleil que les deux autres, on l'a donc honorée du nom de Proxima Centauri. La distance correspond à peu près à 4,3 années-lumière et c'est notre destination. Le voyage sera-t-il long ? Un petit calcul nous dit qu'il faudra trois ans et demi. Un peu moins de temps donc que les 4,3 années au moins auxquelles on aurait pu s'attendre...

Allons maintenant beaucoup plus loin. Pour ne pas se perdre il faut d'abord mieux comprendre la géographie locale. Le Soleil se trouve à la périphérie de notre galaxie, la Voie lactée. Nous voyons particulièrement bien la Voie lactée l'hiver. C'est une bande brumeuse dans le ciel, visible surtout par de belles soirées loin de la pollution lumineuse des villes. La Voie lactée est une énorme galaxie spirale dotée de bras majestueux enroulés autour d'une barre centrale. En effet, la Voie lactée n'est pas une galaxie spirale comme les autres. Les galaxies spirales ont normalement un centre rond, alors que seule une minorité en a un en forme de barre. Des observations minutieuses ont permis de déterminer que la Voie lactée faisait partie du club exclusif des spirales barrées. Elle est composée de quelques centaines de milliards d'étoiles et le Soleil n'est que l'une d'entre elles, assez moyenne d'ailleurs. Une bonne partie de ces étoiles sont certainement des soleils dans des systèmes solaires comportant des planètes de toutes sortes. On peut se demander combien d'équivalents de la Terre se cachent dans la masse...

La place du Soleil dans la Voie lactée n'est pas non plus très spéciale. Nous nous trouvons à sa périphérie et la distance qui nous sépare du centre est proche de vingt-six mille années-lumière. Dans nos régions de la galaxie, les étoiles ont une vitesse de rotation autour du centre de la Voie lactée qui avoisine les 200 km/s. Il leur faut pourtant plus de deux cents millions d'années pour faire un tour ! La Voie lactée en rotation amène notre soleil et toutes les étoiles à proximité vers la constellation du Cygne. Les étoiles évoluent cependant aussi les unes par rapport aux autres. Notre soleil se déplace plus rapidement que les autres étoiles, vers un point assez proche de l'étoile Véga dans la constellation de la Lyre. Notre système solaire est en quelque sorte un vaisseau spatial géant…

Les étoiles que l'on aperçoit dans le ciel l'été, le Cygne et la Lyre, sont un peu comme des phares. Elles nous indiquent les futures positions du soleil dans la Voie lactée. Selon les époques, l'une ou l'autre de ces étoiles sera la plus brillante pour nous. Aujourd'hui, c'est Sirius qui a cet honneur, mais dans quelques centaines de milliers d'années, Véga aura pris sa place. Pendant notre voyage autour de la galaxie, nous passerons Véga en la laissant à dix-sept années-lumière. Dans cinq millions d'années nous serons encore plus loin et c'est la tête du Cygne qui sera la plus proche. Le système stellaire Albiréo sera alors le plus brillant. Aujourd'hui nous pouvons apercevoir Albiréo avec un petit télescope, c'est une double étoile magnifique dont la plus brillante est jaune doré et la plus faible d'un bleu éclatant. Au cours des millions d'années à venir, Albiréo ne fera qu'embellir…

Mais reprenons notre voyage et dirigeons-nous vers le centre de la Voie lactée, un endroit passionnant qui recèle certainement plus d'un secret. À l'aide de grands télescopes on a pu suivre les mouvements des étoiles proches de son centre autour d'un élément très lourd, petit et invisible. Ce ne peut être qu'un gigantesque trou noir, qui pèse un million de fois le poids du Soleil. Cet incroyable voyage ne prendra que vingt ans grâce à la confortable accélération de notre vaisseau spatial. Quarante ans aller-retour. Lors de notre retour sur terre plus de cinquante mille ans se seront écoulés et nous serons oubliés depuis longtemps.

Mais l'univers est plus grand que cela et nous allons maintenant nous diriger vers une autre galaxie, Andromède. On la retrouve dans la constellation d'Andromède et elle est visible comme un petit nuage à l'automne, si le temps le permet et si on sait exactement où la chercher. Elle est visible même à l'aide de simples jumelles, et l'écrivain suédois Harry Martinson en a fait l'expérience. C'est d'ailleurs ce qui a inspiré son *Aniara, une odyssée de l'espace*[1].

« La galaxie pivote sur elle-même
telle une roue de fumée illuminée
et la fumée, ce sont des étoiles.
C'est une fumée de soleil.
Faute d'autre terme, nous disons : fumée de soleil,
as-tu compris ?
Je veux dire que les langues sont hors d'état
d'exprimer le contenu d'une telle vision. »

Ils sont sans doute nombreux à avoir lu le poème et à avoir mené des discussions savantes à propos de son

1. Harry Martinson, *Aniara, une odyssée de l'espace*, Marseille, Agone Éditeur, 2004, poème 85.

œuvre. Mais combien sont-ils à avoir fait la même expérience qu'Harry Martinson, à savoir regarder la galaxie lointaine et ressentir la présence de l'incompréhensible ?

Bien qu'un peu plus grande, Andromède est une galaxie qui ressemble beaucoup à la Voie lactée. En combinaison avec notre galaxie, elle domine un petit groupe de galaxies connu sous le nom assez prosaïque de *Groupe local.* Les autres galaxies sont bien plus petites et plusieurs d'entre elles sont des galaxies satellites d'Andromède et de la Voie lactée. Les satellites les plus importants de la Voie lactée sont les deux Nuages de Magellan, visibles depuis l'hémisphère sud. Ces satellites ressemblent à des petits morceaux arrachés à la Voie lactée.

Trois millions d'années-lumière nous séparent d'Andromède. Lorsque vous observez ce petit nuage peu lumineux à l'automne, vous vous projetez donc trois millions d'années en arrière. La lumière a quitté ces étoiles lointaines à une époque où il n'y avait pas encore de vie humaine sur terre. Et « maintenant » – avec toutes les réserves d'usage sur la signification de la simultanéité – les habitants éventuels d'Andromède, s'ils disposaient de télescopes très puissants, verraient nos ancêtres les Australopithèques évoluer sur terre. Et combien de temps faudrait-il à notre vaisseau spatial pour ce merveilleux voyage ? Vingt-neuf ans. Nous sommes loin, mais ce n'est que le début…

Le Groupe local n'est qu'un ensemble de galaxies assez insignifiant dans un univers peut-être infini. Notre prochaine destination se trouve à cinquante millions d'années-lumière, dans la constellation de la Vierge.

C'est l'amas de la Vierge. Il s'agit d'un groupe énorme de galaxies, un superamas. Notre Groupe local se déplace lentement à la périphérie de l'amas de la Vierge, c'est en fait une banlieue sans intérêt bien loin du centre. Dans les parties centrales de l'amas de la Vierge se trouvent d'énormes galaxies qui ne cessent de grandir en absorbant tout ce qui se trouve sur leur passage. Comme la plupart des galaxies, elles ne portent pas de noms spécifiques mais se sont prosaïquement vu attribuer des séries de chiffres et de lettres. Les plus grandes sont M84, M86 et M87, avec un M pour Messier.

Charles Messier (1730-1817) était un astronome français qui ne s'intéressait pas particulièrement aux galaxies mais qui était comme obsédé par les comètes. Il avait été le premier à observer la comète de Halley lors de son retour attendu à l'hiver 1758-1759 et cela l'a poussé à poursuivre sa chasse aux comètes. Pour ne pas se laisser perturber par des taches lumineuses qui ne seraient pas des comètes, il a élaboré un catalogue comportant une centaine d'objets gênants. Il faisait tout pour ses comètes bien-aimées… Peut-être que son obsession des comètes allait parfois un peu loin. L'enterrement de sa femme par exemple est mal tombé, il a privé Messier d'un moment précieux pour étudier les comètes. Un pharmacien et astronome amateur français, Jacques Montaigne, a ainsi pu s'approprier ce qui selon Messier aurait dû être « sa » prochaine comète. Un visiteur vient présenter ses condoléances, pas à propos de la comète bien sûr, mais à propos de sa femme, et Messier aurait exprimé sa frustration : « J'en avais découvert douze, pourquoi fallait-il que Montaigne me vole la treizième » ! Il en avait même les larmes aux yeux. Il a fini par comprendre ce que voulait dire le visiteur en question et se serait écrié : « Ah, la pauvre femme… »

Personne ne se souvient aujourd'hui des comètes découvertes par Charles Messier. Elles ont disparu depuis bien longtemps dans le froid et la périphérie du système solaire. En revanche, son catalogue est toujours là et donne leur nom aux curiosités les plus spectaculaires de notre voûte céleste. Les astronomes amateurs s'amusent à identifier le plus grand nombre possible d'objets de Messier. L'amas de la Vierge est un terrain de chasse assez à la mode en la matière, avec M87 au centre de l'amas. C'est l'une des plus grandes galaxies connues. Au centre de M87 on trouve un gigantesque trou noir, comme au centre de la Voie lactée. Un voyage vers l'amas de la Vierge prendrait trente-quatre ans et demi à bord de notre vaisseau.

Mais nous allons plus loin. Cosmologiquement parlant, nous sommes à peine sortis du jardin derrière la maison. Pour les longs voyages qui vont suivre, il ne faut pas non plus oublier que l'univers est en expansion et que les galaxies dans notre ligne de mire s'éloignent de la Voie lactée. J'y reviendrai dans le dernier chapitre. Le voyage est donc plus long, mais comme notre vaisseau s'approche de plus en plus de la vitesse de la lumière, cela n'a pas beaucoup d'importance.

Bien qu'absolument énorme, nous l'avons constaté, la galaxie M87 est dépassée par quelque chose de plus puissant encore, les *quasars*. Les premiers quasars ont été découverts dans les années 1960. Ils ont suscité un grand étonnement, les calculs montrant qu'ils se trouvaient à une distance gigantesque. Au début, on avait donc du mal à comprendre comment ils pouvaient être si brillants. Les photos ne fournissaient que peu d'indices puisqu'ils ressemblaient à de simples étoiles. Nous savons maintenant qu'ils constituent le noyau des galaxies les plus éloignées. Peut-être que toutes les galaxies passent par une phase quasar pendant leur folle jeunesse. Leur puissance viendrait des trous noirs supermassifs qui se trouvent au centre. La matière en route vers ces trous noirs atteint des températures extrêmement élevées et émet donc un rayonnement important.

Le plus brillant est 3C273, qui se trouve aussi dans l'amas de la Vierge. Mon lien avec ce quasar est tout particulier, je l'ai vu de mes yeux. J'ai pu le trouver à l'aide de cartes précises, d'un ciel dégagé et d'une bonne dose de patience. Dans mon télescope, il n'avait l'air de rien. Pas de tourbillons bouillonnants de gaz autour de trous noirs, pas de rayonnements de particules, juste une étoile assez faible, à peine visible. J'ai vraiment dû utiliser toutes les astuces possibles pour l'apercevoir : regarder un peu à côté pour m'assurer que la lumière serait bien captée par la partie la plus sensible de ma rétine, retenir ma respiration, me détendre. Mais je l'ai vu. Une expérience unique. La lumière était en chemin depuis plus de deux milliards d'années. Ces photons ont voyagé dans l'univers pendant la moitié de l'histoire de notre planète, sont passés devant des mondes que nous ne pouvons qu'imaginer, avant d'être finalement captés par ma rétine à minuit le 26 mars 1982. Et notre vaisseau, combien de temps lui faudrait-il ? Quarante-deux ans.

Franchissons maintenant le tout dernier pas. Allons aussi loin que ce que peut voir le plus grand des télescopes, à dix milliards d'années-lumière. Ce voyage parmi les voyages, combien de temps prendra-t-il ? Quarante-cinq ans. En une vie, les petits êtres humains que nous sommes peuvent aller à l'autre bout de l'univers. Si nous vivons assez longtemps, nous aurions même le temps de revenir. C'est un hasard bien sûr, mais c'est bizarre non ?

# 4
# Le don d'Hypatie

*Où nous construisons des machines à remonter le temps grâce à des boules de cristal, Einstein voit tomber un tôlier et Proust réfléchit au temps.*

Je raconte parfois à mon fils l'histoire du monde de Narnia, de C.S. Lewis. C'est un monde au-delà du temps et de l'espace où se déroulent des histoires fantastiques avec des animaux qui parlent, des sorcières, de la magie et de l'aventure. On ne peut pas aller à Narnia par des moyens ordinaires. Pour s'y rendre, il faut utiliser une armoire mystérieuse dans une chambre chez un vieux professeur. En fouillant dans l'obscurité de l'armoire, parmi les manteaux de fourrure et les pardessus, on se retrouve rapidement dans une forêt enneigée la nuit. L'armoire fonctionne en fait comme un tunnel entre notre monde et celui de Narnia.

Ce type de voyage est-il réservé au monde des contes et légendes, ou est-il envisageable dans la réalité ? Dans ce chapitre, l'histoire d'Einstein se poursuit, avec ses expériences du temps et de l'espace. J'expliquerai comment l'espace et le temps peuvent être déformés, le pourquoi de la chute d'une pomme et le temps qui s'arrête au bord d'un trou noir. Je parlerai aussi de raccourcis vers d'autres mondes, à travers le temps et l'espace. À quoi ces chemins peuvent-ils bien ressembler ? Même s'ils n'aboutissent pas à Narnia…

## Des planètes qui ne se déplacent pas comme elles le devraient

Après avoir réussi à élaborer la théorie de la relativité, Einstein se posait une question majeure : comment intégrer la gravité à cette nouvelle vision du monde ? En poussant la réflexion, les questions difficiles ne manquent pas, en effet. On peut surtout se demander de quelle façon la gravité respectera la vitesse de la lumière comme vitesse la plus élevée ?

Dans la théorie de Newton, la gravité se fait sentir immédiatement. Selon lui, si un monstre interstellaire nous enlevait le Soleil, la course de la Terre serait modifiée immédiatement, et pas avec un retard de huit minutes. Immédiatement, la course de la Terre prendrait tout droit la tangente. Et pourtant, pendant huit minutes, nous aurions l'impression que le Soleil brille comme d'habitude. L'immédiateté va, en effet, à l'encontre de la relativité restreinte, selon laquelle aucune information ne peut être envoyée plus vite que la lumière. Cela ne peut donc pas être vrai.

En plus de ces paradoxes théoriques, on constate quelques observations étranges. Je vais vous donner trois exemples instructifs prouvant à quel point il est facile de juger a posteriori… Ils expliquent l'utilisation de la théorie de la gravité de Newton pour prédire l'existence de nouvelles planètes.

Depuis la nuit des temps, on connaît l'existence de cinq planètes en plus de la Terre : Mercure, Vénus, Mars, Jupiter et Saturne. Mais il y a bien longtemps, une planète n'était rien d'autre qu'un astre en mouvement. C'est d'ailleurs ce que veut dire le mot « planète » en grec. Ce n'est qu'en 1781 que la famille s'agrandit. L'astronome anglais William Herschel (1738-1822) a modifié notre vision du système solaire en découvrant la première nouvelle planète depuis l'Antiquité. Herschel a d'abord voulu donner à son extraordinaire découverte le nom du souverain de l'époque, George III. Le même roi George qui a attribué un prix à John Harrison pour sa montre. Tout ce qui était technique l'intéressait, et il a contribué à hauteur de quatre mille livres au plus grand des télescopes de Herschel. On raconte une visite sur le lieu de la construction, en présence du roi et de l'archevêque de Canterbury. Ce dernier ayant un peu de mal à se déplacer, le roi lui aurait tendu la main en disant : « Venez, cher archevêque, je vais vous montrer le chemin du ciel ! » La nouvelle planète n'a finalement pas été baptisée « étoile du roi George » mais Uranus, et ce n'est pas plus mal.

On a bien entendu suivi de près les mouvements de la nouvelle planète, pour s'apercevoir assez rapidement que quelque chose clochait… Uranus ne semblait pas suivre les lois de Newton ! La clé du mystère était évidente : il devait exister une autre planète qui dérangeait Uranus. L'astronome français Urbain Jean Joseph Le Verrier (1811-1877) et le mathématicien britannique John Couch Adams (1819-1892) ont calculé, indépendamment l'un de l'autre, l'emplacement supposé de la planète en question. C'est le 23 septembre 1846 que l'astronome allemand Johann Gottfried Galle (1812-1910) a découvert l'intruse à l'aide des prévisions de Le Verrier – d'où le dépit de certains astronomes britanniques qui n'avaient pas pris Adams au sérieux. Le système solaire a accueilli un nouveau membre, la planète géante Neptune. La découverte de Neptune était bien sûr une reconnaissance importante pour la théorie de Newton.

Galle n'était pourtant pas le premier à apercevoir Neptune. Pendant l'hiver 1612-1613, Neptune est passée à proximité de Jupiter alors que Galilée observait la danse des lunes de Jupiter qu'il venait de découvrir. Il note, le 28 janvier 1613 : « Au-delà d'une étoile fixe suivait une autre, alignée… observée également la nuit précédente, mais elles semblaient alors plus éloignées l'une de l'autre[1]. »

Cette étoile en mouvement n'est autre que Neptune. Galilée l'a même dessinée, ignorant complètement la nature de ce qu'il observait. Pourquoi Galilée n'a-t-il pas poursuivi son étude de l'étoile mystérieuse ? Peut-être à cause de sa santé fragile ? Personne ne le sait… Toujours est-il que son observation a été oubliée ; il faudrait plus de deux cents ans avant que Neptune ne soit redécouverte. Pas par hasard, mais parce qu'elle devait se trouver là. L'histoire des sciences, et du monde, aurait pu avoir un tout autre cours si Galilée s'était montré un peu plus persistant…

Mon prochain exemple traite de Neptune et de ses mouvements, également très observés. À nouveau,

1. Traduction libre.

quelque chose ne tournait pas tout à fait rond. Le succès d'Uranus aidant, les astronomes ont essayé de calculer la position d'un autre intrus potentiel. En 1930, Clyde Tombaugh (1906-1997) a fini par découvrir une nouvelle planète, très proche de la position calculée par l'astronome américain Percival Lowell (1855-1916), disparu quinze ans auparavant. La nouvelle planète est baptisée Pluton. Mais il s'est rapidement avéré que Pluton n'avait rien à voir avec les perturbations du cours de Neptune. Pluton est une mini-planète, plus petite que la Lune. Elle est donc beaucoup trop petite pour avoir une quelconque influence sur Neptune, comme on l'avait cru. Pluton est d'ailleurs accompagnée d'une lune, Charon, qui est suffisamment importante pour que l'ensemble puisse être considéré comme une double planète. La découverte de Pluton est donc un pur hasard. Bien entendu, les recherches ont été poursuivies pour identifier la vraie planète X comme on l'appelait, mais sans résultat. On considère à présent qu'il n'existe pas de perturbations inexpliquées au parcours de Neptune. Les observations de départ étaient tout simplement incomplètes et mal analysées !

Mon troisième exemple porte sur Mercure, qui ne se comportait pas non plus selon les prévisions de Newton. Son *périhélie* se décalait de façon inexplicable. Le périhélie est le point de l'orbite le plus proche du Soleil. Grâce à la théorie de Newton, on pouvait calculer que l'orbite de Mercure devait en effet se modifier quelque peu. Pour arriver à ce résultat, il fallait non seulement tenir compte de l'influence du Soleil sur Mercure, mais aussi des autres planètes. Mais, malgré de nombreux calculs, on ne tombait jamais tout à fait juste. Comme dans le cas d'Uranus, il était logique de penser à une autre planète. On lui a même attribué un nom, *Vulcanus*. Selon les calculs, cette planète devait être encore plus proche du Soleil que Mercure. Mais Vulcanus n'a jamais été découverte. Les observations étaient bonnes et il fallait chercher une explication bien plus profonde. Les lois de Newton avaient enfin trouvé leurs limites et c'est Albert Einstein qui allait les remplacer. Sa théorie allait s'appeler la *théorie de la relativité générale*.

Puisque nous parlons des planètes du système solaire, je ne peux pas m'empêcher de vous raconter que je fais partie de ceux qui les ont toutes vues. De Mercure à Pluton. Évidemment ce n'est pas un exploit de trouver Vénus, Mars, Jupiter ou Saturne… Elles brillent toutes presque autant que les étoiles les plus brillantes. Lorsque Vénus brille le plus, il n'y a que le Soleil et la Lune pour la surpasser. Pour trouver Uranus et Neptune en revanche, il faut une bonne paire de jumelles ou un petit télescope. Pour découvrir Pluton, se munir d'un appareil un peu plus puissant… Dans mon cas, c'est Mercure qui est arrivée en dernier. Elle n'est pas évidente, car très proche du Soleil et donc visible seulement à l'aube ou au crépuscule. On dit que même Copernic n'aurait jamais vu Mercure…

Pourquoi parler de tout cela ? Je voulais simplement rappeler qu'il est très important de garder les pieds sur terre. Au cours des pages suivantes, nous allons faire d'incroyables voyages en pensée, et il pourrait être facile d'oublier que c'est de la nature et de la réalité que nous parlons. L'un de mes collègues, dont je tairai le nom, a beaucoup travaillé dans le domaine de la cosmologie mais il est incapable de faire la différence entre Jupiter et Saturne sur une photographie. Ne laissons jamais cela nous arriver.

Revenons-en à la gravitation et voyons comment Einstein a résolu le problème de l'orbite de Mercure.

## Tout est relatif

La relativité restreinte nous a appris que la vitesse est un concept relatif. Mais il semble en être autrement pour d'autres mouvements, l'accélération et la rotation par exemple. Lorsqu'un train accélère, freine ou tourne on le sent très bien, nul besoin de regarder par la fenêtre. Comment l'expliquer ? Un autre exemple nous ramène à Newton et ses *Principia*. Il se demandait comment la surface de l'eau dans un seau en rotation savait comment se comporter. L'expérience est la suivante : mettre un seau plein d'eau en rotation au bout d'une corde et observer le comportement de l'eau. Newton aurait lui-même fait cette expérience. On constate que rien ne change au départ, mais que très vite l'eau atteint la même vitesse que le seau et que sa surface devient concave. Mais pourquoi ?

La question porte en fait sur la nature même de la rotation. Selon le physicien et philosophe autrichien Ernst Mach (1838-1916), la rotation est toujours relative. La surface de l'eau dans le seau devient concave parce qu'elle est en rotation par rapport aux lointaines étoiles. Dans un univers vide par ailleurs, la rotation serait donc une notion absurde et aucun manège ne pourrait fonctionner. Selon Mach, ce qui donne son sens à la rotation, ce qui la concrétise, c'est l'existence du monde dans son ensemble. On parle du principe de Mach qui créé un lien fort entre espace et matière.

Si les lointaines étoiles sont capitales pour notre concept de rotation, il serait logique de penser que la Terre en rotation sous nos pieds joue également un rôle : elle est bien plus proche. Un peu comme dans l'Edda où on trouvait l'origine du maelström dans les rotations de l'axe terrestre, comparé à un moulin. Et c'est vrai que la Terre crée un tourbillon qui parcourt lentement l'espace-temps, même s'il est très différent de ce qu'on trouve dans l'Edda. Si vous faites de votre mieux pour ne pas tourner mais que vous vous trouvez à proximité de la Terre, vous découvrirez rapidement, en vous situant par rapport au ciel étoilé, que vous tournez malgré tout. Avec un peu de patience, vous vous apercevrez au bout de six millions d'années que vous avez fait un tour complet. Il y a quelques années, les mouvements de ce véritable maelström ont pu être mesurés grâce à des satellites et à des rayons laser.

Les idées de Mach ont joué un rôle important pour Einstein lorsqu'il a élaboré ses théories de la relativité. Il espérait également que la théorie de la relativité générale allait contenir le principe de Mach, mais il n'a pas pu aller jusqu'au bout de son idée. On ne comprend pas bien non plus quelle est la position de la nature vis-à-vis du principe de Mach. Existe-t-il un espace absolu, ou peut-on dire que tout est relatif ?

## La chute du tôlier

J'ai déjà raconté que la chute d'une pomme avait inspiré Newton, mais combien d'entre vous savaient que la chute d'un tôlier avait inspiré Einstein de la même façon ? Un jour de novembre 1907, alors qu'il était assis à son bureau de l'Office des brevets de Berne, Einstein est saisi du coup de génie du siècle : *un homme en chute libre ne sent pas son propre poids* !

On raconte, mais ce sont sans doute des rumeurs, qu'Einstein aurait été inspiré par la véritable chute d'un pauvre tôlier. L'homme aurait ensuite raconté à Einstein la sensation d'impesanteur ressentie pendant la chute – un millième de seconde. Einstein aurait plus tard qualifié l'événement de la plus heureuse de ses pensées. Le tôlier avait sans doute un avis plus nuancé sur la question...

Mais suivons la chute de ce tôlier, imaginaire ou réel. Peut-être n'est-il pas tombé seul ? Son marteau a bien pu tomber en même temps que lui ? Le tôlier aurait alors eu l'impression que le marteau flottait dans l'air à côté de lui, comme en impesanteur. Les astronautes ressentent la même impesanteur lorsqu'ils se trouvent dans une fusée en orbite autour de la Terre. En fait, la fusée est en perpétuelle chute, une chute simultanée pour la fusée, les astronautes et tout ce que contient la fusée.

Pour que la gravité soit ainsi supprimée, il est capital que tous les objets tombent, ou plutôt accélèrent, à la même vitesse. Ce n'est pas vraiment une observation nouvelle. Galilée l'avait déjà compris et il pouvait montrer que des objets de poids différents tombent ensemble, contrairement à ce qu'affirmait Aristote. David Scott, astronaute à bord d'Apollo 15, a tenté une telle expérience sur la lune, avec un marteau et une plume. Il tenait d'une main un marteau, de l'autre une plume. Étant donné qu'il n'y a pas d'air sur la lune et que c'est celui-ci qui freinera la plume plus que le marteau, les deux objets ont touché la surface de la Lune en même temps. Mais Galilée n'était même pas le premier à arriver à cette conclusion. Jean Philopon (490-570 apr. J.-C.), philosophe grec chrétien, avait lu son Aristote d'un œil plutôt critique et avait commenté de nombreux points chez le maître. À la différence d'Aristote, il était arrivé à la conclusion incroyable qu'il n'existait pas de différence fondamentale entre le terrien et le céleste. Ce n'est qu'avec Newton que ce principe a fini par être accepté, comme je l'ai déjà précisé. Philopon pensait aussi, à la différence d'Aristote et bien avant Galilée, que les objets tombaient à la même vitesse quel que soit leur poids. Et même cette explication ne fait pas complètement justice à qui de droit. Dans un raisonnement sur l'existence du vide, Aristote lui-même a conclu que tous les corps tomberaient à la même vitesse dans le vide. Il raisonnait, à juste titre, que c'était bien ce qui entourait l'objet qui déterminait la différence de vitesse de la chute. Aristote ajoute cependant qu'une même vitesse de chute est une absurdité et il en tire une conclusion étonnante. Il faudrait attendre quelques milliers d'années avant que l'erreur ne soit ccrrigée. Il constate simplement que les corps en chute tombent à une vitesse proportionnelle à leur masse – toute autre conclusion serait absurde. Le vide absolu ne peut donc pas exister. Un raisonnement à l'envers en fait. J'en dirai plus sur Aristote et le vide un peu plus loin.

Reprenons le raisonnement sur la chute du tôlier : il n'y a aucun moyen de distinguer la gravité de l'accélération. C'est d'ailleurs ce qui fait toute la finesse de la relativité générale d'Einstein. Pour bien comprendre le raisonnement, il peut être utile d'avoir recours à une expérience typique d'Einstein. Nous allons nous aider de Voyageur et Pantouflard, comme précédemment. Pantouflard s'assoit dans une fusée qui reste sagement sur terre, alors que Voyageur se trouve dans une fusée loin dans l'espace qui accélère d'à peine 10 m/s². La question est maintenant de savoir si leur vécu sera fondamentalement différent ? Des mesures effectuées dans leurs fusées respectives leur permettraient-elles de savoir qui est resté sur terre et qui était dans l'espace ? S'ils ne peuvent pas regarder par la fenêtre, ni vérifier que les réacteurs sont en marche, il est impossible pour eux de savoir qui se trouve où. Voyageur et Pantouflard vivront la même chose. Cela nous a déjà servi au chapitre précédent, dans notre vaisseau spatial qui accélérait gentiment pour nous emmener à l'autre bout de l'univers. Ce lien entre accélération et gravité s'appelle le *principe d'équivalence*. C'est le point de départ d'Einstein pour sa théorie de la gravité.

Nous voilà prêts à pousser le raisonnement vers l'un des phénomènes les plus spectaculaires de la théorie de la relativité générale. Ce ne sont pas seulement les vitesses élevées qui influent sur le passage du temps, le temps passe également plus lentement si on se trouve à côté d'un élément lourd.

## Le temps passe lentement quand c'est lourd

Si on veut en savoir plus sur le temps, les mouvements de la lumière sont très instructifs, comme d'habitude. Commençons par nous assurer qu'un rayon lumineux est déformé comme prévu dans un champ de gravitation. Pour ce faire, laissons un rayon lumineux traverser la fusée de Voyageur en pleine accélération. Pour nous, le rayon se déplace de façon rectiligne à travers l'espace. Voyageur aura pourtant l'impression que le rayon tombe par rapport à la fusée, étant donné qu'il accélère. Selon le principe d'équivalence, Pantouflard devrait observer la même chose si un rayon de lumière traverse sa fusée restée tranquillement sur terre. Un rayon de lumière tombe donc dans un champ de gravitation, c'est une conséquence du principe d'équivalence. Mais n'exagérons pas le côté nouveau de cette affirmation... En poussant un peu Newton, il aurait été tenu d'admettre qu'un rayon lumineux doit tomber. Quoi qu'il en soit, il apparaît clairement que la gravitation déforme les rayons lumineux. Nous allons utiliser cette constatation et étudier l'un de ces rayons de plus près. Un tel rayon déformé comporte deux côtés : le côté extérieur doit parcourir un chemin plus long pour arriver à son objectif. Si les deux côtés doivent arriver en même temps, la lumière du côté intérieur doit se déplacer un peu moins vite. On trouve un bon point de comparaison si on réfléchit à la meilleure manière de faire tourner une luge. Vous savez, une luge avec des poignées qui servent de freins. En freinant d'un côté, on tournera de ce même côté. On pourrait imaginer que la lumière utilise la même technique, mais nous avons appris que la vitesse de la lumière est constante. Si un rayon de lumière ne peut pas freiner, il ne devrait pas non plus pouvoir tourner. Alors comment s'en sortir ? C'est en fait le temps lui-même qui passe plus lentement à proximité d'un corps lourd. Le temps passe donc toujours plus lentement du côté du rayon de lumière qui est le plus proche du Soleil. Si le temps passe plus lentement, on ne peut pas aller aussi loin à vitesse constante. C'est donc exactement comme si le rayon avait un peu freiné du côté intérieur, et il tourne.

On pourrait envisager la même méthode pour faire de la luge. On s'assure que le temps passe plus lentement du côté où on souhaite tourner. En revanche, je n'ai pas la moindre idée de la méthode pour y parvenir…

Pour déformer un rayon lumineux et en plus respecter la théorie de la relativité restreinte, c'est le temps lui-même qu'il faut modifier. Et c'est ce que doit faire la gravitation aussi. Pour mettre ces prévisions à l'épreuve et effectuer des mesures, on a envoyé des horloges atomiques extrêmement précises voyager en avion un peu partout dans le monde. Résultat, les horloges vont plus ou moins vite selon les routes. Il y a d'une part l'influence de la dilatation du temps (les horloges vont moins vite dans les avions rapides) et d'autre part celle de l'altitude (le temps passe un peu plus vite plus loin de la Terre, corps lourd). Les deux effets sont de l'ordre d'un milliardième de seconde par voyage, ce qu'il est possible de mesurer. De la même façon, une heure passée sur le mont Everest vous fera vieillir trois milliardièmes de seconde de plus que la même heure passée au niveau de la mer. Les GPS (*Global Positioning System*), de plus en plus répandus, peuvent nous indiquer grâce à un réseau de satellites l'endroit exact de la Terre où nous nous trouvons. Eux aussi doivent tenir compte de ces effets. À la surface de la Terre, profondément ancrée dans le champ de gravité terrestre, le temps passe un peu plus lentement qu'à vingt mille kilomètres d'altitude, où l'on trouve les satellites. Pour que le GPS donne la bonne position, il faut apporter les corrections nécessaires. Tout cela en vertu de la théorie d'Einstein sur la déformation de l'espace.

Les effets dont je vous parle peuvent paraître insignifiants, mais si nous quittons la Terre, nous trouvons des endroits où ils prennent toute leur importance. À la surface du Soleil par exemple, le temps passe un centième de seconde moins vite toutes les heures. Pour trouver des exemples vraiment intéressants, il nous faut cependant trouver des corps célestes plus exotiques. Les naines blanches sont une espèce d'étoiles mortes, pas beaucoup plus grandes que la Terre mais pesant aussi lourd que le Soleil. J'en parlerai plus longuement dans l'un des chapitres suivants. Bien entendu, la gravitation est particulièrement forte à la surface d'une telle étoile, et le temps s'y écoule plus d'une seconde plus lentement par heure à peu près. On pourrait donc s'en apercevoir avec une simple montre. Fort heureusement, nous n'avons pas besoin de partir vérifier cette théorie auprès d'une naine blanche et la montre au bras. L'étoile comporte déjà des montres et nous pouvons les observer depuis la Terre. C'est bien sûr aux atomes que je pense, et aux ondes lumineuses caractéristiques qu'ils envoient. Si le temps passe un peu plus lentement sur la naine blanche, la lumière sera un peu plus rouge et c'est justement le résultat observé. Mais vous ne trouvez peut-être pas qu'il y a de quoi s'extasier ? Nous verrons plus tard l'exemple ultime du passage du temps au ralenti dans un champ de gravitation : les *trous noirs*. Le temps n'y passe pas seulement plus lentement, il y est arrêté.

## Il faut s'y prendre à temps…

*Penser librement est grand, penser juste est plus grand.*

Thomas THORILD,
citation au-dessus de l'entrée de l'amphithéâtre
principal de l'université d'Uppsala

*Il est préférable de penser incorrectement que de ne pas penser du tout.*

HYPATIE (370-415 apr. J.-C.)

Hypatie a été assassinée par une foule chrétienne en 415 apr. J.-C. dans une rue d'Alexandrie. C'est la première femme qui ait contribué au développement des mathématiques. Elle dirigeait une école de philosophie et c'était un professeur charismatique et reconnu, d'une grande éloquence. C'est justement son dangereux amour des connaissances et de la philosophie qui a courroucé les chrétiens et contribué à sa perte. La mort d'Hypatie marque en quelque sorte la fin de la civilisation antique et de sa science. Après sa mort, la nuit intellectuelle est tombée et il faudra attendre mille ans avant que le développement scientifique ne retrouve son élan.

On a beaucoup débattu du degré d'obscurantisme du Moyen Âge. Dans le domaine des sciences il ne fait pourtant aucun doute, les progrès ont été quasi nuls pendant une période très, très longue. Et qui sait, peut-être que des périodes sombres nous attendent encore ? Personne ne peut garantir que la libre pensée et la philosophie seront toujours là. L'histoire de notre monde, régie par le chaos et le hasard, tient à peu de chose. Peut-être trouvera-t-on un jour une autre Hypatie assassinée dans une rue quelque part…

On sait qu'Hypatie a commenté les œuvres des grands mathématiciens et philosophes. Malheureusement, il n'en reste probablement rien aujourd'hui. L'obscurantisme médiéval a porté un coup important aux écrits de l'Antiquité, malgré les efforts des Arabes et de certains moines héroïques pour en sauver au moins une partie et la transmettre à la postérité. Dans le cas d'Hypatie, il se pourrait cependant qu'il y ait une exception importante. En collaboration avec son père, Théon, elle aurait traduit et commenté l'une des œuvres les plus importantes de la mathématique antique : les *Éléments*[1] d'Euclide, mathématicien grec actif à Alexandrie autour de 300 av. J.-C. Après la Bible, son œuvre serait l'ouvrage le plus étudié de tous les temps. Et c'est justement la version de Théon et Hypatie qui était la version dominante jusqu'au XIX^e^ siècle. Euclide aurait été un homme aimable et discret, c'est à peu près tout ce qu'on sait de lui. Il ne se serait pourtant pas gardé d'expliquer à Ptolémée I^er^, successeur égyptien d'Alexandre le Grand impatient d'apprendre les mathématiques, qu'il n'y avait pas de voie royale vers la géométrie… On peut dire que les *Éléments* d'Euclide résument la plupart des éléments de géométrie connus sous l'Antiquité. Une grande partie de ce que nous explique Euclide est proche de l'évidence ou de l'intuition. Il s'agit de dessiner des figures géométriques sur un papier en deux dimensions. En utilisant les mathé-

1. Euclide, *Les Éléments*, Paris, Presses universitaires de France, 1990-2001.

matiques de façon rigoureuse, Euclide a pu établir un certain nombre de règles importantes, grâce auxquelles il a pu prouver un certain nombre d'affirmations mathématiques. Ses raisonnements étaient considérés comme inattaquables, mais on retrouve aussi des postulats qui finalement sont sans fondement. Ils apparaissaient comme une évidence à leur manière, mais une forme d'inquiétude a tout de même poussé d'autres penseurs à poursuivre les travaux afin d'obtenir de véritables certitudes.

Au centre de l'attention, une affirmation : deux lignes droites ne peuvent se croiser qu'une fois. Une évidence, pourrait-on dire… Impossible pourtant de prouver que c'était vraiment le cas. Et il est apparu petit à petit qu'Euclide et tous ses successeurs avaient oublié un élément capital pendant des milliers d'années.

En effet, on a découvert qu'il était possible de concevoir une géométrie juste, même si la surface utilisée pour le dessin n'était pas plane. Cette surface pourrait être celle d'une boule par exemple, ou la surface de mon crâne. Ce qu'il faut comprendre là, c'est que les règles euclidiennes ordinaires ne s'appliquent pas si la surface n'est pas plane. Sur un globe terrestre, on voit que les méridiens – les lignes les plus droites possibles sur une sphère – peuvent très bien se croiser deux fois. Une fois au pôle Nord, une fois au pôle Sud. Étrange en fait qu'on ne s'en soit aperçu qu'au XIXe siècle… Les surfaces incurvées ne sont tout de même pas si rares que cela. Il est plus aisé de concevoir les doutes vis-à-vis de l'étape suivante, vraiment décisive celle-là.

Avant de poursuivre, je dois commencer par expliquer ce qu'est une *dimension*. Cette notion relève peut-être pour certains du spiritisme, mais dans le domaine des mathématiques et de la physique, elle est assez ordinaire. Commençons par observer une surface. Une surface compte deux dimensions, car il faut deux données pour indiquer une localisation sur cette surface. On peut comparer cela à un échiquier : pour indiquer où se trouve une pièce, il faut donner un chiffre et une lettre. En début de partie, le roi blanc se trouve en e1 alors que la reine noire se trouve en d8. L'espace dans lequel nous vivons compte pour sa part trois dimensions. Il faut trois données pour nous localiser. La position d'un avion par exemple, peut être donnée grâce à la latitude, la longitude et l'altitude. On peut l'exprimer différemment, et dire qu'on peut se déplacer de trois façons : vers le haut/vers le bas, vers l'avant/vers l'arrière ou vers la gauche/vers la droite. Cela se complique lorsqu'il faut réfléchir à la déformation d'un espace en trois dimensions.

Évidemment, le concept a été difficile à assimiler au départ. La géométrie euclidienne n'était pas la seule possible en deux dimensions, elle ne l'est donc pas non plus en trois dimensions. Notre capacité de représentation peut avoir du mal à suivre, mais les mathématiques sont sans limites. On peut même aller plus loin et ajouter le temps à la réflexion, après tout il s'agit aussi d'une dimension. Pour préciser un événement, il faut en effet quatre données différentes. Trois chiffres indiqueront le *où* et un chiffre indiquera le *quand*. Il devient donc naturel de combiner l'espace et le temps en un espace-temps à quatre dimensions. L'exercice peut paraître un peu artificiel, le temps est tout de même très différent des autres dimensions. Mais c'est justement cette idée dont Einstein veut nous éloigner. Conformément à la relativité restreinte, la notion de temps est différente selon la personne à laquelle on s'adresse. Ce qui est temps pour moi peut être un mélange de temps et d'espace pour vous si nous nous déplaçons rapidement l'un par rapport à l'autre.

Comment peut-on donc vivre dans un espace déformé ou dans un espace-temps déformé ? Commençons par en revenir à nos surfaces en deux dimensions. Nous maîtrisons plus ou moins la situation et allons faire la connaissance d'un être parfaitement plat, prisonnier d'un monde en deux dimensions sous forme d'une grande feuille de papier. L'être en question est incapable de se représenter plus de deux dimensions (temps mis à part), comme nous sommes incapables d'imaginer plus de trois dimensions. Il ne connaît donc que les deux directions de la surface du papier. Nous dessinons à présent deux droites dans ce monde à deux dimensions. Normalement, l'être sait que ces droites ne pourront se croiser qu'une fois, surtout s'il connaît bien notre bon vieil Euclide. Plaçons maintenant l'être sur la surface incurvée d'une sphère. La situation change du tout au tout. Comme je l'ai déjà expliqué, les deux droites pourront se croiser deux fois. Si nous observons deux droites qui partent du pôle Nord et qui suivent les méridiens, ces deux droites se croiseront à nouveau au pôle Sud. Notre ami trouvera tout cela bien étrange.

Ce qui vaut pour une surface vaut également pour un espace en trois dimensions, et cette fois-ci nous nous retrouvons à la place du personnage, aussi perplexes que lui. Encore pis bien sûr si ce n'est pas seulement l'espace qui est déformé, mais également le temps et que c'est le tout, donc l'espace-temps, qui est déformé. Notre capacité de représentation intuitive et notre bon sens ne nous aident pas beaucoup, mais les mathématiques nous permettent d'avancer tranquillement. Soyons honnêtes, les mathématiques liées à un espace-temps déformé sont rudement compliquées. Un élément à quatre dimensions peut se déformer de plusieurs façons, bien plus nombreuses que pour une surface à deux dimensions. Pour s'y retrouver dans les équations, Einstein a été obligé d'appeler à la rescousse Marcel Grossmann, un de ses amis à l'esprit plus mathématique que lui.

La prochaine étape sera de comprendre comment nous, êtres humains mais également objets, sommes représentés dans l'espace-temps. Je peux être assis sur ma chaise comme en ce moment et pourtant tracer une ligne, une *ligne d'univers* dans l'espace-temps, étant donné que le temps s'écoule. Si je me déplace dans l'espace, disons que je me lève pour aller dire bonne nuit à mon fils, la ligne prend une autre forme. On retrouve dans l'espace-temps une ligne d'univers pour chaque personne. Nos vies sont finies, et ces lignes ont donc un début et une fin. Le passé et l'avenir coexistent donc avec le présent dans une existence atemporelle. C'est un tissu de vie où notre trace existe, de notre naissance à notre mort. Pour une meilleure description que la mienne, tournons-nous vers Marcel Proust et les dernières lignes d'*À la recherche du temps perdu* :

> « Si du moins il m'était laissé assez de temps pour accomplir mon œuvre, je ne manquerais pas de la marquer au sceau de ce Temps dont l'idée s'imposait à moi

avec tant de force aujourd'hui, et j'y décrirais les hommes, cela dût-il les faire ressembler à des êtres monstrueux, comme occupant dans le Temps une place autrement considérable que celle si restreinte qui leur est réservée dans l'espace, une place, au contraire, prolongée sans mesure, puisqu'ils touchent simultanément, comme des géants, plongés dans les années, à des époques vécues par eux, si distantes – entre lesquelles tant de jours sont venus se placer – dans le Temps[1]. »

Dans l'espace-temps éternel, le passage du temps se transforme en voyage prédéterminé vers un lendemain qui existe déjà. Einstein a adressé une lettre à la veuve de son ami Michele Besso peu après la mort de celui-ci :

« Voilà qu'il m'a de nouveau précédé de peu, en quittant ce monde étrange. Cela ne signifie rien. Pour nous, physiciens croyants, cette séparation entre passé, présent et avenir ne garde que la valeur d'une illusion, si tenace soit-elle[2]. »

Galilée avait déjà compris que les objets qui ne subissent aucune force se déplacent en ligne droite à travers l'espace et le temps. Prenons un palet de hockey sur glace. Le palet se déplace en ligne droite jusqu'à ce que quelqu'un le touche à nouveau, où que la friction mette fin à son mouvement. Einstein, lui, a compris qu'en fait *la gravité n'est pas une force* ! Voilà pour-

1. Marcel Proust, *À la recherche du temps perdu*, Paris, Gallimard, 1946-1947, édition numérisée.

2. Albert Einstein et Michele Besso, *Correspondance 1903-1955*, Paris, Hermann, 1972.

quoi les objets ont des lignes d'univers droites à travers l'espace-temps malgré la gravité. Mais quel est donc le lien avec notre expérience du quotidien ? Si je prends une pomme et que je la lance en l'air, je la récupérerai au creux de ma main peu de temps après. C'est tentant de l'expliquer par une force qui l'attire à nouveau vers la terre. Si j'ai décidé d'adopter le point de vue d'Einstein, selon lequel la pomme doit se déplacer en ligne droite, je serai quelque peu étonné de voir la pomme retomber. Il faut bien comprendre que mon étonnement est le même que celui de notre personnage lorsqu'il se retrouve à la surface d'une sphère. La pomme fait de son mieux pour suivre sa ligne droite, mais rien n'y fait. La pomme retombe parce que l'espace-temps est déformé. Et c'est bien sûr la Terre, assez massive, qui cause cette déformation.

Grâce à sa nouvelle théorie de la gravité, Einstein a pu s'attaquer également aux mouvements étranges de Mercure. Dans la plupart des cas, la relativité générale n'apporte que de petites corrections à la vieille théorie de Newton, mais parfois les effets sont bien plus importants et c'est justement le cas pour Mercure. Pour son plus grand bonheur, les équations d'Einstein lui ont donné exactement les bonnes réponses. Pas besoin d'une nouvelle planète ! Les mouvements de Mercure à travers l'espace-temps déformé étaient tout à fait normaux.

Il existe d'autres moyens d'observer les effets de la déformation de l'espace-temps. Les photographies d'amas lointains de galaxies, prises avec le télescope spatial, en sont des exemples particulièrement frappants. Ma photo préférée représente un amas de galaxies appelé 0024 +1654, dans la constellation des Poissons. On y aperçoit très distinctement une grande quantité de petits nuages ronds et clairs qui représentent chacun une galaxie gigantesque de cet amas, dont nous séparent cinq milliards d'années-lumière. La lumière a donc été émise bien avant l'apparition de notre système solaire. Ce n'est pourtant pas cela le plus important. Il faut plutôt s'attacher à quelques galaxies irrégulières qu'on trouve ici et là sur la photo. En fait, il ne s'agit pas de plusieurs galaxies, mais d'une seule ! Ce que l'on voit, ce sont des images différentes d'une seule et même galaxie ! Cette galaxie est bien plus éloignée que 0024 +1654. Sa lumière a emprunté plusieurs chemins pour nous rejoindre à travers l'espace-temps déformé, d'où les images différentes. Certaines images sont même des miroirs les unes des autres ; cela donne vraiment une impression étrange une fois que l'on a appris à interpréter ce que l'on voit. L'amas de galaxies fonctionne en quelque sorte comme un télescope géant qui nous aide à observer une galaxie plus lointaine. Ce phénomène n'est pas unique et, dans de nombreux cas, cela donne la possibilité d'observer une galaxie qui serait sans cela restée invisible.

Einstein a obtenu la première confirmation de sa théorie de la gravité – abstraction faite des mouvements de Mercure – grâce aux déformations de la lumière à proximité d'un élément lourd. Il s'agissait cette fois du Soleil. Comme je l'ai déjà expliqué, Newton aurait sans doute admis un tel comportement de la lumière. En appliquant le principe d'équivalence de travers (tout tombe !), on obtient en effet ce résultat. Mais sans Einstein et sa relativité, la déformation diminue de moitié, et c'est justement ce qui a été mis à l'épreuve au cours d'une éclipse de Soleil le 29 mai 1919. Le physicien et astronome britannique Arthur Eddington (1882-1944) dirige alors une expédition vers l'île de Principe au large de l'Afrique de l'Ouest. L'objectif est de mesurer la position des étoiles apparemment proches du Soleil pendant une éclipse. Leur position doit en effet changer légèrement après que la lumière qu'elles envoient a été déformée par son passage près du Soleil. La journée commence mal, par de fortes pluies, mais le ciel s'éclaircit à temps pour l'éclipse et Eddington peut effectuer les observations nécessaires. Et quelle n'est pas sa joie lorsqu'il s'aperçoit que les observations correspondent parfaitement aux prévisions d'Einstein ! Les résultats ont été annoncés à une réunion de la Royal Astronomical Society le 6 novembre 1919, et le bonheur d'Einstein scellé. Les préparatifs de cette expédition réussie avaient commencé aux heures les plus sombres de la Première Guerre mondiale. Mais ce fut un parfait exemple de collaboration internationale : des scientifiques britanniques confirmant ainsi une théorie allemande.

Pour la petite histoire, précisons que, lors de premiers calculs effectués en 1911, Einstein avait obtenu les mêmes résultats que ceux qu'aurait obtenus Newton. Faux donc… Il avait tenu compte du temps qui s'écoule plus lentement à proximité du Soleil (comme j'ai pu l'expliquer), mais en avait oublié un aspect. L'espace est déformé de sorte à allonger le chemin autour du Soleil. Il est donc plus long que ce qu'on aurait naïvement pu escompter. Cela contribue aussi à la déformation de la lumière. Ce sont les deux effets combinés qui donnent le bon résultat. On pense à l'époque pouvoir faire les mesures nécessaires lors d'une expédition en Crimée, à l'occasion de l'éclipse de Soleil du 21 août 1914. Mais la Première Guerre mondiale vient d'éclater, les scientifiques allemands sont fait prisonniers par les Russes et il faut attendre un mois avant qu'ils ne soient échangés. L'histoire des sciences aurait peut-être eu un autre visage si les mesures avaient pu être effectuées… Les premières prévisions d'Einstein auraient été réfutées. Il aurait sans doute été un peu vexant de devoir corriger la théorie a posteriori pour la faire correspondre aux observations.

On a constaté par la suite que les mesures d'Eddington étaient d'une qualité médiocre et qu'elles ne permettaient pas à elles seules de faire une différence tranchée entre les prévisions d'Einstein et de Newton. Pour être parfaitement honnête, la théorie d'Einstein n'a pu être confirmée que plus tard et grâce à des mesures plus exactes. Soyons tout de même généreux et laissons à Eddington cet honneur d'avoir été l'un des premiers à reconnaître la grandeur des découvertes d'Einstein.

La légende raconte que, lors d'une interview, un journaliste aurait demandé à Eddington s'il était vrai qu'il n'y avait que trois hommes au monde pour comprendre la théorie de la relativité générale. Eddington aurait tardé à répondre ; le journaliste lui en demande la raison. « J'essaie de me souvenir qui pourrait bien être le troisième », aurait répondu Eddington. C'est vrai que la théorie de la relativité générale reste une question complexe de physique mathématique, mais on ne compte plus ceux qui la comprennent vraiment aujourd'hui. On l'enseigne en première année à l'université…

## Des raccourcis à travers l'espace-temps

Ce concept d'espace-temps d'Einstein permet de chercher des raccourcis d'un point de l'univers à l'autre. Ils se matérialisent sous forme de tunnels appelés habituellement les *trous de ver*. Dans le film *Contact*, tiré du roman éponyme de Carl Sagan[1], on utilise la technique des trous de ver pour voyager entre des mondes très éloignés. Un vrai trou de ver serait sans doute assez étrange, un peu comme une boule de cristal à travers laquelle on verrait un monde très éloigné du nôtre. Imaginez une telle boule dans la pièce où vous vous trouvez. Selon l'angle choisi, vous voyez des parties différentes de l'autre monde. Mais cela va bien plus loin ! Vous pouvez mettre la main dans la boule, et si elle est suffisamment grande vous pouvez même y entrer et ressortir très loin de l'autre côté du trou de ver, dans une autre boule de cristal. De son côté, une personne de l'autre monde peut entrer dans sa boule de cristal et ressortir chez nous. On trouve des solutions mathématiques aux équations d'Einstein qui décrivent réellement des trous de ver avec des boules de cristal à chaque bout. Il serait en revanche bien plus complexe de les construire réellement, peut-être même impossible. On sait qu'il faut de la matière à énergie négative et autres caractéristiques étranges pour que ces tunnels ne s'écroulent pas. La physique moderne ne veut pas trop se frotter à de telles bizarreries. On s'imagine donc que des lois naturelles profondes empêchent l'existence

1. Carl Sagan, *Contact*, Paris, Mazarine, 1986.

des trous de ver. Pourquoi tant de doutes ? Parce que les trous de ver n'ouvrent pas seulement la porte à de fantastiques voyages dans l'espace. On peut aussi transformer ces raccourcis dans l'espace en raccourcis dans le temps. Il suffit de tenir fermement la boule de cristal et de la faire tourner rapidement. On crée ainsi un raccourci qui permet des voyages dans le futur et dans le passé. On parle de *boucles temporelles fermées,* où l'on voyage en boucle justement : du présent au passé pour revenir au présent. Pour imaginer une machine à remonter le temps, il suffit donc de se représenter des boules de cristal tourbillonnantes… Ne perdons pas de vue, toutefois, que même les civilisations les plus avancées n'arriveront sans doute jamais à créer de tels trous de ver, liés à des boules de cristal. Et ce n'est pas plus mal d'ailleurs. La nature risquerait sinon de se trouver confrontée à des paradoxes insolubles, causés par des voyageurs temporels irresponsables.

Quand on parle de voyage dans le temps, on s'imagine souvent un retour vers le passé où l'on se tuerait soi-même ou l'un de ses ancêtres. De tels raisonnements ont convaincu de nombreux physiciens et philosophes de l'impossibilité des machines à remonter le temps. Selon eux, il doit exister une loi naturelle qui les interdit. Il existe cependant une autre possibilité. Pour nous, les conditions du passé influencent l'avenir alors que l'avenir, lui, n'a aucune incidence sur le présent. C'est d'ailleurs l'un des fondements de la physique. Ce n'est qu'en acceptant cela que les progrès des derniers siècles ont pu être accomplis, et qu'on a enfin pu se débarrasser de la vision théologique du monde que proposait Aristote. La situation change avec les boucles temporelles fermées : le présent est alors formé par le passé et par l'avenir. Il pourrait cependant exister une petite possibilité de créer une histoire sans paradoxes. En imaginant une table de billard théorique, équipée d'une machine à remonter le temps, on peut le démontrer par des exemples savants. Les boules de billard passent du présent à l'avenir et reviennent, s'entrechoquent, le tout sans paradoxe aucun. Les choses se compliquent quelque peu si on remplace les boules de billard par des êtres humains. C'est notre sentiment de libre arbitre qui complique les choses. Les boules de billard, sans âme, suivent sans problème le plan proposé. En revanche, on peut imaginer que l'être humain se mettrait en travers des plans, sans se préoccuper des paradoxes que la nature devra affronter. La nature et la logique exigent qu'à la dernière seconde quelque chose nous empêche d'agir et de créer un paradoxe. Les lois de la physique se doivent d'arrêter le processus. Je m'imagine souvent le scénario suivant lors d'un voyage dans le passé : je trouve mon arrière-arrière-grand-père au bord d'un ravin, avant sa rencontre avec mon arrière-arrière-grand-mère (pas impossible, j'ai appris qu'il passait beaucoup de temps en forêt et en montagne). Que se passera-t-il si je m'approche de lui et que je le pousse ? Peut-être que la nature me fera trébucher et m'empêchera d'aller jusqu'au bout. Peut-être que ma tentative échouée empêchera un autre événement horrible de se produire ? Et ainsi ma naissance sera-t-elle possible plus de cent ans plus tard ? Peut-être que j'aurai des problèmes de conscience ? Pas le courage d'aller jusqu'au bout ? Je me retourne et m'éloigne la tête basse, sans vouloir être aperçu ? Il n'est pas rare que notre libre arbitre soit limité. Je ne peux pas voler, même si je le veux vraiment. Peut-être qu'il n'existe pas de paradoxe mais que nous avons plutôt, au moins dans ce cas précis, surestimé notre libre arbitre ?

Dans sa nouvelle *L'Autre, le même*[1], l'écrivain argentin Jorge Luis Borges trouve une autre solution astucieuse. Il rencontre son moi du passé sur un banc et ils entament une conversation. Le sujet en est assez évident, et Borges saisit l'occasion pour raconter à l'autre ce qui l'attend. Et l'autre peut bien entendu en dire plus sur lui-même et ses attentes vis-à-vis de l'avenir. Le paradoxe guette, mais tout se termine au mieux. La rencontre entre les deux personnages est réelle, mais pour l'autre il s'agit d'un rêve. Un rêve oublié au réveil… Il peut ainsi se rencontrer à nouveau bien des années plus tard sans paradoxes embarrassants.

## Vous qui entrez ici

À présent, le moment est venu de vous parler de la prévision la plus spectaculaire issue de la relativité générale, et dont l'existence est confirmée : les trous noirs. En 1783 déjà, le scientifique britannique John Michell (1724-1793) s'est imaginé qu'il pouvait exister des étoiles dont la gravité était si importante que même la lumière ne pourrait pas s'en échapper. La notion clé dans ce contexte est celle de *vitesse de libération*. À la surface de la Terre, cette vitesse de libération correspond à 11 km/s à peu près. Une fusée doit donc

1. Jorge Luis Borges, *L'Autre, le même*, Paris, Gallimard, « Bibliothèque de La Pléiade », 1999.

atteindre cette vitesse pour pouvoir quitter le champ gravitationnel de la Terre. La vitesse de libération à la surface du Soleil est de 600 km/s, alors qu'à la surface d'un petit astéroïde – grand comme une montagne à peu près – elle n'est que de quelques mètres par seconde. Cela signifie qu'on peut quitter le champ gravitationnel d'un astéroïde d'un simple saut ! Un coup de pied trop énergique et nous voilà partis dans l'espace sans possibilité de revenir… Dans le cas des trous noirs, il faut imaginer un élément si lourd, si dense, que la vitesse de libération est supérieure à la vitesse de la lumière. Dans ce cas, même la lumière ne pourrait pas s'en échapper et l'élément en question serait invisible. C'était en tous les cas le raisonnement adopté. Pour étudier ces éléments de façon décisive, il a cependant fallu attendre les outils mathématiques développés dans le cadre de la théorie de la relativité d'Einstein. Rien ne peut se déplacer plus vite que la lumière, donc rien ne peut sortir de ces éléments. Une situation pour le moins étrange.

C'est le physicien américain John Wheeler qui a donné leur nom aux trous noirs dans les années 1960. Le nom est bien trouvé, notre prochain voyage dans l'espace nous le confirmera. Destination : le cœur d'un trou noir. J'ai quelques souvenirs personnels de John Wheeler, datant de mon époque étudiante à l'université de Princeton, aux États-Unis. Je l'apercevais souvent dans les escaliers – malgré ses quatre-vingts ans, il préférait largement les escaliers à l'ascenseur. Il a donné une conférence sur sa participation au projet de Manhattan pendant la Deuxième Guerre mondiale, et sur sa contribution au développement des premières armes nucléaires. L'expérience était quelque peu surréaliste, voir ce vieil homme nous raconter son histoire… Wheeler venait de raconter son voyage à travers l'Europe détruite peu après la fin de la guerre, lorsqu'il a été interrompu par une question qui a tétanisé l'assistance. S'était-il rendu à Hiroshima aussi ? Le silence était total, tous les regards étaient tournés vers le vieil homme sur l'estrade. N'avait-il pas entendu la question ? Faisait-il semblant ? Quoi qu'il en soit, une certaine confusion s'est ensuivie, après quoi la conférence a repris son cours. Cela en a sans doute fait réfléchir plus d'un…

On peut comparer les trous noirs à des gouffres dans l'espace-temps, créés par l'effondrement d'une étoile au moment de sa mort. Les astronomes ont pu en découvrir plusieurs, dans et aux alentours de notre galaxie, la Voie lactée, grâce aux effets qu'ils exercent sur les étoiles et les nuages gazeux proches. Le télescope spatial a été particulièrement utile dans ce cadre. Quelques-uns de ces trous noirs sont des étoiles effondrées, le résultat d'une explosion de supernova, alors que d'autres sont des monstres de plusieurs milliards de masses solaires, à l'affût au cœur de certaines galaxies.

Un trou noir absorbe tout sur son passage, et si un voyageur stellaire imprudent se laisse happer, il ne pourra plus jamais en sortir, comme je l'ai raconté. Un trou noir est entouré d'un *horizon des événements*. C'est la frontière au-delà de laquelle aucun retour n'est possible. Il faudrait presque un panneau d'avertissement, comme à l'entrée de l'Enfer de Dante : « Laissez toute espérance, vous qui entrez[1] ! »

1. Dante, *La Divine Comédie*, Éditions du Cerf, 1987, version électronique, Inferno III.

Celui qui veut outrepasser l'avertissement et jeter un coup d'œil en sera pour ses frais… Au cœur du trou noir on trouve la menaçante *singularité gravitationnelle*, où l'espace-temps et les lois naturelles que nous connaissons n'existent plus. Pour compliquer un peu plus les choses, le temps et l'espace changent d'identité au-delà de l'horizon des événements. Le temps devient une direction vers le centre du trou. Il devient donc aussi impossible d'éviter la singularité et une mort certaine que d'arrêter le passage du temps. Et il est tout aussi impossible de ressortir que de remonter le temps…

Déjà au bord du trou, on assiste à des phénomènes étranges : le temps s'arrête. Plus on s'approche, plus le temps s'écoule lentement et, depuis l'extérieur, on ne pourra jamais observer le voyageur en train de franchir l'horizon. Le dernier instant devient une éternité et cette image restera figée pour toujours à l'horizon. L'image est de plus en plus difficile à discerner au fur et à mesure que la lumière devient rouge et que le nombre de photons diminue. Tout finit par reprendre son apparence initiale et on ne voit plus que le plus noir du noir. Le voyageur lui-même n'en est pas conscient et ne ressent rien de particulier lorsqu'il se laisse happer sans heurt et qu'il poursuit son voyage inexorable vers le noir absolu.

## Voyage au centre d'un trou noir

On trouve dans la constellation du Cygne une étoile mystérieuse. C'est à l'été ou à l'automne que l'on distingue au mieux le Cygne, lorsqu'il vole vers l'horizon, le long de la Voie lactée. Son étoile la plus brillante, et aussi sa queue, s'appelle Deneb. L'étoile que nous allons observer de plus près se trouve sur le cou du Cygne et ne ressemble pas à grand-chose. Elle est bien trop faible pour être perçue à l'œil nu. Je l'ai vue à travers de simples jumelles, une étoile parmi des millions d'autres. On a cependant découvert que cette étoile émet une grande quantité de rayons X. Lorsqu'elle a été découverte, la source des rayons X a été baptisée Cygnus X-1. Cygnus est le nom latin de la constellation du Cygne ; X-1 est la première source connue de rayons X de la constellation. Mais comment expliquer ce rayonnement ? Certaines mesures supplémentaires ont pu donner des réponses. L'étoile est en orbite autour d'un autre élément très lourd, qui ne brille pas comme une étoile ordinaire. Selon les scientifiques, la seule explication est qu'il s'agit d'un trou noir. Le trou noir est si proche de l'étoile qu'il absorbe une partie de son atmosphère. Les gaz tournent autour du trou noir mais ils perdent de la vitesse par friction avant de finir happés par le trou noir. Cette friction les échauffe à tel point qu'il en résulte les rayons X observés.

On ne voit pas grand-chose avec des jumelles. Il serait beaucoup plus intéressant d'aller voir sur place. C'est un voyage de huit mille années-lumière, mais grâce à notre vaisseau spatial, le voyage ne prendra que dix-sept ans et demi. À quoi faut-il s'attendre à l'arrivée ? Le trou noir se cache dans un tourbillon infernal de gaz et de rayonnements dangereux. Il nous faut un équipement de sécurité impressionnant. Le trou noir lui-même n'est pas très grand et ressemble à une boule noire d'un rayon de quelques dizaines de kilomètres. Mettons-nous en orbite à une distance suffisante pour être en sécurité et réfléchir à la marche à suivre. Nous décidons de jouer la prudence et, avant de nous lancer dans des actions inconsidérées, nous envoyons une sonde spatiale vers le trou noir. La sonde nous renvoie régulièrement de l'information grâce à un émetteur radio. Comme nous nous y attendions, la communication ralentit de plus en plus, à mesure que la sonde approche de l'horizon du trou noir. Le temps passe de moins en moins vite. Les ondes radio sont émises sur des ondes de plus en plus longues et nous devons régler sans arrêt le récepteur pour entendre quelque chose. Étant donné ce que nous savons déjà, rien de tout cela ne devrait nous étonner, mais la sonde envoie des informations supplémentaires inquiétantes. Elle perçoit des forces de marée impressionnantes.

Pour bien comprendre le phénomène, je me dois d'expliquer l'origine des marées. C'est souvent le cas en physique, un effet dans un domaine peut aussi s'appliquer dans un domaine très différent et cela facilite vraiment les choses. Les forces de gravitation – surtout celle du Soleil – diminuent avec la distance ; c'est ainsi que surviennent les marées sur terre. La Terre se trouve en chute libre autour du Soleil. Le centre de la Terre se déplace à une vitesse donnée qui dépend de la distance. Si la Terre avait été plus proche du Soleil, sa vitesse aurait été plus élevée, si elle en avait été plus éloignée, sa vitesse aurait été moindre. Voici le hic : sa face éclairée est plus proche du Soleil que son centre. Le côté nuit, lui, se trouve plus éloigné. Cela signifie que le côté jour va vouloir « tomber » vers le Soleil, alors que le côté nuit, lui, se déplace trop vite et s'éloigne du

Soleil à cause de la force centrifuge. La surface de la Terre ne le ressentira pas, elle est bien trop dure, en revanche l'eau des océans s'incurve. Le raisonnement est le même pour l'influence de la Lune sur les marées. Galilée avait très mal compris l'origine des marées et croyait qu'il s'agissait d'une sorte de clapotis, dû à la course de la Terre à travers l'espace. Une preuve donc que la Terre n'était pas au repos. Les mouvements de la Terre jouent certes leur rôle pour les marées, mais pas comme Galilée l'avait imaginé. Une influence quelconque de la Lune était par ailleurs considérée comme de la superstition astrologique.

Mais quel rapport avec les trous noirs ? Eh bien, les trous noirs sont à l'origine de forces de marée impressionnantes. La gravité gagne rapidement en puissance au fur et à mesure qu'on s'approche du trou. Notre pauvre sonde note bien que la gravité s'exerce plus fortement sur sa partie la plus proche du trou, au risque de se retrouver totalement déchiquetée. Après une courte réflexion, nous décidons qu'il serait vraiment idiot pour nous de nous approcher de ce trou noir. Nous serions étirés en longs filaments bien avant notre arrivée à l'horizon. Il est bien plus sûr de s'en tenir aux rapports de notre sonde.

Si nous voulons vraiment entrer dans un trou noir, il faudrait en choisir un qui ne produise pas de telles forces de marée. Plus le trou noir est grand et massif, moins la force de marée est puissante, c'est assez amusant. On peut trouver des trous noirs de taille appropriée au centre de nombreuses galaxies. Pour être bien en sécurité, nous allons jusqu'à M87 dans l'amas de la Vierge, comme au chapitre précédent. Que voyons-nous ? À l'arrivée, nous trouvons un élément qui nous rappelle Cygnus X-1 en format géant et dont la masse correspond à quelques milliards de masses solaires. Les forces de marée ici sont infimes et nous pouvons donc sans problème entrer dans le trou noir. L'horizon de ce trou noir a un rayon de plus de six milliards de kilomètres, c'est-à-dire à peu près l'orbite de Pluton. Étant donné les effets de la gravité sur la lumière, le trou noir paraît deux fois plus grand, une énorme boule noire. Si nous allumons régulièrement les réacteurs de notre vaisseau pour ralentir la chute et regarder autour de nous, nous observerons un phénomène intéressant à notre arrivée sur la surface de la grande boule noire : imaginons l'immense plancher noir d'une salle de bal. En regardant bien, nous nous verrions en plusieurs exemplaires, debout dans cette salle de bal. Avec une lampe de poche, nous pouvons nous éclairer… le dos parce que la lumière à cette distance peut tourner en boucle sans arrêt. Pour observer le phénomène correctement, un trou noir bien plus petit serait plus commode, mais il faudrait alors se débattre avec des forces de marée assez désagréables.

Si nous continuons notre descente petit à petit, l'obscurité va nous envelopper de plus en plus. Nous nous enfoncerons comme dans un puits très profond, ou pourquoi pas comme dans un trou noir… À l'approche de l'horizon, bien caché dans l'obscurité, presque tout est noir. Il ne reste plus qu'une petite ouverture au-dessus de nous par laquelle nous pouvons encore apercevoir l'univers. Il devient de plus en plus difficile de voyager à notre manière, prudente et exploratrice. Il faut pousser les réacteurs de la fusée au maximum pour résister à la gravité du trou noir. Si on est vraiment curieux de savoir à quoi ressemble l'intérieur d'un trou noir, il est tentant de se laisser aller et de tomber dans cet obscur abîme…

Si nous choisissons au contraire une chute libre vers le trou noir, sans essayer de freiner, le noir occupera une partie plus restreinte du ciel. L'apparence d'un trou noir dépend donc en grande partie de nos déplacements. Le noir prend de plus en plus de place dans ce cas aussi bien sûr, mais nous verrons encore en grande partie le ciel au moment de passer l'horizon. Ce moment magique passe d'ailleurs totalement inaperçu, même pas de papillons dans le ventre ! Arrivés là, nous pouvons nous demander où se cache toute la matière qui constitue le trou noir. Nous sommes à présent dans le trou noir et n'en avons toujours trouvé aucune trace. En fait la matière n'existe pas, tout simplement. Ou n'existe pas encore. Comme je l'ai déjà mentionné, le temps est devenu la direction vers l'intérieur du trou. Le centre du trou est donc un moment de l'avenir qui s'approche inexorablement. Et tout à coup nous y sommes, broyés par la singularité gravitationnelle, et le temps s'arrête. La singularité n'existe peut-être qu'un instant mais en revanche elle est partout.

L'intérieur du trou noir prend des apparences très différentes selon que celui-ci est en rotation ou pas. Dans un trou noir en rotation, la singularité peut s'étendre dans le temps. Elle n'a pas seulement un instant d'existence. Mais elle prend la forme d'un cercle, et pour un voyageur téméraire c'est certainement une vision exceptionnelle. La singularité gravitationnelle marque le point de rupture pour les lois naturelles que nous connaissons, on peut donc certainement s'attendre à des feux d'artifice magnifiques de particules connues et inconnues. Ce cercle de singularité devient un cercle de feu au cœur du trou noir. Cela donne la possibilité d'éviter une fin brutale : le voyageur peut toujours tenter de viser le centre du cercle et sauter comme un lion au cirque dans le cerceau enflammé. Peut-être pourra-t-il ressortir dans un autre monde, un autre univers, à travers un trou blanc. Un trou blanc est en fait un trou noir inversé. De l'un, on ne peut sortir, dans l'autre on ne peut rester. Personne n'a encore vu de trou blanc, et on ne sait pas non plus s'ils existent réellement.

Ce n'est sûrement pas une bonne idée de compter sur ces prévisions et de se jeter sur le premier trou noir en rotation venu. Peut-être qu'un trou noir créé au début des temps aura un noyau qui ressemblera à cela. En revanche, l'intérieur d'un trou noir créé par l'effondrement d'une étoile ne sera sans doute pas aussi rangé. Il n'existe vraisemblablement pas d'ouverture salvatrice dans le cercle de feu. La fin du voyage se terminera sans doute, c'est là l'ironie, comme si le trou noir n'était pas du tout en rotation. Le voyageur sera broyé par une singularité inéluctable.

J'ai dit que les lois naturelles que nous connaissons cessaient d'exister avec la singularité. Cela signifie bien évidemment que de nouvelles lois naturelles prennent le relais. Par le biais des singularités, la théorie de la relativité générale nous donne une indication : il manque quelque chose. Mais quoi ? Pour ne pas dévoiler les échecs de la relativité générale, la nature s'est en plus assurée que ces singularités soient toujours bien cachées dans des trous noirs. Des singularités mises à nu, qui ne seraient pas protégées par des horizons d'événement n'existent pas. Il doit tout de même exister une physique nouvelle qui lisse et qui rend possibles les infinis créés dans les singularités ? Bien entendu, c'est à nous de découvrir ces nouvelles lois. Il nous faut de nouveaux indices pour aller de l'avant. Et ce n'est pas dans l'infiniment grand de l'univers que nous trouverons ces indices, mais plutôt dans l'infiniment petit, tout aussi merveilleux.

C'est un voyage nouveau que nous allons donc entreprendre à partir du chapitre suivant, avant d'en revenir aux trous noirs. Comme je vous l'expliquerai, un début de réponse au mystère qui se cache derrière les flammes sans merci des singularités pourrait alors se dessiner…

# 5
# Le portrait de Boltzmann

*Où nous constatons que rien ne vaut le bon vieux temps, une grenouille observe la Lune et le professeur Planck se demande pourquoi le Soleil est jaune.*

Mon fils a mis plusieurs jours à construire son énorme tour en Lego. Les morceaux s'emboîtaient, l'un après l'autre. La tour prenait de l'ampleur : des flèches et des paliers complexes venaient s'y ajouter… Puis un soir Gaïa, notre labrador, beaucoup trop enthousiaste, est entrée dans sa chambre. Un malheureux coup de queue et puis plus rien. La tour effondrée, des morceaux de Lego dans tous les coins, la vraie catastrophe.

Je ne me souviens plus si j'ai maladroitement essayé de consoler mon fils, en lui expliquant que c'était la conséquence de la plus profonde et de la plus éternelle des lois naturelles. Je n'ai sans doute pas eu beaucoup de succès. Mais on peut toujours essayer…

## Le désordre des mondes

Au dernier siècle avant Jésus-Christ, le philosophe romain Lucrèce écrivait dans *De rerum natura (De la nature des choses)* :

> « Enfin, ne vois-tu pas que les pierres elles-mêmes subissent le triomphe du temps ? Les hautes tours s'écroulent, les rochers volent en poussière ; les temples, les statues des dieux, s'affaissent trahis par l'âge ; ils se dégradent sans que la divinité puisse reculer l'instant fatal de la destruction et faire obstacle aux lois de la nature[1]. »

Et à une époque plus proche de la nôtre, Dan Andersson nourrit des pensées tout aussi noires :

> « As-tu pensé au temps qui passe sous les cieux,
> et les étoiles et le soleil ?
> Alors que les foules vaincues attendent
> leur jugement.
> As-tu vu sombrer le monde dans la tombe puante
> de sa décomposition,
> Et chaque âme entourée d'ombre laisser son corps
> être dévoré[2] ? »

Peut-être que le désordre des mondes est une loi naturelle, une nécessité que nous essayons en vain de

1. Lucrèce, *De la nature des choses*, traduction de M. Nisard, Paris, 1857, livre V, I.

2. Traduction libre du suédois, d'après Dan Andersson, *Samlade Dikter*, *Efterlämnade Dikter*, *Har du tänkt på*, Stockholm, Wahlström & Widstrand, 2003.

combattre ? Il y a une centaine d'années, cette pensée déprimante a pu être formulée comme deuxième loi de la thermodynamique. Ainsi le désordre s'enrobe de mathématique et devient une puissante loi naturelle. La loi affirme que l'*entropie* est en constante augmentation. L'entropie est un autre terme pour le chaos, le contraire de l'ordre. À l'aide de principes mathématiques assez complexes, on peut donner à tout cela un sens exact et utile. Mais pour nous, une phrase bien plus simple dit exactement ce dont il s'agit : *Rien ne vaut le bon vieux temps !*

Au XVIIIe siècle, on voulait voir dans cette deuxième loi de la thermodynamique une loi naturelle fondamentale qui n'exigeait pas d'explications supplémentaires. C'était un point de départ et le reste de la physique en découlait. Face à un nouveau phénomène naturel, si nous demandons *pourquoi*, la réponse conduira souvent à un autre *pourquoi.* Tous ceux qui ont eu un enfant de cinq ans à la maison en témoigneront… Nous en arrivons finalement à un point où les questions restent sans réponse. Nous manquons peut-être de connaissances sur les explications ; les questions deviennent peut-être absurdes et nous ne pouvons tout simplement pas aller plus loin. Pour la deuxième loi de la thermodynamique, cela va plus loin. Nous savons maintenant pourquoi tout était mieux avant ! En voici le secret : tout ce qui est grand est composé de petit.

Prenons en compte toutes les molécules et tous les atomes qui constituent le monde. Et en exemple, l'air de mon bureau. Il est constitué d'une grande quantité de molécules, à peu près $10^{27}$. Elles dansent aléatoirement dans la pièce, et plus il y fait chaud, plus la danse est folle. Imaginons que, par un malencontreux hasard, toutes les molécules décident de se regrouper dans un coin de la pièce. Pour moi, les conséquences seraient catastrophiques. Ou peut-être que c'est à vous que cela va arriver dans un instant ? Ce n'est pas du tout impossible, mais c'est hautement improbable. Pour les molécules, il y a bien plus de possibilités d'être réparties dans toute la pièce que celles d'être regroupées dans un coin. Si, au hasard de leur danse, elles essaient toutes les positions possibles, il est donc bien plus probable qu'elles se répartissent partout. Il faudrait attendre très, très longtemps pour qu'elles se regroupent toutes, par hasard, dans un coin de la pièce. On peut donc oublier cette possibilité menaçante.

Mais le désordre des mondes alors ? Pourquoi les choses se cassent-elles ? Le raisonnement ressemble au précédent. Il y a tout simplement beaucoup plus de façons pour quelque chose d'être cassé que d'être entier. Une modification aléatoire de la situation sera presque toujours une détérioration. Si je me saisis d'un vase en porcelaine et le jette par terre, le reste de la famille me ferait ramasser les morceaux et cela ne m'étonnerait pas particulièrement. Par contre, si je jetais les morceaux de porcelaine par terre et qu'ils se transforment en vase – étonnement garanti ! La deuxième loi de la thermodynamique est bien ancrée dans notre représentation du monde. Si j'attrape le vieil ordinateur sur lequel je suis en train d'écrire et que je le fais passer par la fenêtre, il ne va pas se transformer en nouvel ordinateur dernier cri. Mais bel et bien en tas de ferraille. Exactement comme la tour de mon fils, qui s'est muée en un tas de morceaux de Lego après l'intervention de Gaïa. Même pour le hasard, il existe des lois.

## La direction du temps

Un jour, quand je n'avais rien de mieux à faire, j'ai décidé de m'en prendre à un portrait de Ludwig Boltzmann pour m'amuser. C'est justement le physicien autrichien Ludwig Boltzmann (1844-1906) qui a découvert pourquoi tout était mieux avant. Sa vie a connu une fin tragique lors de vacances en famille près de Trieste, au bord de la mer Adriatique. Boltzmann était tellement désespéré que personne ne comprenne l'importance de ses découvertes qu'il s'est suicidé. On trouve en épitaphe sur sa tombe une formule mathématique, celle qui est la base de la loi sur le caractère éphémère de toute chose – assez pertinent, puisqu'on peut dire que c'est elle qui l'a tué…

Le portrait auquel je me suis attaqué représentait un Ludwig Boltzmann d'âge mûr et à la barbe impressionnante. J'ai l'ai tout simplement photocopié plusieurs fois. La qualité du portrait se détériorait à chaque passage. Chaque fois que l'on copie quelque chose, certaines informations sont irrémédiablement perdues. Je me suis retrouvé avec une pile de photos, et sur certaines on avait du mal à reconnaître Boltzmann. Il n'a pas été difficile du tout de remettre les images dans le bon ordre par la suite. La plus floue devait être celle copiée en dernier. Imaginez votre étonnement si un nouveau portrait – de vous peut-être – apparaissait après un nombre suffisant de passages à la photocopieuse !

Ce désordre des mondes est peut-être le signe le plus évident d'une création – un moment d'ordre parfait. Les choses n'ont fait qu'empirer depuis… Cela donne également une direction au temps : l'avenir est la direction qui nous éloigne de la création, le passé celle qui nous en rapproche. Tout comme vers le haut nous nous éloignons du centre de la Terre, alors que vers le bas nous nous en rapprochons. Le physicien Arthur Eddington, que nous avons déjà rencontré, parle de flèche du temps. Le temps trouve donc logiquement son commencement à la création de l'univers. On peut aussi se demander ce qui existait avant, avant le Big Bang originel. Nous y reviendrons dans un autre chapitre.

Il existe également une flèche du temps psychologique. Nous nous souvenons du passé, mais avons beaucoup de mal à percevoir l'avenir. Dans *De l'autre côté du miroir*, de Lewis Carroll, la reine blanche dit à Alice que « c'est une bien misérable mémoire que celle qui ne s'exerce qu'à reculons[1] ». Les flèches du temps psychologique et thermodynamique sont intimement liées. Si vous apprenez ce chapitre par cœur vous aurez intégré à peu près cent kilobits d'information. Vous voudrez peut-être boire un verre de lait, ou autre chose, pour vous donner du cœur à l'ouvrage. L'énergie à peu près ordonnée du lait se transforme alors en énergie thermique désordonnée. Vous avez donc contribué à augmenter le désordre du monde.

Jusqu'ici tout va bien, mais qu'en est-il du vivant ? Nous nous trouvons face à une contradiction évidente,

1. Lewis Carroll, *De l'autre côté du miroir*, Paris, Flammarion, 1971, p. 133.

non ? L'adulte mène une bataille perdue d'avance contre le désordre, que ce soit par le soin apporté à un corps éphémère ou l'importance que prennent les objets matériels. Mais qu'en est-il du bébé, créé à partir de rien ? Tu étais poussière et tu redeviendras poussière... Voilà le désordre rétabli, mais nous atteignons un certain degré d'ordre pendant une période assez courte. Si nous regardons la vie sur terre dans sa globalité, le tableau est assez optimiste ! La vie existe, elle s'accroche depuis des milliards d'années. Elle s'est aussi en partie développée pour prendre des formes toujours plus évoluées. Ne sommes-nous pas en contradiction avec la deuxième loi de la thermodynamique ? Pour comprendre tout cela, il faut d'abord en revenir aux points d'ombre de Kelvin.

## Le deuxième point d'ombre de lord Kelvin

Lors de sa célèbre conférence à Paris en 1900, lord Kelvin disait qu'il n'existait plus que deux problèmes à résoudre en physique : deux points d'ombre. L'un avait trait à la vitesse de la lumière. Il a fini par donner naissance, comme je l'ai déjà raconté, aux théories de la relativité.

L'autre problème traitait d'un lien étrange entre couleur et température. L'explication a également ouvert la voie à des éléments tout à fait nouveaux.

Prenons un exemple de la vie quotidienne qui illustre le lien entre couleur et température : une plaque électrique restée allumée trop longtemps, et qui commence à rougir lorsqu'elle atteint une température suffisamment élevée. À des températures encore plus élevées, comme celle du fer dans une forge, la lumière peut devenir jaune. Couleur et température sont donc liées de façon bien déterminée. La couleur des étoiles en est un bon exemple. Cherchez donc Orion des yeux la prochaine fois que vous sortez par une belle nuit d'hiver. On reconnaît facilement la ceinture d'Orion avec ses trois rois mages, les trois étoiles Alnitak, Alnilam et Mintaka. On les retrouve dans la mythologie nordique, c'est la quenouille de la déesse Frigg. Le fil part ensuite de la quenouille vers le fuseau, qui correspond à l'axe céleste en rotation permanente. C'est là que les fibres filées sont enroulées. Mais concentrez-vous plutôt sur les autres étoiles d'Orion : l'épaule gauche, Bételgeuse et le pied droit, Rigel. Leurs contrastes sont magnifiques. Bételgeuse, sans aucun doute une géante rouge, a une température de surface de trois mille degrés. Rigel, quant à elle, est une géante bleue, à douze mille degrés. Notre soleil se retrouve quelque part entre les deux, avec ses cinq mille cinq cents degrés et sa couleur jaune.

Les astronomes ont inventé un système permettant de nommer les étoiles d'après leur couleur. Bételgeuse est une étoile de type M, Rigel de type B et le soleil de type G. L'ordre suivi est O B A F G K M, O étant le plus chaud et M le plus froid. On ajoute parfois trois lettres : R, N et S. Cet ordre particulier des lettres s'explique par des raisons historiques, mais heureusement il existe une phrase mnémotechnique pour les astronomes : Oh, Be A Fine Girl, Kiss Me Right Now Sweetheart ! (oh, sois une gentille fille, embrasse-moi tout de suite chérie).

Un corps chaud n'émet pourtant pas de la lumière d'une seule couleur. Un arc-en-ciel prouve bien que la lumière du Soleil est composée de nombreuses couleurs, même si le jaune domine. En dessinant une courbe qui représente la quantité de chaque couleur dans la lumière du Soleil, on note un pic autour du jaune. On peut aussi dessiner des courbes pour d'autres éléments à des températures différentes, pour montrer leur palette de couleurs. Mais comment expliquer la forme des courbes ? Peut-on la calculer par avance ? Les physiciens du XIX^e siècle se sont rués sur la question, tout persuadés qu'ils étaient que la lumière est composée d'ondes. L'échec fut cuisant. La théorie fonctionnait correctement pour la moitié rouge de la courbe, mais la partie bleue donnait des résultats très éloignés de la réalité : beaucoup trop de lumière à ondes courtes. Plus l'onde était courte, plus l'erreur était importante.

La solution est apparue de façon inattendue. Le physicien allemand Max Planck (1858-1947) a concocté une expression mathématique à l'automne 1900 qui permettait de décrire ce que montrait la nature. Au départ, il ne comprenait pas lui-même son résultat. La lumière s'est faite petit à petit et, une nuit, il a fini par trouver la solution. Le matin suivant, il s'est promené dans un parc à Berlin avec son fils Erwin, sept ans, à qui il a expliqué que sa découverte était aussi importante que celle de Newton. Max Planck était un homme modeste, peu enclin à des exagérations égocentriques. Mais il avait raison – tout allait changer. Sa découverte allait constituer la base des énormes évolutions techniques du XX^e siècle. Planck venait tout simplement de découvrir les prémices de la mécanique quantique.

Planck a vécu vieux, mais sa vie a été ponctuée de tragédies personnelles – il a survécu à ses enfants. Son fils Erwin, le premier à avoir entendu parler de mécanique quantique, a été exécuté par les nazis. Il était accusé d'avoir participé à l'attentat manqué contre Hitler à l'été 1944.

Pour comprendre la découverte de Planck, appelons à notre secours une petite grenouille. C'est la nuit et la grenouille coasse au fond de son marécage. On voit briller une lune à moitié pleine. On devine à peine la partie sombre, faiblement éclairée par la lueur terrestre. Ce qu'ignore la grenouille, c'est qu'un astronaute vient de s'y poser et qu'il dirige le faisceau de sa lampe de poche vers la Terre. Un promeneur regarde la Lune d'un air distrait et ne voit rien d'anormal bien sûr. Mais pour la grenouille c'est différent. Toutes les heures, elle aperçoit un petit flash. Qu'est-ce que cela peut bien être ? Le secret, c'est que la lumière est constituée de petits paquets de lumière, des quanta ou photons. Lorsqu'une lampe de poche est suffisamment éloignée d'un œil humain, la lumière s'éparpille. Seuls quelques photons, trop peu nombreux, arrivent à destination et cela ne fait pas réagir les cellules nerveuses de la rétine. On ne voit rien. Les grenouilles, elles, sont mieux équipées. Leur vision nocturne est si bien développée qu'elles peuvent apercevoir des photons isolés. La grenouille peut donc voir la lampe de poche, quelle que soit la distance qui les sépare. Il lui suffit de s'armer de patience, et si la lampe de poche appartient bien à un astronaute se trouvant sur la lune, une heure séparera l'apparition de chaque photon.

C'est en supposant que la lumière est composée de photons que Planck a pu s'y retrouver. Il a réussi à mettre au point les formules mathématiques qu'il n'avait d'abord fait que deviner. Ironie de l'histoire, Max Planck, qui appartenait à la vieille école, abhorrait la théorie des atomes. Selon son point de vue, on ne devait pas avoir recours à de simples atomes pour expliquer la beauté de la thermodynamique. C'était encore pire d'imaginer que la lumière elle-même était composée d'éléments plus petits. Ce n'est donc qu'à contrecœur qu'il s'est inspiré de Ludwig Boltzmann et de sa détestable mécanique statistique.

Au quotidien, ce n'est pas évident de remarquer cette décomposition de la lumière en particules. L'explication est simple : la vue traite des quantités inimaginables de photons, et un photon de plus ou de moins ne fait aucune différence. À moins d'être une grenouille bien sûr, et de pouvoir observer la mécanique quantique à l'œil nu.

## Décomposer la lumière du Soleil

Mais où en étions-nous de la vie sur terre et de la loi du désordre universel ? N'oublions pas que la deuxième loi de la thermodynamique traite du désordre global. On peut donc équilibrer plus d'ordre à un endroit par plus de désordre ailleurs. C'est justement la méthode utilisée par le vivant pour créer un havre d'ordre sur terre. Et c'est la lumière du soleil qui sert d'outil pour accomplir le miracle.

Ce n'est pas l'énergie de la lumière solaire qui importe ici, mais l'ordre qu'elle comporte. En effet, la Terre libère autant d'énergie sous forme de rayons thermiques qu'elle en reçoit sous forme de lumière solaire.

La différence entre ce qu'émet la Terre et ce qu'elle reçoit est d'une autre nature. La lumière solaire est composée de rayons très ordonnés. Ils contiennent peu de photons, mais ceux-ci sont très énergétiques. Le rayonnement thermique, quant à lui, est composé de nombreux photons à basse énergie. On peut donc dire que la Terre reçoit de la lumière solaire ordonnée, qu'elle la décompose, et qu'elle renvoie les restes sous forme de rayonnement thermique. L'ordre sur terre augmente, d'accord, mais dans l'univers c'est le désordre qui augmente.

Et que se passerait-il si le Soleil s'éteignait ? Comment survivre ? On pourrait penser qu'il serait bon d'envelopper la Terre d'une carapace parfaitement isolante pour conserver la chaleur. J'ai déjà dit que la Terre émettait autant d'énergie qu'elle en recevait du Soleil. Si nous n'émettons plus d'énergie, plus besoin d'en recevoir, et le Soleil devient assez inutile ! Mais selon ce que je vous ai déjà dit, cela ne fonctionnerait pas du tout. La deuxième loi de la thermodynamique frappe à nouveau, et la photosynthèse s'interrompt. Les plantes n'ont pas seulement besoin de chaleur pour exister, mais également de lumière solaire ordonnée. C'est justement la chlorophylle des plantes qui leur permet de décomposer la lumière solaire et de s'en approprier l'ordre. Et sans plantes, plus d'autre forme de vie. Tout ce qui a une valeur pour nous, la civilisation, la vie, la culture et la créativité, tout trouve son origine dans l'ordre qui est libéré par la décomposition des rayons du Soleil.

Aussi bizarre que cela puisse paraître, les photons de Newton semblent donc être de retour… Nous avons vu précédemment, grâce à l'expérience de l'interférence, que la lumière doit être composée d'ondes. Maintenant ce sont les particules qui semblent être la seule réponse ! J'essaierai d'y mettre un peu d'ordre plus loin, mais nous allons d'abord constater que c'est bien pire que cela ! La lumière n'est pas la seule à comporter des caractéristiques paradoxales. La matière dont nous sommes constitués aussi…

## De quoi sont composées les étoiles ?

Peut-on savoir ce qui compose le Soleil et les étoiles ? Selon le philosophe français Auguste Comte (1798-1857), c'était impossible. Il existait des limites claires aux possibilités de la science. En 1844, Comte explique que nous ne pourrons savoir des étoiles que ce que nous voyons. Une position somme toute assez cohérente. Cette limite inévitable signifie selon lui qu'il est absurde de spéculer sur la composition des étoiles. Comte, comme Kelvin, est une proie facile si on cherche des exemples de déclarations très assurées mais fausses. Bien sûr qu'il a été possible de découvrir la composition du Soleil !

Exactement comme pour Kelvin, ces accusations seraient cependant très injustes. En fait, Comte expliquait qu'il fallait des faits et des observations pour pouvoir faire des affirmations sur le monde. Il a évoqué le Soleil et les étoiles comme des exemples de spéculations stériles. C'était vrai à l'époque, ça ne l'est plus maintenant. Son message reste cependant aussi pertinent qu'à l'époque.

La clé de la composition du soleil a été trouvée dans un arc-en-ciel. L'opticien allemand Joseph von Fraunhofer (1787-1826) a créé un spectre de lumière solaire grâce à des appareils complexes, tout comme Newton l'avait déjà fait. Il pouvait y observer une série de fines lignes noires parmi toutes les couleurs. Cela devait signifier que certaines longueurs d'onde de la lumière manquaient à l'appel. Mais pourquoi ? Quelques dizaines d'années plus tard, un autre Allemand, Robert Bunsen (1811-1899), a découvert que des matériaux différents prenaient des couleurs différentes lorsqu'ils s'enflammaient. Il utilisait comme outil un engin de sa fabrication, le bec Bunsen. Son collègue Gustav Kirchhoff (1824-1887) lui a proposé d'utiliser un prisme pour étudier la lumière. Ils ont ainsi découvert ensemble que chaque matériau possède sa propre empreinte, sa propre signature, sous forme des longueurs d'onde précises de la lumière émise. Pour prendre un exemple moderne, on sait que les néons ont des couleurs caractéristiques selon le gaz qui est utilisé dans les tubes. Et c'était bien cela le secret ! Un soir, à l'automne 1859, Bunsen et Kirchhoff ont pu observer la ville de Mannheim en flammes, à quelques dizaines de kilomètres de leur laboratoire de Heidelberg, à l'orée de la Forêt-Noire. À l'aide de leur spectroscope, ils ont détecté des traces de baryum et de strontium dans les flammes. Bunsen s'est alors demandé s'ils ne pouvaient pas procéder de la même manière avec le Soleil ? Ils avaient bien réussi à analyser cet incendie, pourtant assez éloigné ! Mais, « on croirait que nous sommes fous de rêver à cela », a-t-il ajouté. Peut-être ont-ils été nombreux à le penser au départ – Auguste Comte faisait sans doute partie du lot – mais c'est grâce à cela que nous pouvons aujourd'hui analyser des étoiles et des galaxies à l'autre bout de l'univers.

Mais comment est-ce possible ? Comment en être certain ? Emmanuel Kant (1724-1804) se posait la question : « Comment nous, dans cette pièce, pouvons-nous déclarer des choses dont nous sommes certains qu'elles seront valables dans l'autre pièce, là-bas[1] ? »

Pour Kant c'était une évidence. Les lois naturelles fondamentales qui régissent le temps et l'espace sont intimement liées à notre conscience. Nous *savons* ce qu'il en est parce que nous faisons partie de l'univers que nous étudions. Lorsque nous découvrons les lois naturelles, c'est en fait nous-mêmes que nous découvrons.

Un scientifique moderne raisonnerait différemment. Il dirait qu'il s'agit d'un principe scientifique de travailler selon le paradigme établi. Nous croyons aux lois naturelles existantes jusqu'à preuve du contraire. Nous pensons qu'elles sont également valables dans des mondes éloignés du nôtre. Les lois de Newton fonctionnent pour la pomme sur terre, pour les planètes du système solaire et apparemment aussi pour la folle danse des étoiles doubles plus lointaines. Si on ne regarde pas tout cela de trop près bien sûr. On s'aperçoit alors que l'espace-temps déformé d'Einstein est nécessaire pour tout remettre en place. De la même façon, on peut supposer que les empreintes spectrales nous révéleront la même chose sur les étoiles que sur terre.

À quoi ces lignes spectrales sont-elle dues ? Pourquoi sont-elles si différentes d'un matériau à l'autre ? Appa-

1. Traduction libre.

remment, les atomes ne peuvent émettre de la lumière qu'à certaines longueurs d'onde (les lignes claires), ou recevoir de la lumière qu'à ces mêmes longueurs d'onde (lignes sombres). Cette étrange caractéristique des atomes sera notre premier indice pour pénétrer au cœur de la matière.

## Voyage au centre de l'atome

Un problème pour ceux qui s'intéressent aux atomes, c'est qu'ils sont si désespérément petits. Un atome de taille moyenne ne mesure qu'un dixième de millionième de millimètre. Si on utilise des années-lumière plutôt que des mètres pour évoquer la distance qui nous sépare des étoiles, il peut être utile d'avoir également une unité pour les distances très petites. Pour les atomes, on parle généralement d'*angström.* Un angström correspond à $10^{-10}$ mètre, soit la taille moyenne d'un atome. L'unité porte le nom d'Anders Jonas Ångström (1814-1874), professeur à l'université d'Uppsala de 1858 à sa mort.

Mais les atomes ne sont pas seulement petits, ils sont constitués principalement de vide. Agrandissons un atome pour lui donner la taille de la cathédrale d'Uppsala, la ville d'Ångström. C'est une église gigantesque... Les seules parties solides de l'atome seront un petit noyau, grand comme un petit pois, et une poignée d'électrons qui flotteront comme des grains de poussière sous la voûte. Rien de plus.

Travaillant en Angleterre, c'est le Néo-Zélandais Ernest Rutherford (1871-1937) qui a trouvé les premiers indices démontrant le vide de l'univers. Pour arriver à ses fins, il a envoyé des particules alpha (noyaux d'hélium) sur une feuille dorée. La plupart des particules alpha de Rutherford ont traversé sa feuille comme s'il n'y avait rien. Celles qui ont rebondi l'ont fait avec d'autant plus de force. C'est d'ailleurs la conclusion à laquelle on pourrait s'attendre en reprenant notre métaphore de la cathédrale. Toute la matière, ou presque, est regroupée dans un petit noyau, le reste est vide. Ce ne serait vraiment pas de chance pour les particules alpha d'entrer en collision avec l'un des petits noyaux. Et bien sûr, si la plus grande partie de la matière se trouve effectivement dans ces noyaux, cela se terminera d'autant plus mal pour les pauvres particules alpha qui, contre toute probabilité, auraient fini malgré tout par les trouver...

Des expériences ultérieures ont montré que le noyau de l'atome a une charge positive alors que les électrons, de plus petite taille, ont une charge négative. On s'est donc imaginé l'atome comme un mini-système solaire, avec la charge électrique entre le noyau et les électrons comme force unificatrice. C'est là que tout s'est à nouveau compliqué. Selon la physique traditionnelle, cela ne pouvait en aucun cas correspondre à la réalité. Pourquoi ? Parce que ces atomes-systèmes solaires vont fonctionner comme de petites antennes radio.

Dans l'antenne d'un émetteur radio, les électrons sont en mouvement permanent. C'est justement grâce à cela que les ondes radio sont émises. La lumière est une onde électromagnétique créée par des champs magnétiques ou électriques variables. On peut créer une vague à la surface de l'eau en agitant la main dans l'eau, et de la même manière on peut créer une onde électromagnétique en agitant une charge électrique. Il doit donc en être de même pour un électron qui tourne dans un atome. Des physiciens déçus ont calculé que l'électron perdrait de l'énergie par rayonnement, et s'écraserait sur le noyau de l'atome en quelques millièmes de seconde. La matière ne pourrait donc pas exister. Voilà le mystère : pourquoi les électrons ne pataugent-ils pas dans l'éther ? Ce sera notre deuxième indice.

C'est le physicien danois Niels Bohr (1885-1962) qui allait résoudre l'énigme. Bohr a tout simplement accepté que les lois naturelles habituelles n'étaient pas suffisantes pour expliquer l'intérieur de l'atome. La bonne vieille physique classique fonctionne peut-être très bien lorsqu'il s'agit de l'échelle humaine, mais dans l'infiniment petit, les choses peuvent se passer tout à fait différemment. La tâche consiste à découvrir ces nouvelles lois naturelles.

Bohr a voulu comprendre l'apparition du spectre avec toutes ses lignes sombres et plus claires. Il a dû en conclure que les électrons ne pouvaient circuler que sur certaines orbites. Peu importe si cela va à l'encontre de tout bon sens. Une ligne spectrale apparaît lorsqu'un électron passe d'une orbite autorisée à une autre. On obtient une ligne sombre lorsqu'un électron capte de la lumière exactement de la bonne longueur d'onde. Il capte ainsi l'énergie nécessaire pour passer à une orbite supérieure. On obtient au contraire une ligne claire si l'électron tombe sur une orbite moins élevée et émet ainsi de la lumière. On dit que les niveaux d'énergie des électrons sont *quantifiés.* Bohr pense aussi qu'il existe au sein de chaque atome une orbite minimale. Cela explique pourquoi les électrons ne s'écrasent pas sur le noyau de l'atome.

Autre caractéristique importante de l'infiniment petit : on ne peut avoir sur chaque orbite qu'une quantité limitée d'électrons. C'est absolument capital pour ensuite comprendre les caractéristiques chimiques des éléments. C'est le physicien autrichien Wolfgang Pauli (1900-1958) qui a mis en forme cette nouvelle loi naturelle en l'appelant *principe d'exclusion.* Il a montré que les électrons, les protons et bien d'autres particules étaient plutôt asociaux. Ils voulaient de préférence avoir le moins de contacts possible entre eux.

De nombreuses histoires circulent sur Pauli, qui était apparemment un personnage très particulier. Malgré ses dons, ou peut-être à cause d'eux. Il n'était pas vraiment du matin non plus. On raconte qu'il pouvait tout à fait envisager de donner un cours à neuf heures du matin, à condition de ne pas aller se coucher avant… Pauli est connu pour avoir toujours réussi à trouver le point faible d'un raisonnement, et l'attaquer sans merci. Suite à un séminaire où un pauvre diable avait présenté des idées qui ne lui plaisaient pas, Pauli aurait déclaré : « Et ce n'est même pas faux… » Jeune étudiant, assis au fond d'un amphithéâtre plein à craquer, il aurait commenté à haute voix une conférence d'Einstein d'un « c'est pas mal ». On dit que la physique moderne est née en grande partie sous le sourire narquois de Pauli.

Ce serait tout de même très frustrant de ne pas en comprendre plus. Nous avons certes trouvé une description passionnante de l'infiniment petit et de ses lois naturelles tout à fait différentes. Mais la question du pourquoi demeure ! Existe-t-il un principe sous-jacent ?

Que cachent ces nouvelles lois inattendues ? Le duc Louis de Broglie (1892-1987) a eu une idée géniale. Si la lumière pouvait parfois apparaître sous forme de particules alors qu'on croyait qu'il s'agissait d'ondes, peut-être que les électrons et autres particules pouvaient aussi être des ondes ?

Une expérience assez impressionnante prouve que de Broglie avait parfaitement raison. J'ai déjà expliqué la découverte de Thomas Young : la lumière qui passe par deux fentes parallèles sur un disque forme des franges d'interférence sur l'écran de l'autre côté du disque. C'est une preuve qu'il s'agit bien d'ondes. Si on échange la source lumineuse par un canon à électrons, on peut refaire l'expérience en remplaçant la lumière par des électrons. Un canon à électrons est un équipement qui propulse des électrons à grande vitesse à l'aide de champs électriques puissants. Des expériences ont été conduites avec différents types de cristaux, mais aussi avec des disques à deux fentes. C'est un peu complexe d'imaginer ce que font les électrons au passage des deux fentes ou des cristaux. Mais lorsqu'ils arrivent sur l'écran, plus de doutes possibles. Les électrons n'arrivent pas sur l'écran de façon aléatoire. Un par un, ils construisent une image, une frange d'interférence. La conclusion s'impose, les électrons sont des ondes.

L'électron-onde est justement ce qui permet de compléter le modèle d'atome de Bohr. Cela explique pourquoi seulement certaines orbites sont ouvertes aux électrons. Prenons une corde de guitare, c'est un bon exemple. Lorsque l'on pince la corde, elle vibre et émet un son. Assurez-vous que la guitare est bien accordée pour obtenir un *do*. Si vous coupez la corde en deux vous aurez un *do* à nouveau, mais une octave plus haut. Si vous la coupez à un tiers de sa longueur d'origine, vous obtiendrez un *sol* plus aigu que ce deuxième *do*. Si la corde est coupée en quatre c'est le *do* suivant, et en cinq c'est un *mi*. Si nous poursuivons et coupons la corde en huit c'est un *do* encore plus aigu, en neuf c'est un *ré*. Et ainsi de suite. Les jolies mélodies harmonieuses que nous entendons, ce qui rend la musique si agréable, est en fait le résultat de calculs mathématiques très simples…

Mais cela va encore plus loin. La corde accordée sur un *do* n'émettra pas seulement son *do* d'origine mais une part plus ou moins importante de toutes les notes que j'ai énumérées. C'est ce qui donne à la note ce son si caractéristique. La même note sonnera différemment selon l'instrument utilisé. Les sons que vous entendrez correspondent à toutes les vibrations possibles de la corde. Bien sûr la corde est attachée aux deux bouts, mais son mouvement peut varier légèrement. Le premier *do* correspond à la corde qui se bombe une fois, alors que le *do* de l'octave au-dessus correspond à la corde qui se bombe deux fois, etc. Il s'agit simplement d'avoir un nombre entier de longueurs d'onde, sinon la corde serait arrachée du chevalet !

C'est exactement le même fonctionnement pour l'atome. Il s'agit dans ce cas de bien accorder les ondes des électrons. De façon générale, il nous faut un nombre entier d'ondes pour faire un tour complet de l'orbite de l'électron, c'est ce qui donne la quantification. Les électrons ont également plusieurs possibilités de mouvement, comme les cordes de guitare. Lorsqu'un atome capte la lumière à la bonne longueur d'onde, et que cela permet à l'électron de passer à une orbite supérieure, c'est comme s'il jouait un ton plus aigu. Lorsque l'atome émet de la lumière, c'est l'onde qui passe à un ton plus grave. C'est Erwin Schrödinger (1887-1961) qui a appliqué le premier cette idée des ondes. Schrödinger a composé une équation, l'*équation de Schrödinger*, qui permet de décrire le comportement des ondes.

Qu'apprenons-nous de plus sur la nature et sur ses lois ? Nous avons vu apparaître un monde où rien n'est vraiment aussi sécurisant que ce que la vieille physique voulait bien nous faire croire. Comment est-ce possible ? Comment avoir une vision du monde cohérente ? Schrödinger n'était pas seulement mathématicien. Il s'est également interrogé sur notre compréhension du monde, tel que la physique théorique nous le présente. Il était très inquiet des conséquences d'un isolement des chercheurs – que se passerait-il s'ils ne se préoccupaient plus d'expliquer leurs découvertes au grand public ?

Schrödinger avait compris qu'il était important de prendre du recul, de voir les liens existant entre différentes parties du savoir de l'Homme.

Dans les années 1940 il a écrit un des livres les plus étranges qui aient jamais été publiés : *Qu'est-ce que la vie ?*[1] Il utilise ses réflexions philosophiques et sa connaissance de la physique pour explorer la question de ce qu'est vraiment la vie. Et, bien avant la découverte de l'ADN, il explique dans son ouvrage qu'un langage de la vie doit se cacher quelque part parmi les molécules.

1. Erwin Schrödinger, *Qu'est-ce que la vie ?*, Paris, Christian Bourgois, 1986.

La plupart d'entre nous hésiteraient sans doute à se lancer dans des explorations aussi éloignées de leur propre domaine de compétence – on ne veut pas risquer de se ridiculiser. Mais il devient alors difficile de lancer des idées vraiment nouvelles. Schrödinger le dit dans la préface de *Qu'est-ce que la vie ?*, personne ne peut tout savoir. Il donne la solution évidente au dilemme dans les excuses qu'il présente pour avoir écrit le livre, toujours dans la préface. Cela pourra servir de consolation à tous ceux qui ne peuvent pas s'empêcher de pousser leur réflexion plus loin que leur propre spécialité :

> « Sous peine de voir notre vrai but se perdre à jamais, je ne vois pas d'autre échappatoire à ce dilemme que d'admettre que quelques-uns d'entre nous se hasardent à un essai de synthèse des données expérimentales et des théories, fût-ce avec des connaissances incomplètes et de seconde main pour certaines d'entre elles – et au risque de se rendre ridicules.
> Voilà pour mes excuses[1]. »

Peut-être devrions-nous être plus nombreux à nous ridiculiser ?

---

1. *Ibid.*, préface p. 34.

# 6
# L'ami de Wigner

*Où M. Tompkins part à la chasse,*
*l'évêque Berkeley se demande si la réalité existe*
*et où nous caressons le chat de Schrödinger.*

Il nous arrive parfois des choses bien étranges… Comme quand j'ai égaré l'agenda et carnet d'adresses de ma femme par exemple. Nous habitions en France à l'époque, et je l'ai oublié dans une cabine téléphonique du CERN. J'ai vraiment fait de mon mieux pour le retrouver, j'ai interrogé les femmes de ménage, d'autres membres du personnel, rien à faire. Et, environ un an plus tard, il était tout simplement là, posé sur une table de notre nouvelle maison en Suède. Ma femme a suggéré qu'il devait être arrivé là par un tunnel, grâce aux bizarreries de la mécanique quantique dont je lui parle parfois. Peut-être qu'il a fait un saut improbable – pas impossible – dans le temps et l'espace, pour arriver de la cabine téléphonique du CERN jusqu'à la table de notre cuisine en Suède un an après. Peut-être qu'il a cherché un trou de ver qui l'a, bien utilement, ramené jusqu'à nous. Il existe certainement des explications plus convaincantes, même si je ne comprends toujours pas comment c'est arrivé. Mais des choses au moins aussi bizarres se produisent sans arrêt au cœur de la matière.

## D'un avenir qui n'existe pas

Un matin, M. Tompkins avait un peu de mal à se réveiller. La veille, il avait assisté à une autre conférence du vieux professeur, à propos de mécanique quantique cette fois. Au plus profond de son sommeil, son rêve l'emporte dans un monde où les effets de la mécanique quantique sont démultipliés par rapport au monde réel. Il y accompagne le professeur et le célèbre chasseur sir Richard dans la jungle. Au milieu des éléphants, tigres et autres animaux, il vit une expérience bien particulière... Ils chassent depuis un moment lorsqu'ils aperçoivent un troupeau de gazelles qui sort d'un bouquet de bambous.

M. Tompkins s'émerveille de leur course bien organisée alors que sir Richard met de suite en joue. Le professeur lui conseille cependant de ne pas gâcher ses munitions – la probabilité d'en toucher une est minime. Ils ont vu en effet une seule et même gazelle entrer parmi les bambous et ensuite interférer parmi les troncs. Un peu plus tard, c'est un M. Tompkins perturbé qui ouvre l'œil brusquement en entendant son réveil. Son travail à la banque l'attend une heure plus tard...

M. Tompkins n'est pas le seul à s'être émerveillé des liens étranges entre ondes et particules. Cette dualité onde-particule, comme on l'appelle, est l'une des découvertes les plus étranges de la physique. Comment diable un élément – un électron par exemple – peut-il être à la fois onde et particule ? Le physicien Max Born (1882-1970) a réussi à résoudre en partie le mystère à la fin des années 1920. La règle établie par Born est la suivante : lorsqu'on ne le regarde pas, l'électron agit comme une onde, et lorsqu'on le regarde il agit comme une particule ! Assez déroutant, certes, mais cela donne une bonne idée des concepts à maîtriser pour que cela fonctionne. Le rôle de l'onde est de nous indiquer quelle est la probabilité de trouver l'électron à un endroit donné. À l'endroit où l'onde est particulièrement forte, nous trouverons vraisemblablement l'électron. En revanche, l'électron ne peut pas se trouver à un endroit où l'onde n'existe plus.

Grâce à cette règle de Born, l'expérience des électrons qui traversent un disque à deux fentes pour créer une interférence de l'autre côté devient un peu plus compréhensible. Lorsque l'électron est envoyé vers le disque, il se comporte comme une onde qui peut passer par les deux fentes (lorsqu'on ne regarde pas), et ensuite donner lieu à une frange d'interférence sur l'écran (lorsqu'on regarde). Bien entendu, l'électron va toucher l'écran à un endroit donné, généralement celui où l'onde est la plus forte. En envoyant ensuite plusieurs électrons, on finira par créer un dessin sur l'écran qui reflétera les ondes les plus puissantes.

Ce que je viens de vous raconter influe grandement sur notre vision du monde. Peut-on affirmer que quelque chose existe si personne ne le regarde ? L'évêque George Berkeley (1685-1753) y réfléchissait déjà au début du XVIIIe siècle. Il admet qu'il est facile d'imaginer des arbres dans un parc ou des livres dans un placard sans que personne ne les regarde. Cela montre simplement que nous sommes capables de visualiser des arbres et des livres. Le fait que quelqu'un les regarde ou pas ne conditionne nullement leur existence. En fait la question est assez absurde. Comment pourrait-on contrôler que l'arbre est bien là, si on ne peut pas le vérifier visuellement ?

Je reviendrai aux arbres, aux livres et même plus particulièrement aux chats, mais, pour les électrons, aucun doute possible. Un électron ne se trouve pas à un endroit spécifique tant que la mesure n'est pas effectuée. Souvenez-vous de la règle de Born ! Avant de regarder, il n'existe que des ondes de probabilité. Ces ondes contiennent toutes les alternatives superposées et coexistantes. Ce n'est qu'après vérification qu'une de ces possibilités sera sélectionnée et se réalisera. Ces ondes de probabilité sont régies par des lois déterministes, c'est vrai, mais personne ne peut savoir ce que va inventer un électron. Seul le dessin constitué par une série d'électrons peut être prévu ; chaque électron pris isolément est régi par le hasard. Il ne s'agit pas d'une lacune de la théorie, mais bien d'une caractéristique fondamentale de la nature. On suppose que la nature n'est pas déterministe, ni dans le principe, ni dans la pratique.

Je vous ai déjà parlé du chaos, qui représente une limite pratique à notre connaissance potentielle de l'avenir. Même si, dans le principe, l'avenir est déjà déterminé, dans la pratique il est trop complexe de faire des prévisions. La mécanique quantique va encore plus loin et nous montre également une limitation de principe. Cette limite posée par la mécanique quantique au déterminisme n'est donc pas liée à une incapacité que nous aurions, ou à notre manque de connaissances. En fait, la nature elle-même ne sait pas ce qui va se produire. L'avenir n'existe pas encore, tout simplement. Cela ne plaisait pas du tout à Einstein… « Dieu ne joue pas aux dés ! » se serait-il écrié. Selon la physique moderne, Dieu serait pourtant un sacré joueur, et le hasard y serait pour beaucoup dans l'ordre du monde. Peut-être que nous devrions nous approprier cette notion ? Le libre arbitre a du mal à trouver sa place dans un monde déterministe où tout est joué d'avance. La notion s'appauvrit si tout ce que nous voulons figure déjà dans les lois mécaniques et dans le moindre détail. C'est une grande partie du sens de l'existence qui disparaît dans un tel monde. Où trouver le moi et la responsabilité personnelle ? Le libre arbitre suppose l'existence de plusieurs possibilités. Les lois naturelles ne sont pas les seules à décider du cours des événements, un choix est possible. Dans un monde où tout est écrit d'avance, le hasard représente la sortie de secours. Mais ce n'est qu'une réflexion personnelle, bien sûr…

## Des incertitudes

En mécanique quantique, impossible de prendre les mesures et les observations à la légère. Dans une vision classique du monde, celui-ci existe indépendamment du spectateur. Nous pouvons l'observer du haut d'une tribune, sans pour autant participer. En mécanique quantique, c'est impossible. Si nous observons le monde, nous y participons forcément et influençons le cours des choses.

D'un point de vue classique, à condition d'être minutieux et patient, on peut mesurer à peu près tout et n'importe quoi avec une précision infinie. Dans le monde de la mécanique quantique, on s'aperçoit que la précision de nos connaissances de la nature est limitée. C'est la *relation d'incertitude* ou *principe d'incertitude* d'Heisenberg qui nous met des bâtons dans les roues. Ce principe porte le nom du physicien allemand Werner Heisenberg (1901-1976), l'un des pères fondateurs du développement de la mécanique quantique. Heisenberg est l'un des rares physiciens à être resté en Allemagne nazie pendant la Deuxième Guerre mondiale. Einstein, qui était juif, est parti à temps pour les États-Unis. Le rôle d'Heisenberg pendant la guerre a été très débattu, surtout son rôle dans le programme allemand de développement de l'arme atomique. Était-il nazi dans l'âme ? Essayait-il plutôt, comme il l'a déclaré par la suite, de retarder par tous les moyens les tentatives allemandes ? Dans l'une de ses pièces, le dramaturge et écrivain anglais Michael Frayn raconte une rencontre entre Bohr et Heisenberg dans la Copenhague occupée de l'automne 1941. Ils auraient eu une conversation confidentielle portant notamment sur les évolutions de l'arme atomique allemande. Qu'ont-ils bien pu se raconter ? Les spéculations sont allées bon train... On trouve la réponse dans une lettre de Bohr à Heisenberg, écrite plus de dix ans après la fin de la guerre. La lettre n'a jamais été envoyée. Elle a été rendue publique en 2002 et montre qu'Heisenberg était convaincu de la victoire allemande. La toute nouvelle physique atomique allait jouer un rôle déterminant dans cette victoire. Lors de la rencontre de Copenhague, il a même tenté de convaincre Bohr et d'autres physiciens danois d'aider les nazis dans cette victoire inéluctable.

Un autre projet de lettre de Bohr, rédigé plus tard, montre que les Alliés, fin 1943, avaient bien compris que les essais allemands importeraient peu pour l'issue de la guerre. Déjà à l'époque, l'objectif du projet Manhattan n'était donc pas tant de vaincre les Allemands, que de préparer l'après-guerre. Mais revenons-en à la physique.

Selon le principe d'incertitude, il est impossible, par exemple, de connaître très précisément à la fois la position d'une particule et son mouvement. Mieux est connue la position, moins l'est le mouvement. Et inversement. En fait, ce n'est pas totalement inattendu. Pour mesurer la position d'une particule il faut l'observer. Mais la lumière est composée de photons, qui peuvent déplacer et perturber la particule. Le principe d'incertitude est donc assez logique.

Une célèbre discussion entre Bohr et Einstein montre Einstein qui essaie de contourner les conclusions de la mécanique quantique, alors que Bohr montre sans arrêt que c'est impossible. Ce raisonnement pourrait s'appliquer si on essayait, par exemple, de regarder en catimini des électrons qui passent par deux fentes, en tentant de déterminer le chemin que choisira chaque électron. Admettons que l'expérience soit un succès. Cela posera problème pour expliquer la frange d'interférence produite. Pour créer une telle frange d'interférence, il faut que chaque électron passe par les deux fentes. En même temps. Mais dès que nous regardons les électrons, nous les influençons de façon incontrôlable. La connaissance que nous avons de leur position se traduit par une ignorance de leur trajectoire. L'incertitude devient si grande que la frange d'interférence est gommée, et les électrons touchent un peu n'importe où. Impossible donc d'obtenir une frange d'interférence et de connaître la trajectoire des particules. Ainsi, toute contradiction est évitée.

Bien entendu, on pourrait en conclure que nous sommes limités par nos mesures un peu maladroites. Mais ce n'est pas du tout le cas. On pense plutôt que la nature elle-même ignore la position précise de l'électron et ses mouvements. La question est tout simplement absurde (les physiciens adorent régler ainsi les questions épineuses, c'est une de leurs astuces favorites). N'oublions pas que, dans la pratique, notre conception de la réalité se fonde sur des mesures. Par définition, ce qui existe lorsqu'on ne regarde pas ne peut pas être mesuré, donc peu importe. Exactement ce qu'affirmait l'évêque Berkeley... Selon la mécanique quantique, le non-mesuré est par ailleurs indéterminé, et décrit par des ondes. Pourquoi faire une confiance quelconque à ce raisonnement étrange ? La réponse est simple : ça marche !

Heureusement, nous n'avons pas besoin de tenir compte du principe d'incertitude au quotidien. Sauf pour jouer à l'équilibriste avec un crayon à papier... Prenez un crayon bien taillé, et tentez de le faire tenir en équilibre sur sa pointe, ne serait-ce que quelques secondes. Pas évident. Parfois le crayon semblera hésiter un instant avant de tomber, mais il ne tiendra jamais très longtemps. Il faut en fait que le crayon soit parfaitement vertical et complètement immobile, mais le principe d'incertitude l'interdit. Même en s'assurant des conditions parfaites – une table qui ne bouge pas d'un pouce, on pourrait même imaginer de placer le crayon dans un récipient sous vide – il serait impossible de faire tenir le crayon plus de trois secondes environ. Et, dans la pratique, nous sommes bien loin de cette limite supérieure imposée par la mécanique quantique. Nous devons nous contenter de durées bien plus courtes.

Autre exemple de ce que peut créer la mécanique quantique : l'effet tunnel, phénomène étrange. L'énergie solaire provient de réactions nucléaires, j'y reviendrai plus tard. Des noyaux d'hydrogène entrent en collision pour former de l'hélium et de l'énergie. La température à l'intérieur du Soleil, à peu près quinze millions de degrés, n'est pas assez élevée pour que les noyaux d'hydrogène atteignent la vitesse suffisante permettant une véritable collision. À cause de leur charge électrique, les noyaux se repoussent, et le Soleil ne devrait pas pouvoir briller ! Mais grâce à la mécanique quantique, les noyaux d'hydrogène peuvent emprunter de l'énergie pendant un court instant. Ils se rapprochent alors suffisamment pour que les autres forces agissant sur les noyaux d'atomes prennent le dessus. La réaction nucléaire peut ainsi avoir lieu. Une autre façon de le dire est la suivante : les noyaux d'hydrogène subissent l'effet tunnel, phénomène qui permet au Soleil de briller.

Conclusion : ce qui est impossible en physique classique n'est souvent qu'improbable en mécanique quantique. Ce n'est pas tout à fait impossible que j'utilise l'effet tunnel pour entrer dans la cuisine sans ouvrir la porte. La probabilité de succès est cependant tellement infime que je vais choisir d'ouvrir la porte, plutôt que de m'exposer aux risques d'une expérience manquée. Et, très franchement, même ma femme ne croit sûrement pas sérieusement que son agenda est rentré du CERN par un tunnel…

## Le paradoxe EPR

Comme je l'ai déjà expliqué, la vision du monde proposée par la mécanique quantique ne plaisait pas à Einstein, pas plus que l'idée d'un Dieu joueur. Son aversion était telle qu'en 1935 il a voulu trouver une contradiction prouvant que la mécanique quantique n'était pas une théorie complète de la nature. Il y a travaillé en collaboration avec les physiciens Boris Podolsky (1896-1966) et Nathan Rosen (1909-1995). Ils pensaient avoir réussi, et le résultat de leurs travaux s'appelle le paradoxe d'Einstein-Podolsky-Rosen, abrégé *paradoxe EPR*. Einstein et ses collègues ont montré que, dans un monde régi par la mécanique quantique, il serait possible de communiquer à travers le temps et l'espace, contrairement à toutes les attentes. Il semblait falloir à la mécanique quantique des signaux envoyés à des vitesses supérieures à celle de la lumière. Pour Einstein, Podolsky et Rosen, cela signifiait que la description du monde réel proposée par la mécanique quantique devait comporter une erreur.

Par la suite, des expériences réelles ont été menées pour mettre les postulats du paradoxe EPR à l'épreuve. La première expérience est l'œuvre d'Alain Aspect à Paris en 1982. Pour ce type d'expérience, on utilise d'habitude des paires de photons, créées simultanément dans une source lumineuse. Ces photons vont ensuite chacun dans une direction pour être enregistrés par deux appareils de mesure différents. On mesure leur polarisation et les liens entre les résultats obtenus ont confirmé la mécanique quantique. Les liens mystérieux existent, bien que les mesures se fassent à des endroits différents et pile au même moment.

Pour aboutir à ce résultat, il faut appliquer un raisonnement assez complexe. Voici une petite métaphore qui pourra en donner une idée.

Imaginons que Voyageur entreprenne un voyage vers Enghien-les-Bains, alors que Pantouflard reste à la maison. Ils sont tous deux équipés d'un dé fourni par Jacques. Les dés sont parfaits, c'est-à-dire que personne ne peut prédire sur quelle face ils vont tomber. Le résultat sera un pur produit du hasard. Voyageur va jeter son dé un certain nombre de fois à Enghien-les-Bains, selon les instructions de Jacques. Pantouflard, resté à la maison, va jeter son dé le même nombre de fois. Ils notent tous les deux leurs résultats, tout à fait aléatoires. Lorsque Voyageur rentre à la maison, et compare ses résultats avec ceux de Pantouflard, ils s'aperçoivent avec le plus grand étonnement que leurs résultats sont identiques ! Et Jacques d'avouer fièrement que ses dés sont des dés de type EPR ! Ils donnent toujours des résultats identiques. Il explique aussi que Voyageur aurait très bien pu se rendre sur Pluton ou sur une étoile très éloignée. Les dés auraient eu le même comportement. Les dés communiquent donc d'une certaine façon à travers le temps et l'espace, pour coordonner leurs résultats. Des signaux mystérieux semblent pouvoir être transmis à des vitesses supérieures à celle de la lumière.

Ajoutons immédiatement qu'il est impossible de concevoir de tels dés dans la réalité. Cet exemple des dés de Jacques n'est qu'une métaphore. Mais, pour les photons et les électrons, les choses fonctionnent réellement comme je viens de le décrire.

Mais alors comment résoudre le problème ? On peut bien sûr répliquer que les dés ont déjà décidé quels chiffres ils montreront, avant le départ de Voyageur. Mais ce n'est pas si simple. Revenons-en aux photons. En partant du principe que les photons s'étaient décidés dès le départ, on s'aperçoit qu'il est impossible de faire les bonnes prévisions. Comme pour un électron qui passe par les deux fentes de l'expérience d'interférence : on ne peut pas dire qu'il suit une trajectoire bien déterminée. Impossible d'y échapper : les photons (ou les dés de Jacques) ne se décident qu'à la dernière seconde. Mais comment éviter dans ce cas les menaçants signaux plus rapides que la lumière ?

Avec un dé, le résultat est tout à fait aléatoire, c'est toute l'idée. Ni Pantouflard ni Voyageur ne peuvent donc influencer les jets de dé de façon contrôlée. Ils ne peuvent pas décider de lancer un deux ou un six. Par conséquent, ils ne peuvent pas envoyer de signaux non plus, et le risque du paradoxe n'existe plus. Imaginons à présent un télégraphe, qui peut envoyer des signaux en morse instantanément et partout dans l'univers. C'est une autre façon de comprendre le phénomène. Le seul défaut du télégraphe est que les signaux envoyés sont totalement aléatoires. Il n'existe aucune possibilité de les influencer pour donner une structure significative aux sons. Ce n'est donc pas particulièrement réconfortant de savoir que le destinataire reçoit exactement les mêmes signaux que ceux que nous envoyons. L'appareil ne permet absolument aucune communication. Mais il ne peut pas causer de paradoxes non plus…

C'est donc le hasard absolu de la mécanique quantique régissant l'univers qui nous permet de résoudre le paradoxe EPR. Les signaux menaçants existent encore, peut-être, mais grâce à un brouhaha aléatoire et impénétrable, nous ne pouvons pas les utiliser. Voilà également un argument fort qui plaide contre la possibilité d'un déterminisme absolu, et en faveur d'un réel hasard en mécanique quantique. Si le caractère aléatoire n'était pas absolu, si les résultats des mesures étaient tributaires d'un aspect caché du monde – on parle de variables cachées – alors cette physique violerait inévitablement les lois de cause et de conséquence.

Einstein, Podolsky et Rosen n'avaient rien contre les prévisions de la mécanique quantique en soi. Ce qu'ils n'appréciaient pas, c'est le caractère aléatoire absolu et la réalité toute relative qui semble être à la base de la mécanique quantique. Ils espéraient tout simplement qu'un concept plus apprivoisé viendrait remplacer celui-là. Mais aucune substitution n'a été trouvée… La grande majorité a d'ailleurs arrêté de chercher depuis longtemps.

On a tout simplement accepté l'existence d'une unité dans la nature qui va au-delà du temps et de l'espace. Si deux photons se trouvent à des endroits tout à fait différents de la galaxie, un lien peut tout de même exister entre leurs deux destinées. On ne pourra donc jamais considérer qu'un des photons mène une existence tout à fait indépendante de l'autre. Afin de ne pas donner lieu à des paradoxes du type voyage dans le temps, tout ceci doit être protégé par un hasard absolu et infaillible. Cela peut paraître très étrange, mais la mécanique quantique est le principe qui respecte le plus scrupuleusement les lois de cause et de conséquence, même si elle paraît les pousser dans leurs retranchements.

## *Beam me up, Scotty !*

> *Geordi : Suddenly it's like the laws of physics went out the window.*
> *Q : And why shouldn't they ? They're so inconvenient*[1] *!*
>
> Star Trek Next Génération, True Q

Dans la série de science-fiction *Star Trek*, on peut se déplacer d'un endroit à l'autre de façon bien étrange. Une machine merveilleuse transforme le voyageur en une sorte de rayon qui est ensuite envoyé à la destination souhaitée. La personne ne reprend sa forme initiale qu'une fois arrivée. C'est ce qu'on appelle la *téléportation*. Un tel concept suscite bien entendu des questions techniques, mais aussi philosophiques. Admettons qu'on vous ait montré le processus un certain nombre de fois. Chaque fois, tout semble bien se passer. Les personnes téléportées, des proches peut-être, assurent que ce n'est pas du tout désagréable. À l'arrivée elles

1. « *Téléporte-moi, Scotty !* Geordi : C'est comme si les lois de la physique avaient soudainement disparu. Q : Et pourquoi pas ? Elles sont si encombrantes ! » Traduction libre.

vont bien et se sentent tout à fait comme d'habitude. Reste à savoir si vous seriez prêts à tenter l'expérience ! Admettons que nous pouvons faire abstraction des risques de l'exercice puisque tout a été testé. Pour ma part j'y réfléchirais tout de même à deux fois… Comment être certain que ma conscience est réellement copiée et transférée ? Peut-être que mon identité, le moi, est détruite. Ce serait un nouvel individu, avec mon apparence extérieure et mes souvenirs, qui se matérialiserait après le voyage. Pour mes proches, impossible de voir la différence, mais pour moi bien sûr elle est énorme. Pour pousser l'idée à l'extrême, imaginons qu'il y ait un problème malgré tout. Une copie serait téléportée à destination, mais l'original lui ne serait pas dissous, il ne disparaîtrait pas. Il existe donc deux versions de moi ! Mais comment savoir quelle est la bonne ? Pourrais-je donner mon accord à la destruction de l'original une fois que l'erreur est réparée ? Serais-je vraiment sûr et certain que la copie téléportée poursuivrait la vie qui était la mienne ?

Il est possible qu'il existe un petit lien entre ces difficultés et la mécanique quantique… Laissons-nous aller, et jouons tout de même avec l'idée. En mécanique quantique, il existe un phénomène étrange appelé téléportation justement. Peut-être en a-t-on exagéré le mystère. En fait, ce n'est pas plus compliqué que le paradoxe EPR dont je vous ai déjà parlé. Et on y utilise justement les étranges corrélations EPR.

Grâce au paradoxe EPR, on peut effectuer une téléportation permettant d'assurer que l'objet qui arrive à destination n'est pas seulement une copie exacte de l'original, mais qu'il lui est parfaitement *identique*.

Pour y parvenir, il faut disposer d'une grande quantité de particules liées par le paradoxe EPR. L'une des particules de la paire se trouve chez l'expéditeur, l'autre chez le destinataire. L'expéditeur effectue des mesures précises de ce qui sera envoyé, et à l'aide de ces résultats il travaille sur les particules EPR qu'il a en sa possession. Le résultat des mesures est ensuite envoyé au destinataire, par courrier tout à fait ordinaire par exemple. Le destinataire pourra alors, à l'aide de l'information reçue, travailler sur ses particules EPR et reconstituer ce que l'expéditeur voulait lui faire parvenir. Et le résultat ne sera pas seulement le même, il sera *identique* à l'objet d'origine. L'information sur l'apparence de ce que l'on souhaite envoyer est reçue par la poste, mais l'identité elle-même est envoyée grâce aux corrélations EPR. On a réussi à téléporter ainsi des électrons, et même certains atomes. Jusque-là, nous ne sommes pas dans la science-fiction... Et on pourrait imaginer de réussir l'expérience pour plusieurs particules en même temps. Ou même pour des personnes comme vous et moi...

Mais quel est donc le lien avec les questions existentielles que j'évoquais précédemment ? En mécanique quantique, il existe une interdiction de copier. Impossible donc de créer une copie parfaite sans détruire l'original. Et donc impossible de compléter une téléportation sans détruire l'objet que l'on souhaite envoyer. Si je devais être téléporté, il faudrait m'analyser dans les moindres détails et décomposer mon corps en morceaux minuscules. Il ne resterait rien. Si ce processus n'est pas suivi, je n'aurais aucun moyen de me rematérialiser après la téléportation. Et c'est justement pour cette raison que les questions complexes que j'évoquais ne se poseront jamais. Peut-être est-ce un argument pour oser une téléportation, malgré tout ? Je préférerais tout de même faire le chemin à pied, si c'est possible…

## Le chat de Schrödinger et l'ami de Wigner

*La première chose à comprendre en ce qui concerne les univers parallèles,*
*explique le Guide, c'est qu'ils ne le sont pas, parallèles.*
*Il est également important de comprendre que ce ne sont pas non plus,*
*à proprement parler, des univers,*
*mais il est plus facile d'essayer de comprendre ce second point*
*un peu plus tard, une fois qu'on se sera bien imprégné du fait*
*que tout ce qu'on avait cru comprendre jusqu'ici est faux*[1].

Douglas ADAMS, *Globalement inoffensive*

Pour de petits électrons ou autres bizarreries microscopiques, on peut éventuellement accepter l'application des lois étranges de la mécanique quantique. Et pour les éléments de plus grande taille ? Tout ce qui est grand est composé de petit. On peut donc se demander, à juste titre, si la mécanique quantique s'applique à notre vie quotidienne. Qu'en est-il pour les chats par exemple ?

Erwin Schrödinger, l'un de ceux qui ont découvert la mécanique quantique, a imaginé une expérience

1. Paris, Denoël, 1994, p. 57.

assez incroyable. Elle consiste à enfermer un pauvre chat dans une boîte avec une fiole d'acide cyanhydrique. Un mécanisme ingénieux brisera la bouteille, qui libérera son poison, si un noyau d'atome spécifique se désintègre. Pendant la durée de l'expérience, il y a 50 % de chances que le noyau se désintègre et que le chat meure. Il y a donc bien entendu 50 % de chances pour que rien ne se produise, et que le chat survive. Impossible de savoir ce qui s'est passé avant d'ouvrir la boîte et de vérifier.

De la même façon qu'un électron peut, en quelque sorte, se trouver à plusieurs endroits à la fois, un noyau d'atome peut être désintégré et entier en même temps. La mécanique quantique nous force à accepter cet étrange phénomène naturel. L'appareil de Schrödinger lie maintenant le destin du chat au noyau de l'atome. Si le noyau peut être désintégré et entier en même temps, alors cela doit valoir aussi pour le chat. Le chat est donc mort et vivant en même temps, et ce n'est qu'après vérification que l'une des hypothèses se réalisera.

Cette situation étrange de deux réalités superposées est décrite par les ondes de la mécanique quantique, ou les *fonctions d'onde* et leurs interprétations des probabilités. Le système ne pourra se décider pour telle ou telle solution qu'après vérification. À ce moment-là, la fonction d'onde se regroupe autour de ce qui s'est vraiment produit. Elle stipule après coup que la probabilité que cela se produise est de 100 %. On dit que la fonction d'onde s'effondre. La question clé qui nous occupe depuis plusieurs décennies est la suivante : *quand la fonction d'onde s'effondre-t-elle ?* Lorsque nous regardons le chat ? Suffit-il qu'un électrocardiogramme n'enregistre plus les battements de son cœur ? Faut-il d'abord lire les résultats sur l'appareil ? Suffit-il que notre rétine enregistre l'image ? Ou faut-il que le signal arrive au cerveau, et si oui à quelle partie ? Nous pouvons aussi appeler à notre secours l'ami de Wigner, un type prêt à tout qui s'équipe d'un masque à gaz et s'enferme avec le chat, simplement pour contribuer à l'effondrement de la fonction d'onde. Quelle sera l'influence sur le résultat final ? C'est Eugene Wigner (1902-1995), physicien théoricien américain, d'origine hongroise et travaillant à l'université de Princeton, qui a inventé l'ami de Wigner. Le prix Nobel lui a été décerné en 1963 pour ses contributions à la mécanique quantique. Sa sœur a épousé Paul Dirac, l'un des plus grands physiciens du XXe siècle. J'ai pu jouer moi-même les amis de Wigner lorsque je lui ai montré le chemin des toilettes lors d'une conférence à Princeton…

Ces questions assez complexes donnent lieu à trois types de réponses. Une variante de la troisième possibilité pourrait bien être la bonne. Mais voyons quelles sont ces possibilités !

La première interprétation, la *théorie du flou*, peut être attribuée à John Wheeler. Selon Wheeler, c'est la pensée humaine qui contribue à l'effondrement de la fonction d'onde, et donc qui crée la réalité. Les conséquences de cette interprétation sont énormes. Il est tentant d'en conclure que l'univers lui-même n'est devenu réalité que lorsque la première conscience a ouvert les yeux et vu le monde. Ce n'est qu'à partir de ce moment-là que toute l'histoire, remontant jusqu'au Big Bang, s'est vraiment déroulée et a pris tout son sens. Sans conscience, l'univers n'a aucun sens, mais au-delà de cela il ne peut pas exister, tout simplement. La question maintenant est de savoir qui peut compter parmi les spectateurs conscients ? Est-ce une caractéristique réservée à l'être humain, ou peut-on l'attribuer à d'autres êtres vivants ? Et les chats dans tout cela ? Qui peut faire s'effondrer une fonction d'onde ? On peut se demander ce que cela donnerait si nous perdions cette capacité… Le monde deviendrait de plus en plus difficile à comprendre, avec toute une série d'interprétations possibles. Il ne retrouverait sa clarté d'antan que si nous pouvions le regarder à travers les yeux d'autres êtres, plus chanceux. Comment nommer ce défaut ? Je propose de le baptiser le *syndrome von Neumann*. John von Neumann (1903-1957) est un physicien germano-américain qui a étudié de près la question des mesures et l'importance de l'effondrement de la fonction d'onde. Ce syndrome serait bien sûr un handicap majeur, et le patient perdrait sans aucun doute la raison rapidement. Mais si les chiens ont la capacité de faire s'effondrer la fonction d'onde, nous pouvons garder l'espoir d'une vie décente. On pourrait imaginer d'attribuer un chien-guide à tous les patients atteints du syndrome von Neumann. D'un seul regard, il pourrait rassembler le monde, lui rendre tout son sens. Sinon le monde resterait désespérément indécis.

L'interprétation suivante est peut-être encore plus étrange. On l'appelle la *théorie des mondes multiples* et on la doit à Hugh Everett, étudiant de Wheeler. Selon lui, la fonction d'onde ne s'effondre pas, tout simplement. Toutes les réalités superposées se réalisent. À chaque instant, l'univers se divise en plusieurs copies où se produisent différents événements. Normalement, cela devrait s'appliquer à notre conscience également, avec toute une série de conséquences étranges pour la notion de libre arbitre. On peut se consoler en se disant que, si on regrette une action, il existe toujours, selon cette interprétation, un monde où on a fait le bon choix. Malheureusement l'inverse est tout aussi vrai…

Le cinéma traite volontiers du sujet, même si c'est sans aucun lien avec la physique. Dans la comédie britannique *Sliding Doors* de 1998, avec John Hannah et Gwyneth Paltrow, le spectateur est amené à suivre deux histoires différentes. Dans l'un des mondes, l'héroïne manque son train parce qu'elle est ralentie par une petite fille dans l'escalier. Dans l'autre monde, la maman intervient et déplace la petite fille. L'héroïne prend son train et sa vie un tout autre cours… Les deux histoires sont montrées dans le film, et elles sont aussi réalistes l'une que l'autre.

C'est seulement si on l'utilise pour une prévision quelconque que cette théorie des mondes multiples prend tout son sens. Peut-on prouver d'une manière ou d'une autre l'existence des mondes parallèles ? Dans un chapitre précédent, j'ai parlé des voyages dans le temps et des éventuels paradoxes qui pouvaient en découler. J'ai également évoqué une façon astucieuse de se tirer d'affaire et de permettre l'existence des machines à remonter le temps. Grâce à la théorie des mondes multiples, la mécanique quantique nous offre une possibilité supplémentaire. Si j'effectue mon voyage dans le temps pour pousser mon arrière-arrière-grand-père dans le vide avant qu'il ne rencontre sa future épouse, je suis libre de le faire, bien sûr. Mais, ce faisant, je crée une nouvelle histoire du monde au cours de laquelle je ne naîtrai jamais. Cette histoire existera en parallèle de celle dont je suis originaire. Et même si cela peut paraître bizarre, le raisonnement ne comporte rien de paradoxal ou de contradictoire. Les voyages dans le temps deviennent possibles, à condition d'être prêt à en payer le prix : des histoires parallèles.

On peut aussi comprendre ce que nous réservent les futurs progrès techniques avec plusieurs mondes à notre disposition. On peut utiliser la mécanique quantique pour concevoir des ordinateurs bien plus performants que les ordinateurs traditionnels les plus puissants. C'est au moins ce que l'on espère. L'objectif d'un ordinateur quantique est d'effectuer plusieurs calculs différents simultanément, de la même façon qu'un électron peut se trouver à des endroits différents en même temps.

Des ordinateurs dans des mondes parallèles effectuent ensemble des calculs qui seraient exagérément longs pour un seul ordinateur. Les résultats sont ensuite combinés à l'aide de l'interférence. Mais comment protéger l'ordinateur d'une influence extérieure pendant la durée des calculs ? Dans le cas de l'électron qui passe par deux fentes, il est important que personne ne l'observe en douce, sinon la frange d'interférence ne peut pas se constituer. On ne sait donc ni quand, ni si, les ordinateurs quantiques existeront réellement.

Troisième interprétation, celle du *tout-le-monde-s'en-moque*. On l'appelle plus communément interprétation de Copenhague, d'après Bohr et d'autres physiciens de Copenhague. Selon cette interprétation, nous devrions nous contenter de prédire les résultats des mesures, ou au moins d'en calculer les probabilités. C'est tout ce que nous avons de concret. Pourquoi croire qu'un sens est possible au-delà de cela ? Ne pas confondre la carte avec la réalité, voilà le secret. Les fonctions d'onde, et autres objets mathématiques auxquels nous faisons appel pour utiliser la mécanique quantique, doivent être perçus comme des outils pratiques, rien de plus. Peu importe la qualité du papier utilisé pour fabriquer la carte que nous regardons lors d'une promenade en forêt. Elle ne nous en dira pas plus sur la géographie de la forêt en question. De la même façon, cela n'a aucun sens d'étudier l'effondrement de la fonction d'onde pour en apprendre plus sur la nature. Goethe a écrit, en ne pensant ni à la mécanique quantique, ni aux promenades en forêt : « Qu'on n'aille rien chercher derrière les phénomènes : ils sont eux-mêmes la théorie. »

Et pour finir, la *bonne interprétation*. Nous avons affaire à la même idée de base que pour l'interprétation *tout-le-monde-s'en-moque*. On essaie simplement dans ce dernier cas de pousser la sophistication plus loin. Selon ce raisonnement, il est impossible et inutile d'évoquer la réalité qui existe entre deux séries d'observations. Dans le cas de l'électron qui passe à travers les deux fentes c'est impossible, nous l'avons vu. Mais lorsqu'il s'agit de chats, que ce soit le chat de Schrödinger ou celui du voisin, notre sens logique nous indique que même si ce n'est pas nécessaire, ce serait tout de même pratique ou tout au moins possible. C'est la différence fondamentale, et elle résout aussi en partie le paradoxe évoqué précédemment. Si nous interrogions le chat de Schrödinger – dans l'hypothèse où il survit – sur son ressenti dans la boîte, nous obtiendrions en principe une seule réponse. Si nous interrogions l'électron après son passage réussi dans les deux fentes, la réponse serait franchement confuse. Il nous raconterait de façon tout à fait convaincante qu'il n'a aucune idée de la fente par laquelle il est passé, et que tout s'est fait un peu dans le brouillard. Différence fondamentale : l'électron peut être isolé d'un environnement perturbateur, alors que pour un objet aussi grand et complexe qu'un chat, c'est impossible. Tous les effets de la mécanique quantique disparaissent dans le cas du chat, et nous pouvons raisonner à partir d'expériences classiques.

Conclusion : certes, le monde non observé devient métaphysique selon la mécanique quantique ; il perd son sens. Ce que nous voyons et ressentons est la seule réalité, et c'est tout ce qui mérite une description. Mais – et c'est important – la plupart du temps nous pouvons au moins *faire semblant* que le monde existe, même lorsque nous ne regardons pas. Au moins cela ne provoque pas de paradoxe.

John Wheeler raconte une histoire qui résume tout. Il devait jouer au jeu des vingt questions avec quelques collègues. Les règles sont simples : l'un des participants quitte la pièce et les autres se mettent d'accord sur un mot. Celui qui est sorti revient et doit deviner le mot en posant des questions. On ne peut répondre aux questions que par oui ou par non, et l'objectif est de deviner le mot en vingt questions au maximum. Le tour de Wheeler arrive et, au départ, tout se passe normalement.

Il devient cependant de plus en plus difficile pour les autres participants de répondre aux questions de Wheeler. Il finit par lancer une réponse qui se révèle être la bonne : un nuage. Et tous les autres participants d'éclater de rire… En fait, ils avaient quelque peu changé les règles. Ils ne s'étaient pas mis d'accord sur un mot au préalable, mais avaient décidé de répondre aux questions de Wheeler de façon aléatoire, en s'assurant cependant que chaque nouvelle réponse était compatible avec les précédentes. Cela signifie que la solution, le nuage, n'existait pas au début du jeu, mais qu'elle est apparue grâce à l'interaction entre celui qui posait les questions et les autres.

Cela reflète également la représentation du monde selon la mécanique quantique. Wheeler est l'observateur qui mène une expérience pour en savoir plus sur la réalité. Les autres participants représentent la nature qui répond aux questions. Les lois naturelles sont celles qui stipulent que toute nouvelle réponse doit être cohérente avec les précédentes. La réalité, c'est le nuage qui n'existait pas avant que les questions soient posées, et qui est apparu par interaction.

Selon la mécanique quantique, la réalité est donc créée en interaction avec l'observateur. Mais l'observateur et l'objet observé coexistent également avec le monde qui les entoure. L'information circule, une partie est irrémédiablement perdue, le chaos augmente et c'est ainsi qu'est créé le flux du temps. Tout comme en thermodynamique. Et c'est en fait une vision tout à fait positive du temps. L'avenir n'existe pas encore, nous avons une possibilité d'influer sur son cours. Dans un monde parfaitement déterministe, par contre, tout est décidé à l'avance, et le temps perd son sens. Tout existe plus ou moins dès le départ. Ou comme l'exprimait un graffiti que John Wheeler a pu relever dans des toilettes publiques : *La Nature utilise le temps pour éviter que tout ne se produise en même temps.*

# 7
# L'espoir de Strindberg

*Où Strindberg tente de produire de l'or,*
*et lord Kelvin met les pieds dans le plat*
*pour la deuxième fois.*

La première fois que j'ai vu les taches du Soleil, j'avais onze ans. On venait de m'offrir mon premier vrai télescope. Un réfracteur six centimètres d'occasion, dont je rêvais depuis longtemps grâce au merveilleux catalogue Clas Ohlson. Le tube était en métal gris, avec un montage complexe en fonte noire et de longs pieds fins en bois. À l'aide de cet instrument, j'allais entreprendre ma première mission d'exploration – non seulement au-delà du village que j'habitais, mais aussi au-delà de la Terre…

Tous les jours, pendant de nombreux étés, j'ai suivi les taches de près et j'ai recopié leurs mouvements. J'étais bien conscient des forces terribles qui en étaient à l'origine, j'avais lu des descriptions de ce que je voyais dans les livres. J'emportais souvent mes précieux guides dans un arbre, où je pouvais tranquillement en apprendre plus sur ces mondes lointains, bien à l'abri au creux d'une branche. Peut-être que j'avais aussi le sentiment d'être un peu plus près du ciel…

Les livres sont toujours dans ma bibliothèque, mais le télescope a disparu depuis longtemps. Je l'ai vendu à quinze ans pour en acheter un neuf, plus grand, que j'ai encore. J'ai poursuivi mes observations de la surface changeante du Soleil. Mais rien ne remplace ces premiers étés à la découverte du monde…

## Quelques mots du Soleil

On sait certainement depuis la préhistoire que le Soleil n'est pas parfait, car il lui arrive d'arborer des taches. Parfois, elles sont si grosses qu'on peut les observer à l'œil nu. Au coucher du Soleil, ou s'il y a un peu de brume, elles ressemblent à des taches de rousseur sur une surface par ailleurs très lisse. Les plus anciennes observations du phénomène nous viennent de Chine ; elles remontent à plus de deux mille ans. Les écrits occidentaux anciens ne mentionnent en revanche que très rarement les taches du Soleil. Aristote avait décrété que le Soleil était un corps divin parfait, sans aucun défaut. Difficile parfois d'admettre la présence de quelque chose qu'on ne s'attend pas à trouver…

La compétition a été rude pour être le premier à observer les taches du Soleil au télescope. Galilée est sans aucun doute l'un des premiers à avoir réussi. C'est aussi lui qui a affirmé que le phénomène était bien lié au Soleil, plutôt qu'à d'autres corps situés entre nous et la surface du Soleil. Cette dernière option était préconisée par le jésuite Christoph Scheiner (1579-

1650). Il a longuement débattu des taches du Soleil avec Galilée, discussion qui s'est soldée par une profonde inimitié entre les deux hommes. Galilée et son raisonnement scientifique ont eu raison de l'argumentation de Scheiner, qui s'appuyait sur des préjugés religieux eux-mêmes basés sur les idées d'Aristote.

En fait, les taches sont des endroits plus frais de la surface solaire. La température n'y est que de 4 000 degrés, alors que pour le reste de la surface elle atteint les 5 500 degrés. Sur les photos ou les dessins, elles apparaissent comme des points plus sombres que ce qui les entoure. Elles le sont effectivement, mais si on en détachait une pour l'observer, elle serait tout de même éblouissante. Galilée en était déjà bien conscient. Elle brillerait aussi fort qu'une pleine lune, mais, à cause de sa température moins élevée, sa lumière serait bien plus rouge que celle du Soleil.

Le Soleil n'a pas toujours le même nombre de taches. Il change considérablement d'une année sur l'autre, et le cycle de onze ans est connu depuis longtemps : tous les onze ans, il y a plus de taches que d'habitude. Entretemps, il n'est pas impossible qu'il n'y en ait pas du tout pendant un certain temps. À ce moment-là, le Soleil approche donc de la perfection, son état naturel selon Aristote. Quand les taches sont nombreuses, le Soleil est actif de bien des façons. Le flux de particules qui s'en échappe, le vent solaire, est particulièrement fort, par exemple. Comme je l'ai déjà expliqué, c'est lui qui permet aux queues bleues des comètes d'être dirigées à l'opposé du Soleil, un peu comme des drapeaux flottant au vent. L'origine des aurores boréales est aussi à chercher dans le vent solaire. Les particules éjectées sont capturées par le champ magnétique terrestre, et elles entrent dans l'atmosphère au niveau des pôles. L'aurore boréale naît de la lumière émise lorsque ces particules entrent en collision avec les molécules d'air. Elle prend des couleurs différentes selon les atomes rencontrés : lumière verte pour l'oxygène, plutôt rouge pour l'azote.

C'est à une aurore boréale et à la comète Hale-Bopp que je dois l'un de mes souvenirs les plus marquants. Un soir du printemps 1997, juste après le coucher du Soleil, on voyait particulièrement bien la comète Hale-Bopp. Une aurore boréale spectaculaire était aussi au rendez-vous. La comète était parfaitement immobile, au milieu des grands voiles fluctuants de l'aurore boréale, ses deux queues tournées vers le haut. Et à travers le système solaire, le vent solaire soufflait. Le vent dirigeait pour partie les queues de la comète, et il créait pour partie l'aurore boréale. C'était tout simplement merveilleux. Une étoile filante est apparue, comme pour souligner la perfection du moment. Une météorite est entrée à toute vitesse dans l'atmosphère, et a laissé derrière elle une traînée de lumière à travers l'aurore boréale, juste sous la comète. Pendant un instant, nous avons frisé la perfection… Je ne reverrai sans doute jamais rien de tel.

Il est malheureusement très difficile de se faire une idée des événements dramatiques qui se déroulent quotidiennement à la surface du Soleil. Les protubérances, d'énormes langues de feu bien plus grandes que la Terre, sont projetées pour ensuite retomber sous l'effet de la gravité solaire. C'est un spectacle grandiose qui dure depuis des milliards d'années… Mais, pour le voir sans instruments complexes, il faut attendre une éclipse de Soleil. Lors de ces événements assez rares, on peut également voir l'atmosphère extérieure du Soleil, sa *couronne*. Telle une auréole de gaz de densité extrêmement faible, cette couronne atteint des températures d'un million de degrés, à cause des champs magnétiques et des collisions d'un Soleil bouillonnant. L'artiste inconnu de Boglösa essayait peut-être d'illustrer cette couronne, il y a plus de trois mille ans.

Pourtant le Soleil n'est pas tout à fait fiable, qu'il s'agisse des taches, ou d'autres activités. Le fameux cycle de onze ans n'existe que depuis quelques centaines d'années. Entre 1645 et 1715, le Soleil n'a pas eu de taches du tout. Entre 1400 et 1510 non plus. Galilée a eu beaucoup de chance lorsqu'il a trouvé ses taches, dans l'intervalle entre les minimaux de Spörer et de Maunder. Peut-être existe-t-il un lien avec les conditions climatiques très dégradées de l'époque, surnommée le petit âge glaciaire. Si le Soleil qui brillait sur Charles X en ce matin glacial de janvier 1658 avait eu quelques taches, l'Histoire nordique aurait pu prendre une autre tournure... Peut-être qu'Erik Dahlbergh aurait trouvé la glace trop fine, et qu'il n'aurait jamais traversé le Petit Belt[1]...

En revanche, un peu plus tôt, entre l'an 1000 et l'an 1300, il faisait particulièrement chaud. Le Viking Erik le Rouge avait fondé une colonie au Groenland en 985. Elle allait connaître son âge d'or durant ces siècles-là, et

1. Au service du roi Charles X de Suède, Erik Dahlbergh participe à la traversé du Petit Belt pris par les glaces, puis du Grand Belt. Suite à cette campagne, le roi de Danemark-Norvège Frédéric III, est contraint de signer le traité de Roskilde, perdant ainsi plusieurs provinces qui deviendront suédoises. (*N.d.T.*)

c'est également à cette époque que les Scandinaves découvrent l'Amérique. Vers le milieu du XIVe siècle, le climat s'était considérablement dégradé, et la colonie a fini par succomber. Peut-être parce que le Soleil avait commencé à perdre ses taches…

## Lord Kelvin met les pieds dans le plat pour la deuxième fois

Comment le Soleil peut-il briller ? Quelle est donc cette source d'énergie, apparemment intarissable, qui l'alimente ? C'est une question importante, et les physiciens y réfléchissent depuis plusieurs siècles. Notre manière de produire de l'énergie sur terre fournit un début de réponse. C'est le mouvement de l'eau qui est à l'origine de l'énergie hydraulique. L'énergie potentielle de l'eau se transforme en énergie cinétique lorsque l'eau tombe. Cette énergie peut ensuite être transformée en chaleur par exemple. Cette énergie thermique est en fait une énergie cinétique désorganisée. Les molécules entrantes bougent aléatoirement, plutôt que toutes ensemble dans la même direction. Peut-être que le fonctionnement du Soleil est semblable ? Peut-être qu'il brille et qu'il est chaud parce que sa propre gravité le contracte lentement ? Pour lord Kelvin et le physicien allemand Hermann von Helmholtz (1821-1894), c'était une explication tout à fait plausible. Sur cette base, ils ont pu déterminer l'âge du Soleil sans problème : à peu près trente millions d'années. À l'échelle humaine, c'est très vieux… Les géologues ont contesté, estimant que ce n'était pas suffisant. Ils ont étudié les montagnes et entrevu l'éternité. Un des grands géologues britanniques de l'époque, James Hutton, écrit en 1788 : « Nous ne trouvons ni traces d'un début ni perspective pour une fin[1]. »

Forcément, l'Église était en désaccord avec les géologues… Dans les années 1650, l'évêque James Ussher (1580-1656) avait daté la création de la Terre : dimanche 23 octobre de l'an 4004 av. J.-C. C'était d'ailleurs le premier dimanche après l'équinoxe d'automne de cette première année. L'évêque connaissait bien le décalage des saisons du calendrier julien, et avait calculé que l'équinoxe devait être décalé d'environ un mois en 4004 av. J.-C. L'équinoxe d'automne avait une importance particulière, c'était la saison des moissons. Adam et Ève, les nouveaux arrivants, seraient donc accueillis par un jardin d'Éden débordant de vivres. Mais il semble avoir oublié un petit détail fâcheux : c'est le Soleil qui définit l'équinoxe d'automne, en passant de l'hémisphère nord à l'hémisphère sud. Or celui-ci n'est créé que le quatrième jour, donc le mercredi 26 octobre. Mais pardonnons à l'évêque Ussher ce petit oubli… Que la Terre soit créée un dimanche relevait de l'évidence. Ainsi le septième jour, le premier jour de repos, tombait le samedi 29 octobre. Et selon le calendrier juif c'est justement le samedi, ou sabbat, qui doit nous rappeler que Dieu a terminé son œuvre. On pensera ce que l'on veut de l'évêque Ussher, toujours est-il qu'il savait compter. Le 29 octobre de l'an 4004 av. J.-C. était bien un samedi !

1. Traduction libre d'après James Hutton, *Theory of the Earth*, 1795.

Pour calculer la date de création de la Terre, l'évêque avait effectué, comme tant d'autres, des études approfondies de la chronologie biblique et de son arbre généalogique. Tous ces calculs mis à part, la signification particulière du chiffre 4004 peut également expliquer le choix de cette date. 4004 est divisible par 28 par exemple, un chiffre qui correspond à la durée du cycle solaire. Tous les vingt-huit ans, les jours de la semaine tombent à nouveau aux mêmes dates. En tout cas selon le calendrier julien ; selon le grégorien il y a des décalages autour des changements de siècle qui sont exclus des années bissextiles. Mais prenons le calendrier julien : l'année de naissance du Christ et l'année de création de la Terre auraient le même calendrier – le Créateur n'a pas pu louper cela !

Un soutien anonyme a permis au calcul de l'évêque Ussher de devenir le seul valable, grâce à son intégration dans une édition anglaise de la Bible en 1701, la St. James Bible. Il est plutôt facile de nos jours de considérer les calculs de l'évêque Ussher comme pure folie, et les commentaires sarcastiques sur son œuvre ne manquent pas. L'évêque a pourtant fait de son mieux étant donné les circonstances. La théologie et la numérologie en dangereuse combinaison constituaient la seule vérité…

La géologie a cependant réfuté les théories de l'évêque Ussher, et son monde jeune de quelques milliers d'années. Des processus lents et réglementés, formant pendant des millions d'années le monde actuel, ont remplacé une histoire marquée par des changements brutaux et des catastrophes. Le monde était vieux, très vieux même. Sans cette nouvelle vision, pas de théorie de l'évolution de Charles Darwin. La vie n'aurait jamais pu se développer sans les époques infinies présentées par les géologues. Lorsque lord Kelvin a fait appel à la physique pour remonter le temps, au sens propre du terme, l'enjeu était donc énorme. Kelvin était convaincu, dans toute son arrogance, qu'il avait à son tour anéanti la géologie. Cela inquiétait grandement Darwin : « L'avis de Thomson sur le jeune âge de la Terre a longtemps été l'un de mes plus graves soucis », aurait-il dit.

La nouvelle vision du monde ne semblait pas promise à un brillant avenir…

Mais lord Kelvin ne s'est pas contenté de vouloir calculer l'âge du Soleil.

Établir de façon indépendante l'âge de la Terre serait au moins aussi intéressant ! Voici le raisonnement suivi pour arriver à une estimation : on sait que l'intérieur de la Terre émet de grandes quantités de chaleur. On peut donc en déduire que la Terre devait être plus chaude à une époque plus éloignée. Grâce à quelques notions élémentaires de thermique, on peut calculer sa température à cette époque. Arrivons-en à la clé du raisonnement : en remontant suffisamment loin, on trouvera une époque à laquelle la surface de la Terre était un océan de lave à l'état liquide. Sur cette base, on peut dater l'apparition d'une croûte terrestre solide. Cela devrait nous donner une idée de l'âge de la Terre elle-même. Kelvin a fixé cet âge à cent millions d'années.

Les âges de la Terre et du Soleil se correspondent plutôt bien selon les calculs de Kelvin, c'est assez intéressant. Les deux résultats sont issus de raisonnements totalement différents ; on pourrait se dire, à juste titre, que la réalité ne doit pas être loin. C'est assez rare que deux raisonnements distincts et faux donnent des résultats similaires. Et pourtant les deux raisonnements allaient se révéler totalement fantaisistes... La nouvelle physique allait corriger l'âge de la Terre et celui du Soleil de façon radicale.

## Les secrets du noyau de l'atome

Pierre Curie (1859-1906) découvre en 1903 que le radon, élément mystérieux, émet de la chaleur. C'est cette même année que Pierre et Marie Curie (1867-1934), née Marie Sklodowska, partagent le prix Nobel de physique avec Henri Becquerel (1852-1908), pour leur découverte de la radioactivité. Marie Curie allait également se voir décerner le prix Nobel de chimie huit ans plus tard. On découvre un tout nouvel aspect de la nature avec la radioactivité et sa capacité à générer de la chaleur. Cela bouleverse le point de départ du raisonnement de lord Kelvin. Il devient évident qu'il existe d'autres sources de chaleur que celles reconnues par les physiciens du XIXe siècle. Ces sources pourraient permettre au Soleil de briller incroyablement longtemps. Les volcans sur terre pourraient cracher de la lave pendant tout aussi longtemps...

Mais encore une fois, ne montons pas sur nos grands chevaux ! Étant donné les connaissances disponibles à l'époque, Kelvin est parvenu aux bonnes conclusions. Il a poussé le paradigme existant à l'extrême. Si celui-ci donne les mauvaises prévisions, c'est sans doute que nous sommes sur le point de découvrir de nouvelles connaissances. Un grand scientifique comme Kelvin n'était pas sans le savoir. Pour lui, les conclusions de la vieille physique sur l'âge du monde étaient inévitables, *à moins que de nouvelles sources d'énergie, encore inconnues, n'aient été stockées par la création.*

Encore une fois, Kelvin a mis le doigt sur l'essentiel, même s'il a laissé à d'autres le soin de trouver la voie vers ces nouveautés.

On raconte une anecdote sur une conférence tenue par Rutherford en 1904, portant sur les nouvelles conceptions de l'âge de la Terre. Parmi les éminents membres de l'assistance, Rutherford aperçoit – oh ! horreur ! – un lord Kelvin vieillissant. Celui-ci ne parvient cependant pas à garder les yeux ouverts pendant toute la conférence et s'assoupit... Cela aurait pu être rassurant pour Rutherford, mais voilà que Kelvin se réveille au moment critique. Rutherford s'en sort alors par une pirouette, qualifiant Kelvin de prophétique et déclarant que c'est sa lucidité qui a indirectement permis de prédire la découverte du radon. Un Kelvin satisfait a pu tranquillement se rendormir...

La radioactivité est donc la source de chaleur qui permet à l'intérieur de la Terre de rester à l'état liquide, et ce, depuis une époque déterminée par les géologues. Nous vivons en fait sur une Terre en fusion, dont l'âge peut être évalué en milliards d'années. Selon la physique nouvelle, les éléments ne sont pas statiques mais évolutifs. Voilà donc la clé du mystère de l'alchimie, la méthode pour fabriquer l'or. On retrouve déjà la trace de ces espoirs des alchimistes chez les prêtres de l'ancienne Égypte. Les tentatives se sont ensuite poursuivies dans le plus grand secret jusqu'au XVIIe siècle, avant de finalement cesser. Personne n'a jamais réussi à fabriquer de l'or, bien entendu. Mais certains n'ont jamais voulu abandonner, et sont restés fascinés par l'alchimie jusqu'à des époques bien plus récentes.

Dans *Inferno*[1], Strindberg nous raconte ses propres expériences maladroites d'alchimiste. Dans sa chambre à Paris, il mène des expériences sur du plomb et du silicium. Il espérait pouvoir en tirer de l'or, à condition de trouver les bonnes astuces. Naturellement ses expériences étaient vouées à l'échec. Pour transformer un élément en un autre, surtout en or, les méthodes de Strindberg étaient bien insuffisantes. C'est le noyau de l'atome qui détermine la nature des éléments. Pour manipuler ce noyau, il faut un équipement bien plus sophistiqué que ce qu'on pourrait trouver dans une petite chambre à Paris. C'est la charge positive du noyau qui détermine la nature de l'élément. Cette charge indique à son tour le nombre d'électrons que comporte l'atome, et ses caractéristiques chimiques en découlent. Ce sont les protons, combinés aux neutrons, qui constituent le noyau de l'atome. Les protons, à charge positive, déterminent la charge du noyau. Plus il y a de protons, plus la charge est importante. Un neutron n'a pas de charge, mais son poids est semblable à celui d'un proton. Le nombre total de protons et de neutrons que comporte le noyau, aussi appelés *nucléons*, permet de mesurer la masse du noyau de l'atome – on parle aussi de masse atomique. Et c'est justement la masse atomique que Strindberg avait en tête lors d'une promenade dans Paris, pour admirer une statue qui lui

1. August Strindberg, *Inferno*, Paris, Mercure de France, 1966.

plaisait. Quel ne fut pas son étonnement lorsqu'il a trouvé deux bouts de papier au pied du monument ! L'un comportait le chiffre 207, l'autre 28. Le noyau du plomb compte 82 protons et 125 neutrons, c'est-à-dire 207 nucléons. Le silicium, pour sa part, compte 14 protons et 14 neutrons, donc 28 nucléons. Voilà comment Strindberg a eu l'idée de mener ses expériences… Et à quoi correspondaient réellement les bouts de papier qu'il a trouvés ? Nous ne le saurons sans doute jamais…

Mais si le noyau de l'atome comporte des protons à charge positive, comment peut-il rester entier ? Normalement, les particules de même charge se repoussent l'une l'autre, et la charge électrique devrait donc faire éclater le noyau d'atome. La seule composition possible devrait être celle correspondant à un proton, c'est-à-dire celle du noyau de l'hydrogène. Fort heureusement, une autre force est à l'œuvre dans les noyaux d'atome ! On l'appelle l'*interaction forte*. Sa force dépasse la charge électrique, et elle permet ainsi l'existence d'éléments plus lourds. Les neutrons n'ont pas de charge, mais ils ressentent tout de même les effets de l'interaction forte. Ils agissent comme une colle dans le noyau. Si les neutrons sont en nombre insuffisant, le noyau implose. S'il y a trop de neutrons, ce n'est pas une bonne chose non plus, c'est la colle qui déborde. Mesure en toute chose. Mais, s'il y avait une erreur malgré tout, quelles en seraient les conséquences ?

Un noyau d'atome qui n'est pas satisfait de son sort peut réagir de quatre façons différentes. Dans trois de ces cas, le noyau va émettre différents types de rayonnement, correspondant aux trois premières lettres de l'alphabet grec : alpha (α), bêta (ß) et gamma (γ). Le rayonnement α correspond à l'émission par le noyau d'atome d'un noyau d'hélium, composé de deux protons et deux neutrons. Pour le rayonnement ß, c'est l'émission d'un électron. Et, pour finir, le rayonnement γ signifie l'émission de lumière de haute énergie.

Le césium-137, qui s'est répandu sur l'Europe du Nord après la catastrophe de Tchernobyl, était la source de rayons ß et de rayons γ. Pour qu'un noyau de césium émette un rayon ß, il faut attendre trente ans en moyenne. Le noyau se transforme alors en baryum par la transformation d'un neutron de césium en proton. La portée du rayonnement n'est pas particulièrement longue. Le seul risque réel est d'ingérer du césium-137. Dans le corps humain, cet élément a en effet une fâcheuse tendance à vouloir remplacer le potassium, nécessaire à nos cellules. Nous sommes souvent en carence de potassium, et s'il n'y a pas de potassium sous la main, le césium peut prendre sa place. Stratégiquement placé dans les cellules, le césium-137 peut vraiment devenir très fâcheux. Et ce n'est pas tout. Les noyaux de baryum, créés lors de la décomposition du césium-137, ne pourront trouver le repos que lorsqu'ils auront émis des rayons γ.

Autre exemple important d'un noyau d'atome qui se décompose par rayonnement ß : le carbone-14, une variante du carbone. Le carbone normal, appelé carbone-12, est composé de six protons et de six neutrons. Le carbone-14, lui, a deux neutrons de plus. Il en transforme un en proton. Résultat : un noyau à sept protons et sept neutrons, soit de l'azote tout simplement… La demi-vie du carbone-14 est de cinq mille sept cents ans.

Cela signifie qu'à peu près la moitié du carbone se sera transformée en azote au bout de cette période. Si aucun nouveau carbone-14 n'apparaissait, cet élément aurait disparu depuis longtemps. Mais grâce aux rayonnements cosmiques, du carbone-14 est créé en continu dans l'atmosphère. C'est pourquoi une partie de tous les atomes de carbone, à peu près un sur mille milliards, est en fait du carbone-14. Ce carbone-14 fait partie du cycle biologique, comme le carbone ordinaire. Mais que se passe-t-il alors lorsqu'un organisme meurt ? Le contact avec le cycle est rompu, et le taux de carbone-14 diminue. Plus la date de la mort de l'organisme est éloignée, moins il comporte de carbone-14. Cet élément est donc une méthode idéale pour dater de vieux objets, et c'est un outil indispensable pour les archéologues.

La composition du noyau est parfois si fantaisiste qu'aucun de ces trois rayonnements ne lui suffit. Le noyau va alors tout simplement se diviser en deux, plus d'éventuels déchets. On parle alors de *fission*. La masse des nouveaux éléments additionnés sera un peu inférieure à la masse du noyau d'origine, l'excédent d'énergie étant émis sous forme d'énergie cinétique. Celle-ci pourra à son tour générer de la chaleur. C'est ainsi qu'un réacteur nucléaire fait bouillir l'eau, et que la Terre conserve sa température depuis des milliards d'années. Prenons l'exemple des noyaux d'uranium-235 : lorsqu'ils se décomposent, ils libèrent un neutron ou deux qui pourront ensuite servir à décomposer d'autres noyaux, etc. C'est le début d'une réaction en chaîne. Si elle accélère de façon incontrôlée, tout peut se terminer en explosion. C'est le cas pour une arme nucléaire.

Mais comment fabriquer de l'or ? Comment résoudre le vieux mystère des alchimistes ? Aucune méthode ne tiendrait la route financièrement, même si en physique nucléaire, il existe plusieurs méthodes pour transformer un élément en un autre. Même dans les déchets des centrales nucléaires, on retrouve de toutes petites quantités d'or.

Non seulement le noyau de l'atome a donc expliqué l'âge impressionnant de la Terre, il a également fourni un outil pour le dater. Car même si la Terre est vraiment très, très vieille, on aperçoit tout de même les *traces d'un début*. Dans le monde de l'évêque Ussher, la datation au carbone-14 aurait amplement suffi à dater d'éventuels restes du pommier d'Ève. On aurait ainsi pu remonter jusqu'à la création. Mais dans le monde réel, extrêmement vieux, la datation nécessite un recours à d'autres substances radioactives, l'uranium-238 par exemple. L'uranium-238 se décompose par étapes en plomb. Sa demi-vie est d'à peu près 4,5 milliards d'années. C'est parfait pour une estimation de l'âge de la Terre. Les expériences montrent que la Terre aurait à peu près 4,5 milliards d'années. Elle est donc presque cinquante fois plus vieille que ce que croyait lord Kelvin, et presque un million de fois plus que ne le croyait le vieil évêque.

## Voilà pourquoi les étoiles brillent !

Et les estimations de lord Kelvin pour l'âge du Soleil ? Pourquoi brille-t-il ? Eddington (celui de la déformation de la lumière et de l'éclipse de Soleil) a calculé que la température à l'intérieur du Soleil devait s'élever à plus de dix millions de degrés. Comme Kelvin, il a tout simplement utilisé la physique classique pour parvenir à ce résultat. Pour Eddington, seule la pression exercée par les rayons solaires pouvait contrer l'énorme gravité du Soleil. Reste à savoir d'où vient toute cette énergie. Mais, à de telles températures, il n'y a qu'une seule réponse possible, la *fusion*. Je vous ai déjà expliqué comment de grands noyaux d'atomes peuvent se décomposer ; l'addition des parties ainsi créées pèsera moins lourd que le noyau d'origine. L'excédent se transforme en énergie. Pour les petits noyaux, c'est l'inverse, il faut les combiner pour produire de l'énergie. Eddington pensait bien que de tels processus étaient à l'œuvre à l'intérieur du Soleil, mais dans les années 1920 personne ne l'a cru. Pourtant Eddington était sûr de lui, et il aurait déclaré : « Nous ne contestons pas celui qui affirme que les étoiles ne sont pas suffisamment chaudes pour permettre ce processus ; nous l'encourageons simplement à chercher un élément plus chaud ailleurs. »

Le Soleil est composé d'hydrogène, à environ 75 %. À très haute température, on peut fusionner l'hydrogène pour donner de l'hélium plus de l'énergie. En plus de l'énergie, on obtient des positrons, c'est-à-dire des antiélectrons, ou des électrons qui n'ont pas la bonne charge (positive dans ce cas). Quelques particules presque indétectables parviennent aussi à s'échapper, les *neutrinos*. J'y reviendrai plus longuement dans le chapitre suivant. Cela fait quatre milliards d'années que le Soleil brille ainsi, et il le fera pendant aussi longtemps encore… Nous avons vainement essayé de reproduire les conditions du Soleil ici sur terre. Si nous y parvenions, ce serait une source inépuisable d'énergie. Pour l'instant, nous n'y sommes parvenus que quelques millièmes de secondes, dans l'enfer de l'explosion d'une bombe à hydrogène. Une fusion contrôlée dont les objectifs seraient pacifiques n'est pas encore à notre portée…

La gravité n'est peut-être pas à l'origine de la lumière des étoiles comme le croyait Kelvin, mais c'est bien elle qui provoque la première étincelle. C'est l'implosion de nuages de poussière et de gaz sous leur propre poids qui crée une étoile. L'énergie cinétique générée par la chute de la matière se transforme en chaleur. La température finit par être si élevée que le feu de la physique nucléaire s'allume… Les noyaux d'hydrogène fusionnent pour former des noyaux d'hélium, et l'étoile se met à briller. Dans l'épée d'Orion, juste sous la ceinture aussi appelée les trois rois mages, on peut observer ce phénomène à l'œil nu, ou mieux encore avec de simples jumelles. C'est une pouponnière d'étoiles… La nébuleuse d'Orion est un gigantesque nuage de poussière et de gaz situé à 1 500 années-lumière environ. Les premières observations documentées de ce petit nuage datent du XVIIe siècle. Mais il a dû être observé à de nombreuses reprises bien avant cela. Pour les Mayas, cette zone correspondait au foyer de la création. Les deux étoiles des pieds d'Orion, Saïph et Rigel, forment un triangle avec le roi mage de gauche, Alnitak. Exactement comme les trois pierres d'un foyer maya. Et on trouve au milieu la nébuleuse fumante d'Orion. Cela permet une meilleure compréhension des mythes mayas de la création, mais aussi de la naissance des étoiles.

Une fois que l'étoile est créée, elle passe le plus clair de son existence à briller de façon stable. Sa durée de vie dépend de sa taille. Dans le cas du Soleil, il s'agit de dix milliards d'années environ. Son âge actuel est de quatre milliards et demi d'années, le voilà donc presque exactement à mi-chemin de son existence. Les très grandes étoiles, qui font jusqu'à cent fois la masse du Soleil (une étoile peut difficilement être plus massive), ne vivent que quelques millions d'années. Les petites étoiles, elles, vivent bien plus longtemps que le Soleil. Les plus petites peuvent briller jusqu'à des milliers de milliards d'années.

Et comment s'achève donc l'existence pacifique d'une étoile ? Elle finit par épuiser les ressources d'hydrogène de son noyau, tout simplement. L'étoile commence alors à utiliser l'hydrogène qui se trouve à proximité, et elle se transforme en géante rouge. Sa température baisse, d'où sa couleur rouge, mais elle gagne beaucoup en taille et en luminosité. Nous savons par exemple que Mercure et Vénus seront happées par le Soleil en expansion. Le sort de la Terre n'est en revanche pas connu. Peut-être qu'elle subira le même sort que ses deux voisines, plus proches du Soleil, ou peut-être qu'elle s'en sortira tout juste… Naturellement, tout cela ne se produira que dans cinq milliards d'années, mais il nous arrivera bien des malheurs avant. Depuis la naissance du système solaire, la luminosité du Soleil augmente doucement. Sa luminosité actuelle est supérieure de 30 % à celle de ses débuts. Dans un milliard d'années, il est tout à fait possible que ses rayons soient trop puissants pour permettre la vie sur terre. Cela fait un demi-milliard d'années que la Terre abrite des formes de vie évoluées – cela signifie qu'un tiers du temps disponible est déjà écoulé !

Quand il sera devenu une géante rouge, le Soleil se débarrassera progressivement de son atmosphère extérieure grâce à un vent solaire bien plus violent que celui qui souffle actuellement. Ce fort vent solaire emportera une grande partie de l'extérieur de la géante rouge. Le Soleil formera ainsi une bulle dans l'espace, une *nébuleuse planétaire*. Ces bulles sont assez éphémères et disparaissent au bout de quelques dizaines de milliers d'années. On peut en observer plusieurs avec un petit télescope, par exemple la nébuleuse de l'Anneau, dans la constellation de la Lyre. On se demande s'il y aura encore des yeux pour observer la bulle formée par la Terre un jour ? Lorsque la nébuleuse planétaire se sera décomposée, il ne restera que le noyau intérieur du Soleil. C'est ce que l'on appelle une *naine blanche* – les restes morts, mais pourtant toujours en fusion grâce à la chaleur restante.

## L'étoile d'Hamlet

*Hamlet* commence par une froide nuit près du château d'Elseneur, où deux soldats montent la garde. Ils essaient de convaincre l'ami d'Hamlet, Horace, qui reste dubitatif, qu'ils ont vu un fantôme. Selon l'un des soldats, le fantôme a l'habitude d'apparaître à un moment qu'il peut décrire ainsi : « C'était justement la nuit dernière, alors que cette étoile, là-bas, qui va du pôle vers l'ouest, avait terminé son cours pour illuminer cette partie du ciel où elle flamboie maintenant.

Marcellus et moi, la cloche sonnait alors une heure[1]… »

De quelle nuit s'agit-il ? De quelle étoile ? Une interprétation indique qu'il doit s'agir d'une nuit de novembre. Quant à l'étoile, plusieurs possibilités existent, mais l'une d'entre elles est particulièrement passionnante. En 1572, Tycho Brahé découvre une nouvelle étoile dans la constellation de Cassiopée. Pendant plusieurs mois, elle a brillé bien plus fort que les autres. Cette étoile prouvait que le ciel étoilé évolue, élément important pour le développement de l'astronomie. Et on voyait l'étoile le soir au mois de novembre justement, c'est important. L'indication *qui va du pôle vers l'ouest*, correspondait également assez bien. Quelle que soit sa vraie identité, Shakespeare était un petit garçon à l'époque. Il a très bien pu observer et s'étonner de cette nouvelle étoile, cette supernova de Tycho, une explosion stellaire aux proportions dantesques. Plus tard, il s'est peut-être souvenu de ce spectacle hors du commun et a choisi de l'immortaliser dans son chef-d'œuvre littéraire… C'est en tout cas l'avis de certains chercheurs américains de la Southwest Texas State University, Donald Olson, Marilynn Olson et Russel Doescher.

On pense en l'occurrence qu'il s'agit d'une supernova de type Ia, que Shakespeare l'ait vue ou pas d'ailleurs. Imaginons une naine blanche en orbite autour d'une géante rouge qui a pris tant d'ampleur que sa matière déborde sur la naine blanche. La naine blanche va s'agrandir grâce à cet afflux, mais les naines blanches

1. William Shakespeare, *Hamlet,* In Libro Veritas version électronique, 2005, acte I, scène 1.

ne peuvent pas grossir indéfiniment, comme je vais l'expliquer plus loin. Une fois la limite atteinte, l'étoile implose et les réactions nucléaires qui s'ensuivent font tout exploser. Le résultat est une supernova.

La première naine blanche connue s'appelle Sirius B. Sirius n'est pas seulement l'étoile la plus brillante du ciel, c'est aussi l'une des plus proches de nous, à huit années-lumière seulement. D'une année sur l'autre et grâce à des mesures précises, on peut donc également observer les mouvements lents de Sirius dans le ciel. Au milieu du XIXe siècle, on a découvert que Sirius décrivait de surcroît des mouvements pendulaires sur sa trajectoire, avec une période de plus ou moins cinquante ans. L'explication était évidente : Sirius n'était pas seule ! Grâce à de puissants télescopes, on a ensuite pu vérifier que Sirius avait vraiment un petit accompagnateur insignifiant. Mais Sirius B était bizarre... En étudiant de plus près les effets d'une étoile sur l'autre, on a pu calculer que la masse de Sirius B devait être équivalente à celle du Soleil. En revanche, sa luminosité était bien moindre, alors que sa température était bien plus élevée. En combinant ces observations, on a bien compris que Sirius B était un élément nouveau et exceptionnel. Conclusion : l'étoile, malgré sa masse importante, ne devait pas être beaucoup plus grande que la Terre. Une petite cuillère à café de naine blanche pèse donc plusieurs tonnes...

Mais comment est-ce donc possible ? Comment résister à cette gravité énorme ? L'énigme a été résolue par un jeune Indien de dix-neuf ans, qui effectuait le voyage Madras-Southampton en bateau. Il s'appelait Subrahmanyan Chandrasekhar, et se rendait à Cambridge pour y préparer un doctorat de physique. C'est dans la mécanique quantique, dans les lois naturelles qui régissent le cœur de la matière, que Chandrasekhar a trouvé sa réponse. Il a ainsi compris ce qui décidait du sort final des étoiles. Pendant les dix-huit jours de la traversée il a fait une découverte surprenante : la masse d'une naine blanche n'est pas illimitée. Elle ne peut pas être supérieure à 1,4 fois la masse du Soleil.

Chandrasekhar a compris que la matière qui compose une naine blanche est dans un état au-delà de la normale. Les atomes n'existent pas, il s'agit plutôt d'une masse extrêmement dense de noyaux d'atomes et d'électrons. C'est la mécanique quantique à elle seule qui empêche la poursuite de l'implosion et l'effondrement final. Comme je vous l'ai déjà indiqué, les électrons sont très peu sociables. Ils sont pris de claustrophobie aiguë si on essaie de trop les entasser. Pour se créer un espace vital, les électrons ont recours à des vitesses et à des énergies de plus en plus élevées. Aucun électron ne veut ressembler à son voisin ! Pour comprimer le gaz d'électron, il faut donc prendre des mesures drastiques et fournir aux électrons l'énergie nécessaire. Sinon ils refuseront obstinément de coopérer, et c'est ainsi que le gaz d'électron peut résister à la gravité. Mais il existe une limite ! Plus l'énergie utilisée est importante, plus la théorie de la relativité prend de l'importance. La théorie de la relativité change la donne de départ, et la pression des électrons se révèle *moins importante* que prévu. Si l'étoile est trop massive, donc plus de 1,4 fois la masse du Soleil, la gravité sera trop importante, les électrons ne pourront plus résister et l'implosion se poursuit.

Faisons à nouveau appel à sir Arthur Eddington, que nous avons déjà cité plusieurs fois. Cette fois-ci, il va être présenté sous un jour un peu moins favorable... Eddington s'en est pris assez violemment aux travaux du jeune Chandrasekhar. Lors d'une conférence à la Royal Astronomical Society de Londres, Eddington a tout simplement démoli le travail de Chandrasekhar, qui ne s'y attendait absolument pas. Eddington ne s'en prenait pas à la pression quantique, mais plutôt au plafond de masse exposé par Chandrasekhar. Et donc à l'affirmation comme quoi la pression du gaz d'électron serait affaiblie par la relativité. En effet, que se passerait-il pour une étoile encore plus grande ? Poursuivrait-elle tout simplement sa contraction ? Jusqu'au moment où la gravité serait telle que l'étoile ne serait plus visible ? Selon Eddington, c'était tout simplement absurde et cela prouvait que Chandrasekhar avait dû se tromper dans ses calculs. Et pourtant... La nature allait se montrer tout aussi absurde que ce qu'Eddington tenait pour impossible...

Eddington jouissait d'une solide réputation. Pas très étonnant, si on pense à toutes les découvertes auxquelles il a contribué. Il devait donc avoir raison, et le jeune garnement indien forcément tort ! Chandrasekhar était dévasté mais la consolation n'allait pas tarder. Certains physiciens, Bohr par exemple, ont rapidement déclaré que la critique d'Eddington était sans fondement. Il a cependant fallu un certain temps pour convaincre les astronomes. C'est bien l'Homme qui fait la science, et l'Homme n'est pas toujours régi par l'objectivité scientifique. La confiance dans les autorités et le carriérisme jouent souvent un rôle au moins aussi important...

L'étoile d'Hamlet a donc pu être une naine blanche insatiable qui a dépassé la limite magique de Chandrasekhar après avoir dévoré sa voisine, et a ensuite explosé en un magnifique feu d'artifice. Mais qu'adviendra-t-il d'une étoile en fin de vie, déjà bien trop lourde au départ ? On a longtemps pensé que la nature se protégeait elle-même des absurdités qu'Eddington redoutait tant. Avant qu'il ne soit trop tard, l'étoile se débarrassait d'une quantité suffisante de matière, et pesait ainsi au maximum 1,4 fois la masse solaire. Mais de telles cures d'amaigrissement miracle ne semblent pas exister, l'effondrement se poursuit malgré tout. Et ensuite ?

Revenons-en aux géantes rouges. Un noyau d'hélium commence à croître au centre d'une géante rouge, et de nouvelles réactions nucléaires peuvent prendre le relais. L'hélium peut ainsi se transformer en carbone. C'est un processus assez complexe, parce qu'il faut une collision simultanée de trois noyaux d'hélium pour former un noyau de carbone. Il faut avoir un peu de chance et il faut que tout soit bien calculé pour profiter des possibilités qui se présentent. En 1954, sir Fred Hoyle (1915-2001), un astronome britannique auquel je reviendrai plus tard, a fait une prévision importante dans ce domaine. Il s'est appuyé sur un raisonnement tout à fait unique. Pour qu'il y ait formation de carbone dans une étoile, il faut que le noyau de carbone ait un niveau d'énergie tout à fait spécifique. Sinon, il ne peut pas y avoir de production de carbone. Et nous savons bien que du carbone a été produit, sinon la vie n'aurait pas pu exister, et nous ne serions pas là. Par la suite, les physiciens nucléaires ont d'ailleurs pu confirmer les prévisions de Hoyle. Le niveau d'énergie en question était bien là. Cela montre bien que les lois naturelles sont parfaitement adaptées à notre existence. Mais ce n'est pas le moment de se laisser aller à de telles considérations. Nous y reviendrons ultérieurement, lorsque j'en aurai dit plus sur la cosmologie.

Dans les étoiles de taille vraiment importante, même l'hélium va finir par disparaître. Ce sera donc au carbone de se transformer en éléments plus lourds. Et ainsi de suite. L'intérieur de l'étoile finira par ressembler à un oignon géant, où différents processus nucléaires sont en cours dans différentes couches. Il y a cependant une fin à ce processus. On obtient de l'énergie en combinant des éléments légers en éléments plus lourds, c'est vrai. Mais lorsqu'il s'agit d'éléments vraiment lourds, comme l'uranium par exemple, on a tout intérêt à diviser les noyaux d'atome. On doit donc trouver un élément plus stable que tous les autres, et dont ni la fusion ni la fission ne produira d'énergie. C'est le fer. Lorsqu'une étoile géante a fini par se constituer un noyau de fer, les problèmes ne sont plus très loin... Aucune source d'énergie dans le noyau du fer ne lui permettant de résister à la gravité, la catastrophe est inévitable. L'étoile géante est prise de crampes d'estomac à cause du noyau de fer grandissant en son sein. Lorsque le noyau s'effondre, l'énergie libérée fait exploser les parties extérieures de l'étoile : une supernova. Les supernovas qui correspondent à des étoiles géantes en fin de vie sont appelées supernovas de type II.

Mais où est passé le noyau de fer qui s'effondre ? Disparaît-il complètement ?

## Des petits hommes verts

Tout a commencé à l'été 1967, lorsque la jeune astronome et doctorante Jocelyn Bell a fait une découverte surprenante grâce au grand radiotélescope de Cambridge. Sur cent vingt mètres d'imprimés correspondant aux signaux captés par le télescope, elle a trouvé une anomalie d'un demi-centimètre. Un signal qui n'aurait pas dû se trouver là... Antony Hewish, son tuteur, pensait qu'il devait s'agir d'une activité humaine quelconque. Jocelyn Bell a réussi à calculer le moment de réapparition du signal. Plus de doutes possibles, il devait venir de l'espace. Un peu plus tard, la même année, on a constaté qu'il s'agissait de signaux radioastronomiques à pulsations très régulières. Toutes les 1,33730115 secondes, une pulsation de 0,016 seconde. La découverte a été tenue secrète jusqu'au 9 février 1968, date de sa publication. De quoi pouvait-il donc s'agir ? On a évoqué la possibilité de signaux émis par une autre civilisation, on a parlé de LGM ou Little Green Men (petits hommes verts). On a cependant découvert assez rapidement d'autres signaux radioastronomiques, dans une autre région du ciel, avec des pulsations de 1,25 seconde. Il serait tout de même assez étrange que des civilisations différentes, à des endroits différents de la galaxie, nous choisissent pour cible de leurs signaux. La théorie des LGM a donc été écartée.

C'est la découverte de signaux similaires dans la nébuleuse du Crabe qui allait finalement résoudre le mystère. Depuis longtemps, on associait cette nébuleuse – aussi appelée Messier I, le premier objet du catalogue du chasseur de comètes Messier – à une explosion de supernova dans la constellation du Taureau en 1054 apr. J.-C. Un petit télescope permet d'ailleurs de voir assez bien son petit nuage brumeux. Apparemment, les éléments mystérieux étaient associés à des étoiles géantes en fin de vie. C'était l'indice déterminant.

Revenons-en à présent à l'effondrement de notre noyau de fer. On peut d'abord se demander où passeraient les électrons. Nous savons qu'ils sont très peu sociables, certes, mais il suffit que la gravité soit suffisamment forte pour qu'ils ne puissent pas résister. Ils essaieront par conséquent de se cacher tant bien que mal dans les protons. Les protons se transforment alors en neutrons, et le résultat est une masse de neutrons – c'est la naissance d'une étoile à neutrons. Une telle étoile pèse à peu près une fois et demie le Soleil, mais ne dépasse pas les vingt kilomètres de diamètre.

Dans une étoile à neutrons, ce sont les neutrons qui font preuve des mêmes caractéristiques asociales que les électrons, et qui résistent ainsi à la gravité. Et si même le gaz de neutrons ne peut pas résister à la gravité ? Si l'étoile est trop grande, et la gravité bien trop importante ? L'effondrement franchira alors une étape supplémentaire, et il semble bien que plus rien ne puisse l'arrêter. La déformation de l'espace-temps peut vaincre toutes les caractéristiques asociales, et le résultat sera précisément ce que contestait Eddington : un trou noir.

Mais les étoiles à neutrons sont spéciales à plusieurs titres. Pour commencer, leur rotation est généralement extrêmement rapide. C'est un peu comme un patineur qui tourne plus vite en repliant les bras ; de la même façon, une étoile en contraction pourra tourner plus vite.

À quelle vitesse ? La taille d'une étoile se mesure en millions de kilomètres, et les parties intérieures qui donnent naissance à l'étoile à neutrons doivent donc se contracter plusieurs milliers de fois. Si la période de rotation du Soleil, à peu près un mois, est typique d'une étoile ordinaire, la période de rotation d'une étoile à neutrons peut être estimée à une fraction de seconde environ. Et c'est exactement le résultat obtenu.

On avait donc trouvé des étoiles à neutrons, et pas des petits hommes verts. Grâce à de puissants champs magnétiques, la matière entrante se concentre sur les pôles magnétiques de l'étoile à neutrons. Des rayons sont émis lors de l'impact. Si les pôles magnétiques ne correspondent pas à l'axe de rotation (c'est d'ailleurs le cas de la Terre), l'étoile à neutrons fonctionnera un peu comme un phare à pulsations. Cela correspondait tout à fait aux observations. Ces étoiles à neutrons s'appellent des *pulsars*.

Cette découverte a bien entendu été récompensée par un prix Nobel, mais il n'a pas été décerné à Jocelyn Bell. C'est son tuteur, Antony Hewish, qui a connu la gloire. Et pourquoi pas finalement, c'est tout de même lui qui a passé sa vie à mettre au point l'équipement nécessaire. Jocelyn Bell s'est mariée peu de temps après cette découverte, elle a eu des enfants, et sa carrière n'a pas été un long fleuve tranquille… Ce n'est que bien des années plus tard, après l'attribution du prix Nobel, qu'elle est revenue dans le droit chemin. Mais je crois qu'elle n'en veut à personne pour autant…

# 8
# Le grain de poussière de Lucrèce

*Où nous lisons James Joyce,*
*visitons le pays du Miroir*
*et constatons qu'il existe deux sortes de dés.*

Au pied du Jura, à la frontière franco-suisse et à quelques kilomètres de Genève, se trouve le plus grand instrument scientifique du monde. Pour leur soutirer leurs secrets les mieux gardés, on y fait accélérer des électrons et des positrons dans des tunnels souterrains, pour ensuite les faire entrer en collision. L'instrument, un accélérateur de particules géant, s'est appelé LEP, soit Large Electron Positron collider, jusqu'en 2000. L'accélérateur a été transformé pour permettre la collision de protons entre eux. Il a repris du service en 2008 sous le nom de LHC, Large Hadron Collider.

Le diamètre de l'accélérateur est de neuf kilomètres. Les particules, lancées à toute vitesse dans le tunnel, traversent la frontière franco-suisse dans les deux sens plus de dix mille fois par seconde… Lorsque je travaillais au Cern au début des années 1990, je me contentais de passer la frontière deux fois par jour, pour rentrer chez nous à Saint-Genis-Pouilly côté français, ou aller à mon bureau côté suisse. Mais je suis physicien théoricien, et je n'ai jamais vraiment vu les tunnels souterrains. Quand je me suis finalement décidé à faire une visite guidée, les tunnels étaient fermés. J'aurai peut-être l'occasion d'y retourner.

Dans un accélérateur de particules, on utilise des champs électriques pour accélérer des particules comportant une charge électrique. Pour qu'elles atteignent la vitesse suffisante, il faut qu'elles se déplacent dans un champ magnétique leur permettant d'être en rotation permanente. À chaque tour on les pousse un peu pour qu'elles accélèrent, augmentant ainsi leur énergie. Plus l'énergie est importante, plus les collisions peuvent donner des résultats intéressants. Le physicien américain Ernest Lawrence (1901-1958) est le premier à avoir conçu un tel appareil dans les années 1930. Le modèle d'origine n'était pas plus grand qu'une boîte de conserve... Les appareils n'ont cessé de grandir et permis une compréhension plus approfondie du noyau de l'atome.

Grâce aux accélérateurs de particules et au rayonnement cosmique, toute une série de particules ont été découvertes au cours des années 1950 et 1960. Au départ, impossible de les organiser... On a vu s'éloigner l'espoir d'un monde simple, composé de protons, de neutrons, d'électrons et de quelques autres particules. Où était donc passée la simplicité mathématique, guide de la physique depuis si longtemps ?

Le physicien américain Murray Gell-Mann a fini par entrevoir quelque chose derrière le désordre apparent. Il a découvert que les caractéristiques des particules n'étaient pas du tout aléatoires, mais qu'elles répondaient au contraire à des schémas mathématiques assez particuliers. Et c'est lorsque Gell-Mann a découvert comment manipuler ces schémas mathématiques, en supposant que toutes les particules connues se composaient d'éléments plus petits encore, que tout a pris une tournure vraiment passionnante. On venait de franchir encore une étape vers le cœur de la matière. L'indivisibilité de l'atome avait été réfutée il y a déjà bien longtemps, c'était maintenant au tour des neutrons et des protons.

## *Three quarks for Muster Mark*

> *Lorsque moi j'emploie un mot, réplique Heumpty Deumpty d'un ton de voix quelque peu dédaigneux, il signifie exactement ce qu'il me plaît qu'il signifie... ni plus, ni moins.*
> *— La question, dit Alice, est de savoir si vous avez le pouvoir de faire que les mots signifient autre chose que ce qu'ils veulent dire.*
> *— La question, riposta Heumpty Deumpty, est de savoir qui sera le maître, un point, c'est tout*[1].
>
> Lewis CARROLL, *De l'autre côté du miroir*

Lorsque l'expérience humaine est poussée par la science vers des terres nouvelles et inconnues, les noms donnés aux découvertes prennent toute leur importance. Les noms choisis influent sur notre compréhension et sur le sentiment de ce que nous souhaitons exprimer. Le

1. Lewis Carroll, *De l'autre côté du miroir*, Paris, Aubier Flammarion, 1971, p. 159.

mot choisi pourra être vu comme une métaphore et permettre des associations avec d'autres phénomènes mieux connus. Les noms peuvent ainsi nous mettre sur la bonne voie, mais l'inverse est tout aussi vrai. Un joli nom peut tromper notre vigilance, et nous aurions la tentation de voir un sens qui n'existe pas. Alors comment appeler ces nouvelles particules dont on devinait l'existence ? Les éléments constitutifs de notre univers ne peuvent pas être baptisés au hasard !

À peu près en même temps que Gell-Mann, un autre physicien, George Zweig, était arrivé au même type de conclusion que lui. Les protons, et la plupart des autres particules découvertes jusqu'alors, devaient se composer de particules plus petites. Il avait aussi proposé un nom pour ces briques fondamentales : les *as*. Leurs différentes compositions emprunteraient aussi leurs noms aux cartes. Selon Gell-Mann et Zweig, ces compositions correspondaient à la nuée de particules observée dans l'accélérateur. Les particules à deux composantes s'appelleraient des *deux*, celles à trois composantes tout simplement des *trois*. Les protons et les neutrons sont des exemples de cette dernière catégorie. Mais cette idée d'un créateur joueur n'a jamais eu de succès. L'honneur et la gloire d'avoir découvert les secrets du noyau ont été attribués à Gell-Mann plutôt qu'à Zweig.

Gell-Mann s'intéressait à la linguistique et aux langues. Il a ainsi proposé un autre nom bien plus adapté pour ces particules : elles allaient s'appeler des *quarks*. Il en était certain. L'orthographe du nom pourrait poser problème, mais il avait trouvé dans *Finnegan's Wake*, de James Joyce, les termes « *Three quarks for Muster*

*Mark*[1] ». Le problème était réglé. Le mot quark est une invention bien sûr, il n'a aucun sens. Gell-Mann a pourtant décidé que nos éléments les plus fondamentaux s'appelleraient ainsi. Tout simplement…

Et tout comme dans *Finnegan's Wake,* Gell-Mann avait besoin de trois types de quarks différents pour composer la matière connue. L'un a été baptisé *haut*, l'autre *bas*. Un proton était constitué de deux quarks hauts et d'un quark bas, alors que le neutron devait être composé de deux quarks bas et d'un haut. Mais comment appeler le troisième ? La simplicité fondamentale du monde était certes bien belle. Il suffisait de haut et de bas pour tout créer. Ou presque. La vraie beauté n'est pas parfaite, elle doit comporter une part d'inattendu, de divergent.

« Il n'y a point de beauté supérieure qui n'ait dans sa proportion quelque étrangeté[2] », écrit Francis Bacon (1561-1621). Et c'est justement le qualificatif d'*étrange*, ou *strangeness*, que Gell-Mann a choisi pour décrire certaines particules du rayonnement cosmique, à la longévité particulièrement importante. C'est cette caractéristique qui a plus tard été associée au troisième type de quark.

Mais ce n'était pas tout ! La nature avait d'autres surprises en réserve : le *charme* et la *beauté* ont été rapidement découverts, représentés par le quark charme et le quark beauté (*beauty*). Mais, apparemment, on n'a pas

1. James Joyce, *Finnegan's Wake*, Penguin Classics, 1999, p. 383. La traduction française de Philippe Lavergne, Paris, Gallimard, 1982, dit : « Trois quarts à la pie pour Maître Marc. »

2. Francis Bacon, *Essais, de la beauté*, Paris, Aubier Montaigne, 1948.

voulu aller au bout de sa pensée… Peut-être qu'il était un peu prétentieux d'affirmer avoir découvert la beauté ? Ce quark a été renommé *bottom* (fond). C'est beaucoup plus prosaïque… Quant au quark vérité (*truth*) tant attendu, il a été découvert au milieu des années 1990 suite à d'intenses recherches. Il a été rebaptisé *top* (sommet). Mais annoncer au monde la découverte du quark vérité aurait quand même fait plus forte impression que celle du quark sommet…

On dit que tous ces quarks ont des saveurs différentes. C'est une tentative pour nommer des caractéristiques très éloignées de tout ce que nous connaissons. La façon dont les quarks interagissent avec le monde nous permet de déterminer ces caractéristiques grâce à des raisonnements complexes. Une autre de leurs caractéristiques est appelée charge de couleur, même si un quark n'a ni goût ni couleur. Mais ces caractéristiques doivent bien avoir un nom, ce n'est pas plus compliqué que cela…

Avant les quarks, Gell-Mann avait déjà marqué la langue de son imagination et de sa créativité. Il a choisi d'appeler les schémas mathématiques qui ont mené à la découverte des quarks *the eightfold way,* ou l'octuple sentier. C'est un terme emprunté au bouddhisme, qui décrit les différents chemins menant au Nirvana. Là encore il ne s'agissait que d'un jeu de mots. Le chiffre huit était bien le seul point commun entre l'octuple sentier et les particules. Malgré cela, les conséquences ont été énormes. Le non-initié a eu du mal à faire la différence entre les inspirations linguistiques d'un physicien et un message réel. Si un physicien choisit des notions de philosophie orientale pour baptiser ses découvertes, les mystères fondamentaux de l'existence doivent trouver une réponse en Orient. C'est un raisonnement assez commun. On retrouve ces liens entre la mystique orientale et la physique moderne dans de nombreux ouvrages, expliquant que ce ne sont que des voies différentes pour arriver aux mêmes connaissances fondamentales de la nature. C'est vrai que la physique moderne nous a révélé une réalité à mille lieues du monde classique et familier. Notre image du monde a changé et cela suscite naturellement des réflexions philosophiques. Mais nous ne trouverons pas la réponse aux questions les plus essentielles dans un terme choisi au hasard. La science ne pourra jamais nous indiquer comment nous comporter en tant qu'hommes. De la même façon, les considérations humanistes et religieuses ne peuvent pas donner une explication détaillée de la composition de la matière. En revanche, que nous soyons chercheurs ou pas, l'humanisme et la philosophie peuvent nous servir de guides, et nous conforter en tant qu'hommes. C'est déjà bien suffisant. En essayant de créer des liens là où il n'en existe pas, nous détournons la science et la philosophie. À ma connaissance, personne n'a lu et relu *Finnegan's Wake* pour y chercher des indices sur la physique moderne. Tant que personne ne l'a prononcé pour lui donner sens et vie, un mot reste un mot.

On a donc trouvé six quarks. Selon leurs caractéristiques, ils sont répartis en trois groupes ou *générations*, avec deux quarks par groupe. La première génération est composée des quarks hauts et bas, la deuxième des quarks charme et étrange et la troisième du sommet et du fond. Mais il ne s'agit pas seulement de quarks. Par son appartenance aux particules de première génération, l'électron s'adapte également au schéma. Il doit normalement avoir de la famille dans la deuxième et la troisième génération. En fait c'est le muon, dont je vous ai déjà parlé, qui représente l'électron de deuxième génération. C'est lui qui effectue un voyage dans le temps à l'aide de la relativité restreinte, pour se rendre des couches supérieures de l'atmosphère à la surface terrestre. Un muon est deux cents fois plus lourd qu'un électron, mais c'est à la troisième génération qu'on trouve le poids lourd parmi les amis de l'électron : le *tau*. Il pèse presque deux fois plus lourd qu'un proton.

Au quotidien, c'est surtout la première génération qui est utilisée, mais la nature propose un schéma assez suggestif, composé de trois variations sur le même thème. Pour constituer les atomes, il suffit de quarks hauts et bas ainsi que d'électrons. On ne retrouve les particules de deuxième et troisième génération que dans des circonstances exotiques, lors de collisions violentes dans un accélérateur de particules par exemple. Mais combien de générations y a-t-il ? Peut-il en exister plus de trois ? Si on a construit le LEP, c'est en partie pour trouver une réponse à cette question, et il semblerait bien que l'on s'arrête à trois. Et pourquoi trois ? Une ne suffisait-elle pas ? Voilà l'un des mystères insolubles de l'univers…

## Des particules pousseuses

Mais tout n'est pas matière, il faut également certaines forces pour régir l'univers. Pour l'instant j'ai surtout évoqué la gravité, et selon Einstein ce n'est même pas vraiment une force. Pour lui il s'agit plutôt de géométrie et d'espace déformé. En plus de la gravité, l'humanité connaît deux autres forces depuis longtemps : les forces magnétique et électrique. Le physicien anglais Michael Faraday (1791-1867) a beaucoup réfléchi aux liens qui les unissent et à leur utilité. C'est à lui que l'on doit le premier générateur électrique, ou dynamo. Lorsqu'on a demandé à Faraday à quoi pourrait bien servir l'engin, il aurait répondu : « Vous le saurez un jour ! » À l'époque, personne ne se doutait de l'importance de l'électricité. Et il en est de même aujourd'hui : on ne peut pas commander les grandes découvertes !

Faraday a découvert, avec d'autres, qu'il existait des liens étroits entre électricité et magnétisme. Des champs magnétiques variables généraient en effet des champs électriques. C'est ainsi que le courant commence à circuler dans une dynamo. Mais les champs électriques variables pouvaient à leur tour créer des champs magnétiques. Grâce à des électroaimants, on pouvait ainsi concevoir des moteurs électriques. Très en avance sur son temps, Faraday a spéculé sur l'existence d'une unité, une force à l'origine de tout. Peut-être grâce à ces découvertes ? Faraday n'est jamais arrivé au bout de sa pensée cependant, et c'est l'Écossais James Clerk Maxwell qui a regroupé tous ces phénomènes en une théorie, l'électromagnétisme. En bonus, Maxwell a fait une autre découverte étonnante. Les forces magnétique et électrique ne se révélaient pas immédiatement. Il leur fallait un certain temps pour transposer leurs effets d'un endroit à un autre. Maxwell en a conclu qu'il devait exister des ondes électromagnétiques. Un champ électrique contribue à en créer un magnétique, qui à son tour en crée un électrique. Toute cette petite merveille pouvait ensuite se déplacer à une vitesse incroyable dans l'espace. À quelle vitesse exactement ? Maxwell a intégré les valeurs correspondant aux forces magnétique et électrique, et le résultat du calcul est une valeur bien connue : la vitesse de la lumière. Maxwell avait découvert que la lumière est une onde électromagnétique.

C'est sans doute principalement l'électromagnétisme de Maxwell qui a inspiré Einstein pour sa théorie de la relativité restreinte. Les lois électromagnétiques connaissent la constance de la vitesse de la lumière, tout en établissant des liens étroits entre forces électrique et magnétique. Grâce à la théorie de la relativité restreinte, on s'est également aperçu que la définition du magnétique et de l'électrique dépend de la personne à laquelle on s'adresse. Une force peut être considérée comme électrique avec un point de départ donné, et comme magnétique si le point de départ est différent. Tout dépend du mouvement. Voilà encore un exemple d'une théorie unifiée de la nature, semblable à celle de Newton avec son *Sur la Terre comme au Ciel*. Tout est lié !

Il existe cependant d'autres forces qui régissent la matière. Dans le noyau de l'atome, on retrouve l'interaction forte qui permet aux quarks de former des protons et des neutrons. Elle assure également la cohésion nécessaire à la formation des noyaux d'atomes. Si cette interaction devait disparaître, le monde se transformerait rapidement en bouillie informe. À l'origine de cette interaction forte, on trouve une nouvelle charge, celle des quarks. C'est en fait la *charge de couleur* dont je vous ai déjà parlé. Il faut bien lui donner un nom ! Un quark peut être rouge, bleu ou vert. On peut additionner les couleurs exactement comme les charges électriques. En additionnant une charge négative et une charge positive équivalente, le résultat est une charge nulle. En additionnant les couleurs rouge, bleu et vert, le résultat est blanc. Cette charge de couleur est si puissante qu'il est sans doute parfaitement impossible d'arracher ou d'isoler un quark. Un quark isolé comporterait une charge de couleur, alors que la matière s'entête à rester blanche, donc sans charge de couleur. Les quarks se regroupent toujours de façon que leur charge de couleur soit nulle. Ce phénomène s'appelle le *confinement de la couleur*. Même si on connaît en partie les raisons du phénomène, personne n'a pu prouver de façon irréfutable qu'il découle des équations. Et personne n'a réussi à calculer ou à prévoir la masse d'un proton par exemple.

Le noyau de l'atome abrite une autre force, si faible et insignifiante qu'on pourrait s'interroger sur son utilité. Si la gravité permet de souder le système solaire, l'électromagnétisme l'atome, et l'interaction forte les protons et le noyau de l'atome, cette force-ci est si faible qu'elle ne soude rien du tout. On tient en revanche cette interaction faible pour responsable de certaines désintégrations radioactives, et c'est d'ailleurs comme cela qu'elle a été découverte. Normalement, l'interaction faible transforme un neutron en un proton et un électron, mais si certaines conditions sont réunies le contraire peut se produire. Un proton sera transformé en un neutron et en un électron à charge positive, c'est-à-dire un positron. C'est exactement ce qui se produit dans le Soleil lorsque l'hydrogène se transforme en hélium, ce dont je vous ai déjà parlé. Sans cette interaction faible, notre univers n'aurait pas du tout le même visage ! Nous serions plongés dans une obscurité éternelle, et aucune étoile ne pourrait briller.

Mais comment fonctionne une force au juste ? Selon la mécanique quantique, la lumière ne peut pas être seulement une onde, ou plutôt une onde électromagnétique, comme le pensait Maxwell. Parfois il vaut mieux la voir comme des particules ou des photons. Logiquement les champs électrique et magnétique, considérés séparément, sont aussi composés de particules. C'est la clé pour comprendre une force. Deux électrons de même charge, qui donc se repoussent, font tout simplement circuler entre eux une sorte de photon. Le photon prend son élan sur l'électron qu'il quitte et pousse l'électron qui l'accueille. C'est ainsi que naît la force. On peut d'ailleurs essayer sur une patinoire. Prenez deux personnes (les électrons), et laissez-les pousser entre elles une troisième personne (le photon). Tout le monde a chaussé des patins, bien sûr. Si les deux électrons ne résistent pas, ils vont s'éloigner l'un de l'autre chaque fois qu'ils poussent le photon.

Cela se complique un peu si les particules sont de charge différente, un électron et un positron par exemple. Ces particules s'attirent, et il est bien plus difficile d'imaginer comment le photon pourra les pousser. La mécanique quantique nous fournit une fois encore la clé du mystère. Les photons dont nous parlons ne sont pas n'importe lesquels. Ils sont *virtuels* et n'ont fait qu'emprunter leur existence. En chemin entre l'électron et le positron, ils empruntent de l'énergie et de la quantité de mouvement. Ils peuvent ainsi pousser les particules exactement à l'inverse du mouvement classique auquel on aurait pu s'attendre.

Les autres forces empruntent aussi des particules pousseuses pour faire leur travail. La particule pousseuse de l'interaction forte s'appelle un *gluon*. Ce sont en fait huit gluons différents qui sont responsables de l'interaction forte, et pour compliquer les choses ces gluons portent une charge de couleur qui leur permet de rester solidaires. Dès que des gluons sont impliqués, il devient très complexe de comprendre ce qui se produit. C'est pour cela que la notion de confinement est encore mal comprise.

Dans le cas de l'interaction faible, on appelle les particules pousseuses des particules W et Z. Contrairement aux particules qui exercent les mêmes fonctions pour d'autres interactions, ces particules sont lourdes, jusqu'à quatre-vingts ou quatre-vingt-dix fois plus lourdes qu'un proton. Et c'est justement cette masse qui explique la faiblesse de l'interaction faible. Lorsque ces particules veulent emprunter de l'énergie pour commencer leur existence virtuelle, il faut en emprunter au moins assez pour couvrir leur masse. Elles ne peuvent donc pas aller très loin avant de devoir rembourser leur emprunt… Un photon n'est pas obligé d'emprunter grand-chose en revanche, puisqu'il ne pèse rien !

Les particules et leurs interactions semblent être à la base de tout ce qui est. La matière n'est pas la seule à être composée de particules ; les forces qui régissent tous les mouvements, tous les changements, s'expliquent également en termes de particules. Une telle vision du monde avait déjà été exprimée il y a plus de deux mille ans par Leucippe et son disciple Démocrite. Ils avaient imaginé que de minuscules atomes pouvaient composer tout ce qui existait en se déplaçant dans le vide. Le résultat est un monde bouillonnant de différents types de particules qui se rencontrent et se reforment. Il existe des lois mathématiques simples et éternelles dans les coulisses, certes, mais ces lois créent un monde dans lequel rien n'est statique, où tout est en transformation permanente. Lucrèce le pressent dans *De natura rerum,* lorsqu'il décrit des grains de poussière qui virevoltent au soleil :

> « Regarde, en effet, quand la lumière du soleil fait pénétrer un faisceau de rayons dans l'obscurité de nos maisons : tu verras une multitude de corpuscules s'entremêler de mille façons à travers le vide dans le faisceau lumineux et, comme soldats d'une guerre éternelle, se livrer combats et batailles, guerroyer par escadrons, sans trêve, et ne cessant fiévreusement de se joindre et de se séparer : tu peux te figurer par là ce qu'est l'agitation sans fin des atomes dans le grand vide, autant toutefois qu'une petite chose peut en représenter une grande et nous guider sur la trace de sa connaissance[1]. »

## Beaucoup de bruit pour rien

Des atomes en mouvement dans le vide, voilà une idée qui n'a pas plu à Aristote. Il a déclaré que « la

1. Lucrèce, *De la nature des choses*, traduction de M. Nisard, Paris, 1857, livre II, I.

nature a horreur du vide ». Il a ainsi établi une grande partie des références disponibles pour les futurs penseurs. Et sa conception du vide, tout comme la majeure partie de la physique aristotélicienne, a été transformée en dogme indiscutable, soutenu avec enthousiasme par l'Église. À l'image de Parménide quelques siècles avant lui, Aristote pensait que le néant ne pouvait pas exister. Parménide expliquait que, si l'on pense à quelque chose, cette pensée a forcément un objet. Ce qui n'existe pas ne peut pas être pensé, et ce qui ne peut pas être pensé ne peut pas exister. Et selon Parménide, la conclusion logique est forcément l'impossibilité du néant. D'autres penseurs plus pragmatiques, comme Empédocle et Anaxagore, étaient du même avis mais leurs arguments étaient plus concrets grâce à des expériences avec l'air et l'eau. L'air prend de la place et même l'air ne peut donc pas être du néant. De façon plus générale, le vide ne semblait pas avoir été observé et Aristote s'est évidemment appuyé là-dessus.

Les stoïciens quant à eux rejetaient en partie l'idée du néant. Pour eux, le Tout était un continuum ininterrompu. Ce qui paraît vide est en fait rempli d'un mélange de feu et d'air, un *pneuma*. Mais au-delà du monde connu, il existe un néant où même le pneuma n'existe pas. Selon les stoïciens, notre monde est une petite bulle où circule le pneuma au milieu d'un néant infini.

Pourtant les idées d'Aristote allaient prédominer pendant mille cinq cents ans... Dans de nombreux domaines, cela allait avoir des conséquences catastrophiques, nous l'avons vu. Les erreurs en physique et en astronomie allaient être importantes. Pour un scientifique cela pouvait tout simplement être dangereux de réfléchir au rien. Il y a mille six cents ans, saint Augustin débattait de la création du monde à partir du néant. Pour lui ce néant était lié à l'absence d'un Dieu et donc à la présence du mal. Étant donné ces conclusions, les théories et expériences sur le néant avaient des implications religieuses. Les conséquences pour la science allaient être complexes… La situation s'est peut être un peu améliorée en 1277, lorsque l'évêque de Paris a non seulement condamné le déterminisme, comme je l'ai déjà évoqué, mais a aussi déclaré que Dieu pouvait faire ce qui lui plaisait, y compris créer du vide…

Les philosophes du Moyen Âge estimaient pour la plupart qu'il était impossible de créer le moindre iota de vide dans notre monde. À quelques rares exceptions, certains inspirés par l'atomisme pensaient que cela devait être possible. Au XVIIe siècle, le chercheur italien Evangelista Torricelli (1608-1647), successeur de Galilée à Florence, et le Français Blaise Pascal (1623-1662) ont étudié la pression de l'atmosphère à l'aide de tubes en verre fermés et remplis de mercure. On constatait que le mercure se retirait du haut du tube, pour laisser une petite bulle de ce qui aurait dû être du vide. On pouvait ensuite étudier avec intérêt ces mini-vides dans leurs éprouvettes. Peut-être que cela s'est fait d'ailleurs, avec autant de peur que d'émerveillement, et sans oublier les admonitions de saint Augustin. Et il est vrai que ces expériences sur le vide ont parfois pris des tournures macabres. Des spectateurs fascinés se regroupaient autour d'un oiseau enfermé dans un récipient en verre dont on retirait l'air. Les oiseaux perdaient connaissance, pour ensuite revenir à eux dans le meilleur des cas lorsque l'air était réintroduit. L'expérience montrait également que la lumière pouvait traverser même le vide. Sinon la petite bulle aurait été opaque.

On a également constaté que plus on grimpait dans les montagnes, moins il y avait d'air. Peut-être qu'en grimpant suffisamment haut on finirait par trouver le vide ? On a fini par se rendre à l'évidence : nous vivons dans une bulle, entourés par un vide presque infini, comme le pensaient les stoïciens. C'est une découverte incroyable et effrayante à la fois, dont nous sommes toujours en train de nous remettre... Lorsque nous regardons le ciel nocturne pour y voir un infini noir d'encre cela donne encore le vertige. Tant de mondes, mais surtout tant de vide. Quel gâchis ! Quelques atomes au mètre cube, pas plus.

Au XXe siècle, la physique a montré que rien n'est totalement vide. Aristote avait donc raison au fond... La mécanique quantique, combinée à la relativité restreinte, donne un résultat époustouflant : le vide lui-même est une masse bouillonnante de naissance et de destruction. Les principes d'incertitude de la mécanique quantique permettent la création et la disparition d'énergie à condition que la vitesse soit suffisante. La relativité peut transformer l'énergie en matière.

Le chemin tortueux menant à cette conclusion est pavé de contradictions et de confusion... Avant Einstein, on était convaincu que l'éther portait les ondes lumineuses. L'éther était partout, il ressemblait au pneuma des stoïciens. Einstein a cependant prouvé qu'il n'était pas nécessaire, et voilà le vide qui revient. L'histoire a suivi son cours et, comme nous l'avons vu, la mécanique quantique a introduit le hasard dans notre petit monde. Cela a permis ce que le grec Thalès n'avait jamais accepté : la création de quelque chose à partir de rien. La relativité a montré que l'espace et le temps sont relatifs et tributaires de l'œil du spectateur, mais aussi que la masse et l'énergie peuvent se transformer l'une en l'autre. Des particules sont créées à partir de rien au point d'intersection, pour être bientôt détruites et revenir au rien d'origine. Voilà le pneuma qui remplit à nouveau le vide...

## D'une particule qui n'existe presque pas

Certains aspects de l'interaction faible ont commencé à intriguer les physiciens bien avant la découverte des particules W et Z. Des mesures précises ont montré qu'il manquait souvent de l'énergie dans un processus auquel était mêlée l'interaction faible. Le débit et le crédit ne s'annulaient pas, tout simplement. On ne voulait pas croire à la disparition pure et simple de l'énergie, et on a préféré croire qu'une inconnue invisible emportait l'énergie manquante. Wolfgang Pauli (celui du principe d'exclusion) a donc suggéré en 1930 que le responsable était un nouveau type de particule, le *neutrino*, dépourvu de charge et de masse. Il serait le gardien de la loi de conservation de l'énergie. Il s'est révélé par la suite que Pauli avait raison. Les neutrinos existent, même s'ils sont extrêmement difficiles à attraper et qu'ils peuvent traverser des années-lumière de plomb sans trop de problèmes.

Et c'est grâce aux neutrinos de Pauli que je vais pouvoir raconter la fin de mon histoire sur les supernovas. Tout a commencé le matin du 23 février 1987, à 8 h 35, heure suédoise. Dans une mine de sel sous le lac Eire près de Cleveland, et dans la mine de zinc Kamioka au nord de Tokyo, on avait construit de gigantesques réservoirs d'eau. Des yeux électroniques y surveillaient l'apparition d'éclairs de lumière, trahissant la présence de neutrinos de passage. L'objectif était entre autres d'étudier les neutrinos émis par le Soleil lors des réactions nucléaires qui lui permettent de briller. Depuis le début des années 1970, on savait que le nombre de neutrinos provenant du Soleil était bien inférieur aux attentes. L'important était de comprendre pourquoi. Ce matin-là, un événement tout à fait inattendu s'est produit. Une averse de neutrinos a subitement été détectée. C'était la première fois qu'on assistait à un tel phénomène ! De quoi pouvait-il donc bien s'agir ? Vingt-quatre heures plus tard, l'astronome Ian Shelton se trouvait sur un sommet au Chili pour photographier des étoiles du Grand Nuage de Magellan. Comme je l'ai déjà expliqué, les Nuages de Magellan sont de petites galaxies en orbite autour de la Voie lactée. Le Petit Nuage se trouve environ à 150 000 années-lumière du Soleil, et le Grand à 200 000 années-lumière. Mais Ian Shelton a constaté que quelque chose clochait sur ses photographies. Une nouvelle étoile venait de s'allumer.

Dans une galaxie moyenne, une supernova survient à peu près tous les cent ans. En étudiant un grand nombre de galaxies à un moment donné, il y a donc de fortes chances de trouver une supernova. Dans notre galaxie les occasions ont été rares ces derniers temps. Les dernières en date sont celles de Tycho en 1572 (celle qu'a peut-être vue Shakespeare), et celle de Kepler en 1604. Il était donc grand temps d'en trouver une nouvelle ! L'étoile du Grand Nuage de Magellan, observée en 1987, était vraiment la bienvenue. C'était la première fois qu'on pouvait observer de près une explosion de supernova à l'époque moderne. Et ce ne sont pas des télescopes ordinaires qui ont enregistré les résultats les plus intéressants. Ceux-ci viennent de grottes souterraines.

Comment expliquer ces observations ? Une explosion de supernova produit d'énormes quantités de neutrinos, surtout s'il s'agit d'une explosion de type II, due à l'implosion d'une étoile massive. C'est un noyau de fer qui, prenant des proportions trop importantes au sein de l'étoile en cours d'extinction, explique l'explosion. Lorsque la gravité est suffisamment forte, les électrons sont obligés d'intégrer les protons pour créer des neutrons. C'est la naissance d'une étoile à neutrons. Mais ce n'est pas tout, des neutrinos sont également créés. Ce sont eux qui sont arrivés sur terre au matin du 23 février 1987. Ils résultaient de l'implosion d'une étoile du Grand Nuage de Magellan. L'onde de choc de l'implosion a donné naissance à une boule de feu en expansion qui brillait aussi fort que toute la Voie lactée réunie...

Ces dernières années, on a pu également percer le mystère des neutrinos manquants du Soleil, grâce à des mesures plus précises et à de meilleures modélisations de la façon dont il brille. Une majorité est convaincue que nous comprenons suffisamment bien le Soleil pour calculer exactement le nombre de neutrinos qui devraient être produits. Mais selon les observations, ils sont en nombre insuffisant. Cela pourrait s'expliquer par le fait qu'un certain type de neutrino se transforme en un neutrino d'un autre type pendant le voyage vers la Terre. Il existe en effet plusieurs types de neutrinos, un par génération. Si un détecteur ne peut voir que les neutrino-électrons, c'est-à-dire ceux formés par le Soleil, et si ceux-ci se transforment en neutrino-muons au cours du voyage, il en détecterait trop peu. De nouvelles mesures confirment que c'est exactement ce qui se produit. En plus le neutrino ne pourrait jamais réussir de telles acrobaties sans avoir une masse. Le petit neutrino de Pauli n'est donc pas si petit et insignifiant qu'on le croyait.

## Comme dans un miroir

Si un matin j'étais mal réveillé et que je mettais ma chaussure droite à mon pied gauche, on se moquerait certainement de moi pendant la journée. Sans compter que ça me ferait très mal aux pieds… Cela peut aussi être une expérience assez traumatisante de prendre le volant en Angleterre, surtout lorsqu'il s'agit de négocier un rond-point. J'ai donc laissé le volant à ma femme lors de nos vacances en Angleterre en famille. D'une part elle conduit beaucoup mieux que moi, et d'autre part elle a un peu de mal à distinguer sa gauche de sa droite. Cela ne lui pose donc pas de problèmes particuliers de conduire du mauvais côté.

Nous trouvons également des exemples d'une distinction entre gauche et droite dans la nature. Le cœur se trouve à gauche chez la plupart des gens, même s'il existe bien entendu des exceptions. On trouve le cœur de l'autre côté chez une personne sur dix mille, et le reste de leur corps est également le miroir d'un corps normal. Mais personne ne sait pourquoi. Comment est déterminée la croissance de l'embryon ? Certains gènes qui régissent la production des protéines et l'évolution ont certes été découverts. Mais cela ne répond pas à la question, cela ne fait que l'amener au niveau suivant. Les cils vibratiles que l'on retrouve à la surface de nombreuses cellules pourraient constituer un indice. Ces cils vibratiles tournent toujours dans le sens des aiguilles d'une montre. Cela peut influer sur la répartition entre autres des protéines, et créer ainsi la distinction entre droite et gauche. Mais pourquoi ces cils vibratiles ne tournent-ils pas dans l'autre sens ? Les molécules constitutives des cellules devraient nous fournir une réponse.

La vie sur terre est composée en grande partie de protéines, constituées à leur tour d'acides aminés. Ceux-ci sont encodés dans les combinaisons de lettres des molécules d'ADN. L'ADN, ou acide désoxyribonucléique, est constitué d'une série de *bases* qui expliquent à la cellule quels acides aminés elle doit aller chercher pour construire telle ou telle protéine. Le langage de l'ADN est composé de quatre lettres : A, C, T et G, qui représentent les bases adénine, cytosine, thymine et guanine. Une vingtaine d'acides aminés est utilisée pour construire les protéines retrouvées dans les organismes vivants. Les acides aminés ont cette particularité qu'ils existent en deux variantes qui sont des reflets l'une de l'autre. C'est toujours l'une des variantes, sans exception, qui est utilisée dans les protéines. Le reflet d'un acide aminé ne trouverait pas du tout sa place dans le processus biologique ordinaire. On pourrait se demander ce qui arriverait à Alice si elle avait faim au pays des miroirs… Les aliments n'auraient certainement pas très bon goût, ils pourraient même être tout à fait nocifs !

> « "Je sais ce qui vous ferait plaisir ! dit avec bienveillance la Reine, en tirant de sa poche une petite boîte. Prenez donc un biscuit."
> Alice estima qu'il ne serait pas poli de dire "non", encore que cela ne fût pas du tout ce qu'elle désirait. Elle prit donc le biscuit et s'efforça de le manger ; il était terriblement sec ; et elle pensa que, de sa vie, elle n'avait été en si grand danger de s'étouffer[1]. »

Une non-distinction entre la gauche et la droite peut avoir des conséquences tragiques en médecine par exemple. On utilisait la thalidomide comme calmant au début des années 1960. Elle a été interdite lorsqu'on a découvert qu'elle causait de graves déformations du fœtus. Il existait en fait deux formes de thalidomide, reflets l'une de l'autre. L'une d'elles jouait en grande partie son rôle, certes, mais son reflet causait les déformations. Et, en plus, l'une des formes peut se transformer en l'autre dans le corps humain, ce qui ne facilite pas beaucoup les choses. Il faut vraiment être prudent avec les miroirs, sinon cela peut très mal se terminer…

Autre exemple, tiré du quotidien cette fois : les dés. La plupart des dés sont conçus selon des principes bien

1. Lewis Carroll, *De l'autre côté du miroir*, Paris, *op.cit.*, p. 85.

établis. Normalement la somme des points de deux faces opposées est toujours égale à sept. Le six se trouve donc à l'opposé du un, le cinq en face du deux et le quatre en face du trois. Toutes ces règles étant énoncées, il existe encore deux possibilités qui sont justement le miroir l'une de l'autre. Si on tient le dé de façon à avoir le un vers le haut et le deux devant soi, le trois peut se trouver soit à droite, soit à gauche. Et normalement les deux solutions devraient être tout aussi valables. Or surprise, on trouve le trois à gauche sur presque tous les dés ! Un fabricant de dés a dû décider de concevoir ses produits de la sorte à un moment donné, et tous les autres ont suivi. Enfin presque. J'ai réussi à trouver un ou deux dés avec le trois à droite, mais ils étaient toujours de mauvaise qualité et fabriqués par d'illustres inconnus.

Mais cette différence fondamentale existe-t-elle dans la nature ? Le cœur se trouve à gauche, la vie sur terre a choisi un certain type d'acides aminés, les dés sont conçus de telle façon, d'accord, mais c'est probablement sans aucun lien avec des lois naturelles fondamentales. Peut-on trouver d'autres exemples ? En observant les particules fondamentales de la physique des particules, on constatera peut-être le même phénomène que pour les dés ? Un élément qui n'existerait que sous l'une de ses deux formes possibles ?

Et cette particule existe, c'est le neutrino ! Le neutrino a un spin, comme de nombreuses autres particules, c'est-à-dire qu'il est en rotation autour de son axe. Les astuces de la mécanique quantique n'autorisent à l'axe de rotation du neutrino que deux directions. Cet axe est dirigé soit dans le sens de déplacement de la particule, soit dans le sens inverse. Les expériences ont cependant montré que le neutrino ne choisit qu'une de ces deux possibilités. L'axe de rotation du neutrino est toujours dirigé dans le sens opposé à celui du déplacement. C'est un peu comme si on voulait visser une vis mal engagée. On dit que le neutrino est gaucher. Et si nous regardons le neutrino dans un miroir ? Nous nous apercevons que l'axe de rotation est dirigé dans l'autre sens, droit devant. Vous pouvez tester vous-même en vissant puis en dévissant une vis devant un miroir. En revanche c'est un peu comme le dé inversé, ces neutrinos n'existent pas dans la réalité. On ne les trouve que chez Alice, de l'autre côté du miroir. La nature a donc décidé que l'une de ses particules fondamentales établirait une différence entre gauche et droite. En regardant dans un miroir, on voit un monde fondamentalement différent du nôtre, jusque dans les moindres détails. Alice devrait être prudente avant de traverser le miroir !

C'est lorsque l'interaction faible intervient qu'un neutrino est créé – toute violation de la symétrie gauche/droite est donc liée à l'interaction faible.

Autre type de symétrie : celle entre matière et antimatière. L'antimatière est identique à la matière, mais à l'inverse, et ce de plusieurs points de vue. L'antiparticule de l'électron est par exemple le positron. Sa masse est la même que celle de l'électron mais il a une charge positive, contrairement à l'électron à charge négative. Ces caractéristiques inversées ont des conséquences spectaculaires lorsque la matière rencontre l'antimatière et que les caractéristiques s'annulent. Elles réagissent violemment entre elles et sont rapidement transformées en énergie pure. Si la lune avait été composée d'antimatière, les astronautes auraient explosé dès l'atterrissage, pour se transformer en rayons gamma et en poignées de poussière de lune. On n'assiste pas à de telles explosions ; on peut en conclure qu'il n'existe pas de quantités significatives d'antimatière à proximité. Le monde que nous connaissons est constitué de matière. L'antimatière ne se forme que brièvement dans les accélérateurs de particules. Nous sommes convaincus que toutes les étoiles observées sont composées de matière tout à fait ordinaire. Cela vaut également pour toutes les galaxies que nous apercevons, même les plus lointaines.

Mais pour quelles raisons ? Est-ce un hasard ? La nature préférerait-elle la matière à l'antimatière ? Une galaxie constituée d'antimatière n'est peut-être pas aussi valable qu'une galaxie de matière ? Les physiciens des particules ont de fait constaté une petite différence entre matière et antimatière. En y regardant de plus près, on s'aperçoit que la symétrie entre les deux n'est pas parfaite…

Nous avons constaté que la nature fait la différence entre gauche et droite, ainsi qu'entre matière et antimatière. Mais en combinant les deux types de symétrie, cela fonctionne tout de suite mieux, c'est assez amusant… Tout fonctionne assez bien si on regarde un neutrino dans un miroir, et qu'en plus on remplace la matière par l'antimatière. Tout simplement parce qu'un antineutrino tourne dans le sens inverse d'un neutrino. Les antineutrinos ont des axes de rotation dirigés dans le même sens que le déplacement de la particule, et ils se comportent donc comme une vis correctement engagée. On dit qu'ils sont droitiers. La nature semble donc respecter cette symétrie combinée, appelée par ailleurs symétrie CP. Enfin presque. Des expériences menées sur des *kaons* montrent qu'une petite différence existe, même en regardant dans un miroir et en remplaçant la matière par l'antimatière. La nature ne semble donc même pas pouvoir respecter la symétrie CP, et la raison de ce non-respect reste l'un des grands mystères non élucidés de la physique des particules...

Troisième grande symétrie, ou plutôt presque-symétrie : voyons ce qui se produirait si l'on changeait la direction du temps. Je vous ai déjà parlé du second grand principe de la thermodynamique (« rien ne vaut le bon vieux temps »), et de la différence apparemment bien établie entre le passé et l'avenir. J'ai également précisé que cette direction du temps ne s'appliquait qu'aux phénomènes complexes et composés, et qu'il s'agissait plutôt d'une illusion particulièrement tenace. Il n'existe peut-être pas de différence dans l'infiniment petit ? Sur le fond c'est juste, les phénomènes simples restent compréhensibles même en passant le film à l'envers. Il peut s'agir par exemple de la rotation d'une planète autour du Soleil, ou des collisions et réactions de particules dans un accélérateur de particules. Mais là aussi, nous constatons une petite différence. Conclusion : même pour l'infiniment petit, la nature fait la différence entre l'avant et l'après. Même si cette petite différence n'est pas responsable de la direction du temps. Comme je l'ai déjà raconté, la flèche du temps est créée dans l'infiniment grand.

La nature ne respecte-t-elle donc aucune de ces symétries ? En combinant les trois symétries dont je vous ai parlé cela donne un ensemble appelé CPT, un résultat plus ou moins sacré. Disons que si nous filmons n'importe quel événement relevant de la physique des particules, puis que nous remplaçons les particules par des antiparticules, pour ensuite regarder le film à l'envers dans un miroir, le résultat visionné sera aussi un événement possible. Il ne s'agit pas là d'une simple supposition bien entendu, la symétrie CPT est issue d'une combinaison de mécanique quantique et de relativité restreinte, selon des raisonnements théoriques bien précis. Aucune expérience permettant de démentir la symétrie CPT n'a encore été menée. Mais la symétrie CPT va-t-elle résister à l'épreuve du temps ? Lorsque nous comprendrons vraiment la gravitation quantique, peut-être qu'on lui trouvera des exceptions ? Elle peut aussi s'avérer être un principe profond à valeur plus durable. On a tout de même le sentiment qu'aucune loi naturelle, ou presque, n'est vraiment éternelle. Pour toutes les règles, on finit par trouver une exception bien cachée dans un petit recoin de la nature.

## Avancer dans la boue

Les forces et les particules pousseuses de la physique des particules peuvent aussi être expliquées par des symétries, appelées *symétries de jauge.* Les théories correspondantes pour les forces s'appellent *théories de jauge* ou *théories de Yang-Mills*, d'après les physiciens Chen Ning Yang et Robert Mills qui ont élucidé ces notions pour la première fois en 1954. Il s'est révélé que les symétries de jauge sont toujours accompagnées de particules pousseuses sans masse. C'est la symétrie de jauge à l'origine de l'électromagnétisme qui produit les photons, et celle à l'origine de l'interaction forte qui produit les gluons.

Mais la nature aime beaucoup briser les symétries, j'en ai déjà parlé, et c'est précisément ce qu'elle fait avec l'interaction faible. La symétrie de l'interaction faible n'est pas parfaite, en effet, et ses particules pousseuses ne sont donc pas tout à fait dépourvues de masse. Comment se traduit cette rupture de la symétrie de l'interaction faible ? Il faut aller chercher la réponse du côté d'un champ que l'on retrouve partout dans l'espace-temps, le *champ de Higgs*. Imaginons pour tenter de comprendre un crayon en équilibre sur sa pointe – ce sera la symétrie intacte. En revanche, si le crayon tombe, il devra choisir de tomber d'un côté ou de l'autre, et ainsi la symétrie sera brisée. Il en va de même pour le champ de Higgs. Sa valeur la plus symétrique n'est pas stable, et le champ doit opérer un choix, comme le crayon qui tombe. Afin d'avoir un tableau plus réaliste, imaginons une pièce remplie de crayons qui cherchent tous à tomber.

Non seulement le champ de Higgs brise la symétrie de l'interaction faible, mais il fonctionne également comme une boue qui inonde l'espace-temps. Toutes les particules doivent traverser cette boue de Higgs où la progression n'est pas aisée, et ces difficultés sont perçues comme une masse. Les particules pousseuses de l'interaction faible ne sont pas les seules à obtenir leur masse ainsi, c'est le cas de toutes les particules dans une certaine mesure.

La boue du champ de Higgs peut également se mettre à vibrer, et ces vibrations peuvent être perçues comme des particules grâce à la dualité onde-particule de la mécanique quantique. Ces particules sont appelées particules de Higgs ou bosons de Higgs. Leur existence est une conséquence importante de la théorie sur le champ de Higgs. Personne n'a encore observé une particule de Higgs : sous l'influence de leur propre boue, leur masse est très conséquente. On espère cependant pouvoir les observer grâce à l'accélérateur LHC. La plupart des physiciens des particules sont convaincus que l'on finira par trouver la particule de Higgs, et ils seraient vraiment très surpris si elle ne se montrait jamais. Si on ne trouve aucune trace des vibrations de la boue de Higgs, il doit y avoir un grave problème quelque part.

## La force originelle

*Puisqu'ils ne connaissent pas les forces de la nature*
*et qu'ils ne veulent pas être seuls dans leur ignorance,*
*ils ne veulent pas que quelqu'un d'autre cherche à comprendre ;*
*ils veulent que nous pensions comme des sauvages*
*sans vouloir connaître l'origine des choses...*
*Mais nous disons qu'il faut toujours chercher les origines*[1].

Guillaume de CONCHES (XII^e siècle)

Dans un monde en perpétuelle transformation, il est assez naturel de chercher un élément permanent et sécurisant. Au-delà du monde perçu par nos sens, celui qui change sans arrêt de visage, il existe peut-être une vérité plus profonde, éternelle, que l'homme pourrait décou-

1. Traduction libre.

vrir. Selon les philosophes et les scolastiques du Moyen Âge, cette éternité tant désirée ne se trouvait pas seulement dans la Bible, mais aussi dans les mathématiques. À l'aide d'équations et de chiffres, ils pouvaient étudier le libre arbitre, la mort, l'éternité de Dieu et même la possibilité pour deux anges de se trouver au même endroit au même moment.

Cherchons maintenant à comprendre la quête de ces sages dans le contexte de leur époque. A priori, aucune raison de croire que leurs résultats en disaient plus sur la nature que sur eux-mêmes. Et pourtant ce sont les mêmes forces qui nous poussent aujourd'hui. Notre monde, grouillant de vie, est une conséquence d'éléments beaucoup plus simples selon nous. Les mathématiques nous servent encore une fois d'outil. Le modèle standard conçu par les physiciens des particules en est un excellent exemple. Il aurait certainement bien plu à de nombreux scolastiques du Moyen Âge…

Mais notre besoin de sécurité et de simplicité ne connaît pas de limites, et je pense qu'aucun physicien ne voit le modèle standard comme la description définitive du monde. Le tableau dressé est étonnamment simple – n'oublions pas que l'objectif est de tout couvrir – mais on peut se demander pourquoi la nature a choisi précisément les forces et les particules que nous observons. On aimerait trouver un principe encore plus profond qui montrerait que la nature n'avait pas le choix. Ce n'est qu'un vœu pieu… Qui sommes-nous en effet pour dicter à la nature ses préférences ? Peut-être que nous nous retrouvons dans la même position que les scolastiques médiévaux ? C'est bien possible, mais leur façon d'aborder le monde s'est montrée très efficace, et ce quelles que soient les motivations à plus large échelle ! Il est donc tout à fait logique de poursuivre dans cette voie, tout en gardant à l'esprit qu'un jour nous ne pourrons peut-être pas aller plus loin. Nous ne sommes pas certains que la nature ait vraiment la simplicité rassurante que nous recherchons si ardemment depuis des millénaires...

L'idée qu'il n'existerait en fait qu'une seule force, une force originelle dont seraient issues toutes les autres, est assez naturelle. L'électromagnétisme montre les liens entre électricité et magnétisme, on connaît les liens étroits entre l'interaction faible et l'électromagnétisme. Pourquoi ne pas intégrer l'interaction forte dans le même schéma ? Étant donné les succès avec l'interaction faible dans les années 1970, c'est exactement ce que l'on a essayé de faire. Et on a presque réussi !

La puissance des forces donne une indication sur l'existence d'une force originelle. La puissance des forces varie en effet en fonction de la distance entre les particules qui sont soumises à cette force. Pas seulement au sens ordinaire. Pour des forces comme la gravité ou l'électricité, il est évident qu'elles perdent en puissance avec l'éloignement des particules. Déjà pour Newton, la diminution de la force de la gravité correspondant au carré de la distance avait son importance. Mais il y a des effets au-delà de cela. En observant une charge électrique de loin, on constate qu'elle est toujours cachée par la nuée de particules créées puis détruites dans un vide en ébullition permanente. Cette nuée absorbe une partie de la force électrique. Plus la nuée est importante, moins la force est puissante. La force électrique est donc particulièrement affaiblie par la distance, et renforcée par la proximité. Le principe d'incertitude nous indique que les petites distances correspondent à des énergies importantes. Effectivement, plus l'énergie utilisée pour les collisions dans un accélérateur de particules est importante, plus les forces électromagnétiques prennent de l'importance. La différence n'est pas énorme, mais elle correspond parfaitement à ce que prévoit la théorie. Bizarrement, dans le cas des interactions forte et faible, le fonctionnement est tout à fait inversé. La nuée du vide en ébullition rend les charges plus visibles, et les forces augmentent avec la distance. Elles sont donc plus faibles pour des distances courtes, et par là même pour des énergies importantes.

Tout cela devient encore plus intéressant si on dessine un diagramme pour illustrer les variations des forces en fonction de l'énergie. Bien entendu l'interaction forte est la plus puissante des trois forces. En revanche on indique souvent que la force électromagnétique est plus faible que l'interaction faible, c'est assez déroutant. Mais en fait ce n'est pas à cause de sa faiblesse que l'interaction faible a du mal à se faire entendre. C'est plutôt parce que ses particules pousseuses sont incroyablement lourdes et qu'elles ne peuvent jamais aller très loin pendant leur courte vie. Si on compense ce phénomène par un handicap, comme au golf, la compétition devient plus intéressante et le rapport de force devient précisément celui que j'ai décrit. Quoi qu'il en soit, avec des distances courtes ou des énergies importantes, les interactions faible et forte s'affaiblissent, alors que la force électromagnétique se renforce. Elles sont donc d'autant plus proches en terme de puissance. Et lorsque le niveau d'énergie est très important, les trois courbes de puissance semblent se croiser en un point. Rien d'étrange à ce que deux courbes se croisent, mais pour que trois courbes aient un point d'intersection unique il faut soit avoir une chance folle, soit se dire qu'il y a anguille sous roche... N'oublions pas tout de même que ces courbes résultent en grande partie de calculs. Seule une toute petite première partie reflète les observations des expériences. Malheureusement les énergies en question sont tellement énormes qu'on ne peut pas effectuer des mesures jusqu'au bout. L'intersection étrange des trois courbes a tout de même été perçue comme un signe : si les niveaux d'énergie sont suffisants, les trois forces s'unissent, et on suppose qu'une force originelle prend le dessus. On appelle ces théories les GUT, Grand Unified Theories. Ces théories de grande unification n'unifient pas seulement les différentes forces, elles expliquent également toutes les autres particules.

Mais cette image élégante d'une force originelle qui serait la source de toute la physique des particules de l'univers n'est pas sans poser des problèmes épineux. Cette force peut causer de tels dégâts qu'aucune des autres forces ne pourra les maîtriser. Si on attend suffisamment longtemps, elle pourra par exemple détruire des protons. Les théories GUT prévoient donc que la matière elle-même est instable. La situation se complique pour de nombreuses théories GUT : elles prévoient que les protons seraient bien plus fragiles qu'ils ne le sont réellement. Les protons sont assez solides en réalité, et personne n'en a vu un se désintégrer, malgré de nombreuses et patientes tentatives. Un autre problème concerne des mesures plus précises de la puissance des forces, effectuées principalement au LEP. En effectuant des mesures aussi précises que possible dans les zones à faible énergie bien maîtrisées, puis en calculant ce qui se produira avec des énergies plus importantes, on s'aperçoit que les trois forces ne visent pas aussi bien que je l'ai affirmé. En fait les courbes des forces se manquent de très peu. L'idée d'une force originelle ne tient plus vraiment la route. Heureusement, il existe une solution à ces deux problèmes qui ferait pleurer de bonheur les scolastiques : la *supersymétrie*.

## De la supersymétrie

Pour bien comprendre ce qu'est la supersymétrie, il faut commencer par voir que les particules de la nature se divisent en deux catégories : les *bosons* et les *fermions*. En regardant les particules connues, on s'aperçoit que celles qui constituent la matière, comme les quarks et les électrons, sont des fermions. Les particules qui transmettent des forces sont toujours des bosons. Les fermions suivent le principe d'exclusion, ils ne sont donc pas très sociables. Si la matière peut occuper de l'espace, c'est grâce aux fermions. Nous avons vu des exemples du principe d'exclusion avec la composition de l'atome ou la structure des naines blanches et des étoiles à neutron. Les bosons, quant à eux, ne sont pas aussi inhibés que les fermions et sont contents de se retrouver.

La supersymétrie affirme qu'il existe des liens profonds entre bosons et fermions. En d'autres termes, les différents types de particules ne sont pas aussi fondamentalement différents qu'on pourrait le croire. Selon la supersymétrie, les particules qui constituent la matière et celles qui transmettent les forces sortent du même moule. Dans un monde supersymétrique, chaque type de fermion correspond à un boson de même masse et de même charge. Le photon, qui est un boson, a pour partenaire le *photino,* alors que le gluon, un boson lui aussi, a pour partenaire le *gluino.* L'électron est un fermion, et c'est le *sélectron* qui lui correspond. Pour les quarks ce sont les *squarks,* et pour les neutrinos les *sneutrinos.* Ces noms étranges ne sont pas forcément les mieux trouvés… L'accélérateur de particules géant SSC (Supersymmetric Super Collider) devait justement découvrir ces particules supersymétriques. Par manque de fonds il n'a jamais dépassé le stade d'un trou creusé au Texas au début des années 1990. Le *New York Times* a écrit à l'époque qu'une machine dont l'objectif était de découvrir des phénomènes si mal nommés ne devait pas être construite. C'est peut-être pour cela que le projet a été abandonné…

Lorsque les niveaux d'énergie sont très importants, de nombreuses indications vont dans le sens d'un monde supersymétrique. À chaque particule correspond sans doute un superpartenaire de même masse. Avec les énergies faibles que nous connaissons au quotidien, la symétrie est rompue, et les amis supersymétriques de nos particules habituelles ont une masse bien plus élevée. Peut-être que des accélérateurs de particules, existants ou en projet, nous permettront de les découvrir bientôt…

La supersymétrie plaît vraiment beaucoup aux théoriciens, pas parce qu'il s'agit d'une complication supplémentaire mais plutôt parce qu'elle simplifie tout. La physique est tout à fait intéressante et riche en phénomènes avec la supersymétrie. Quant aux mathématiques, il devient possible de les manipuler. On peut étudier ce qui est normalement complètement hors de portée. La supersymétrie présente aussi de nombreux avantages dans le cadre de la théorie sur la force originelle. Le proton devient moins fragile, ce qui explique qu'aucune décomposition de proton n'ait encore pu être observée à ce jour. Il faut avoir une bonne dose de patience, peut-être $10^{37}$ ans, pour espérer voir un proton donné se désintégrer.

Mais c'est sans doute sa capacité à résoudre le problème de l'intersection des trois forces qui rend la supersymétrie vraiment intéressante. Les particules supersymétriques, comme les autres particules, peuvent être créées et détruites par la mécanique quantique et la relativité. Elles peuvent donc changer la recette de la soupe bouillonnante du néant. Elles apportent pile le bon élément pour que les nuées quantiques soient suffisamment transparentes. Conclusion : l'idée d'une force originelle n'est possible que dans un monde supersymétrique.

L'intersection des trois forces est l'un de nos indices les plus précieux pour une compréhension plus approfondie de la nature. Espérons qu'il ne s'agit pas seulement d'une espiègle coïncidence destinée à nous mener vers des voies sans issue. La nature ne se comporte pas toujours conformément à nos attentes...

# 9
# Le rêve de Pythagore

*Où nous constatons que les trous noirs ne sont pas éternels, sommes conseillés pour améliorer notre mémoire et apprenons enfin ce qu'est une corde.*

Au VIe siècle av. J.-C vivait en Grèce un personnage assez particulier, Pythagore. Il était connu comme philosophe, mais on lui attribuait également des pouvoirs presque magiques ainsi que de nombreux exploits. Il aurait par exemple mordu à mort un serpent venimeux. Pythagore était à la tête d'une société secrète qui se soumettait à une série de règles de vie étranges. Interdiction de manger des fèves, de toucher un coq blanc ou de ramasser un objet tombé à terre. Les pythagoriciens avaient aussi leurs idées concernant le cheminement de l'âme. Le plus étrange est que, pour les pythagoriciens, l'essence de la nature et de l'existence était composée de parole. Tout est parole.

Pythagore avait un rêve. Il rêvait d'un monde régi par des lois mathématiques semblables à celles découvertes dans les harmonies musicales. En modifiant la longueur de cordes en vibration, Pythagore avait découvert comment les belles mathématiques pouvaient décrire le lien entre d'harmonieuses sonorités. Étant donné que les planètes en mouvement dans le ciel suivent aussi des lois mathématiques, on pouvait presque associer ces mouvements à des mélodies caractéristiques. On retrouve cette idée d'une musique des sphères dans la littérature, par exemple dans *Le Marchand de Venise* de Shakespeare : « Même le plus petit des astres que tu contemples chante comme un ange dans le chœur des jeunes chérubins[1]. »

Des siècles de recherche ont pourtant montré que le silence règne en maître là-haut. Les mouvements des planètes ne font pas résonner une musique des sphères…

La physique moderne a trouvé des indices montrant plutôt que c'est la création dans son ensemble qui est une symphonie pour instruments à cordes. En revanche, ces cordes sont petites, plus petites que tout. Il faut autant de cordes alignées pour aller de vos pieds à votre tête qu'il faut d'atomes alignés pour aller de l'autre côté de l'univers. Ou autant de cordes qu'il faudrait de grains de sable pour faire un tas de sable gros comme le Soleil.

Dans ce monde de la théorie des cordes, les plus petites composantes ne sont pas des particules rondes mais plutôt des cordes tendues et en vibration. Selon les vibrations, les cordes produisent des sons différents. À chaque son correspond une particule : un électron, un photon, un quark ou autre chose. La musique ainsi composée reflète le monde lui-même.

1. William Shakespeare, *Le Marchand de Venise*, Paris, Éditions Lansman, 1995, version électronique, p. 62.

## Mieux vaut entendre casser une corde…

*D'après une théorie, le jour où quelqu'un découvrira exactement à quoi sert l'Univers*
*et pourquoi il est là, ledit Univers disparaîtra sur-le-champ*
*pour se voir remplacé par quelque chose de considérablement plus inexplicable et bizarre.*
*Selon une autre théorie, la chose se serait en fait déjà produite*[1].

Douglas ADAMS,
*Le Dernier Restaurant avant la fin du monde*

La mécanique quantique et la relativité restreinte sont deux systèmes de pensée fondamentalement différents, mais chacun très convaincant. Ils n'ont pas seulement modifié notre mode de pensée mais également notre mode de vie. Une grande partie de la technologie moderne trouve son fondement dans cette physique, qui reste étrange et exotique pour le plus grand nombre. Grâce à une combinaison de mécanique quantique et de relativité restreinte, nous avons vu que le cœur de la matière trouve sa description dans le modèle standard de la physique des particules. Ce sont des succès énormes, mais ils laissent tout de même quelques questions sans réponse. Un exemple : pourquoi le modèle standard est-il ce qu'il est ? Pourquoi les particules que nous avons observées sont-elles celles-là ? Pourquoi doivent-elles être régies par les forces que j'ai décrites ? L'idée d'une force originelle n'est pas une réponse suffisante. On devrait pouvoir trouver encore plus simple, encore plus fondamental.

1. Paris, Denoël, 1987, page de garde.

Et la question la plus épineuse demeure : comment décrire la gravité en termes de mécanique quantique ? L'espace-temps déformé refuse obstinément de se soumettre au monde aléatoire de la mécanique quantique et de ses probabilités. L'exercice qui consiste à allier la théorie de la gravité, la relativité générale, aux autres théories s'est donc révélé particulièrement périlleux. On est rapidement confronté à d'étranges paradoxes, les mathématiques ne fonctionnent plus, les résultats sont interminables et absurdes et plus rien, ou presque, ne fonctionne. Si nous laissons la mécanique quantique s'emparer de la gravité, l'espace-temps lui-même va entrer en ébullition. L'espace-temps étant le fondement de toute la physique, nous perdons pied tout simplement, et ne savons plus trop comment réagir.

Bien entendu dans la pratique, les expériences ne nous donnent pas accès aux situations extrêmes dans lesquelles mécanique quantique *et* gravité sont importantes. En tout cas, pas encore. La mécanique quantique traite principalement de l'infiniment petit. Pour que la gravité prenne de l'importance, il faut de grandes quantités de matière. Il faudrait donc apprendre à manipuler des particules qu'on aurait accélérées jusqu'à des énergies telles que la gravité se ferait sentir. Il faudrait probablement qu'un électron soit pourvu d'une énergie cinétique équivalant à celle d'un poids lourd lancé à pleine vitesse sur l'autoroute. Personne ne sait comment y parvenir bien sûr. Peut-être que les conditions nécessaires sont tellement extrêmes qu'on ne pourra jamais les créer dans l'univers actuel... Quelle que soit la situation, la nature a forcément résolu le mystère. Quand les expériences pourront être menées, elle devra être préparée à répondre à nos questions. Si ce n'est pas le cas, c'est l'univers entier qui va planter, exactement comme un ordinateur qui s'est emmêlé les pinceaux. Mais quel est donc le secret ? Comment la nature va-t-elle s'en sortir ?

Depuis le milieu des années 1980, on pense avoir une idée assez précise d'une solution possible au problème : la *théorie des cordes*. En fait c'est assez naturel. Dans son acception ordinaire, la physique des particules admet que les éléments fondamentaux de la nature sont des particules rondes. Si cette forme pose problème, il paraît assez naturel de se demander si on ne pourrait pas utiliser des cordes, des membranes ou d'autres structures allongées. C'est exactement ce qui a été fait, et les cordes sont apparues comme particulièrement bien armées pour résoudre les mystères de la gravité quantique.

Et pourquoi les cordes sont-elles donc si utiles ? Le problème de la gravité quantique est lié aux courtes distances. L'existence d'une distance minimale serait une grande avancée. Et c'est justement l'avantage de la théorie des cordes, elle nous fournit une distance minimale, à savoir celle de la corde. Toute distance inférieure à la longueur des cordes est ainsi insignifiante. Pour mesurer une distance, il faut bien un instrument. Si tout est composé de cordes, l'instrument de mesure l'est aussi. Et comme les cordes ont une certaine longueur, l'instrument sera par nature assez grossier. Nous ne pourrons donc pas voir des éléments plus petits que les cordes. Et si nous ne pouvons pas voir un élément ni le mesurer autrement, existe-t-il réellement ? La théorie des cordes veut faire valoir qu'elle est une théorie du tout, et que les questions complémentaires sont absurdes.

Les circonstances de la découverte de la théorie des cordes n'avaient toutefois rien à voir avec la gravité quantique. À la fin des années 1960, on tentait en effet de trouver une théorie de l'interaction forte liant les quarks en protons et en neutrons. Au départ, les cordes semblaient pouvoir être l'élément manquant. La théorie a pourtant été reléguée aux oubliettes avec la découverte de la charge de couleur. C'est en effet à l'aide des gluons que la physique des particules interprète l'interaction forte. L'intégration de la théorie des cordes à l'interaction forte posait problème étant donné l'existence de certaines particules sans masse qui ne s'intégraient pas du tout au tableau. Si on choisit plutôt de voir les cordes comme une théorie fondamentale de la nature, cet échec se transforme en succès éclatant ! Les particules sans masse sont tout simplement les particules pousseuses de la gravité, les *gravitons.* Si les plus petits éléments constitutifs de la nature sont des cordes, les problèmes de la gravité quantique rencontrés précédemment sont transformés. Avec des particules, impossible d'intégrer la gravité à la vision de la mécanique quantique. Avec des cordes, cette gravité devient une nécessité.

Mais les implications d'une telle théorie des cordes vont beaucoup plus loin que la simple gravité quantique. Pour se sentir parfaitement à l'aise, les cordes posent des conditions très strictes à l'ordre du monde. Elles sont particulièrement difficiles quant au nombre de dimensions que doit comporter l'espace-temps. Voilà justement une caractéristique très intéressante.

Nous aimerions pouvoir expliquer pourquoi il existe quatre dimensions de l'espace-temps. Malheureusement la plus simple des théories des cordes préfère vingt-six dimensions, avec vingt-cinq dimensions espace et une dimension temps. Pour une théorie qui veut tout expliquer, ce n'est pas forcément très réussi comme pronostic. Plus grave encore, cette théorie ne sait décrire que les bosons. Or dans notre monde il existe aussi des fermions ; cette première théorie des cordes ne laisse donc aucune place aux quarks, ni aux électrons.

Dans les années 1970, on parvient à élaborer des théories des cordes qui incluent les indispensables fermions. C'est un pas important vers une théorie de la nature réaliste. Ces nouvelles théories des cordes sont mathématiquement complexes, et elles posent elles aussi des conditions strictes au monde. Il doit maintenant comporter dix dimensions. Un temps et neuf espaces, c'est toujours cela de gagné... Et on ne s'arrête pas en si bon chemin : les théories des cordes à dix dimensions comportent une caractéristique supplémentaire importante, elles sont supersymétriques. On parle donc de *supercordes*.

Il existe cinq théories des supercordes aux noms assez prosaïques, et sans aucun sens pour le non-initié : Type I, Type IIA, Type IIB, hétérotique SO(32) et hétérotique E8 × E8. Ces dénominations ont une origine longue et complexe que je vous épargnerai volontiers. Toutes ces théories sont donc partisanes des dix dimensions, mais le monde réel n'en comporte que quatre. Cela fait toujours six de trop. Au lieu de rejeter ces théories comme inexactes, on a trouvé une façon astucieuse de manipuler les dimensions superflues. Imaginons que les dimensions supplémentaires sont enroulées et donc indétectables au quotidien. En fait elles sont si petites qu'on ne les remarque pas. On les découvre en y regardant de plus près, avec une loupe suffisamment puissante, et on voit s'ouvrir à nous de nouvelles directions dont on ne soupçonnait même pas l'existence ! De la même façon, une paille apparaîtra comme un trait à quelqu'un qui ne voit pas bien. En la regardant de plus près, on s'aperçoit pourtant qu'elle comporte une autre direction, autour de la paille.

Le Polonais Theodor Kaluza (1885-1945) et le physicien suédois Oskar Klein (1894-1977) ont été parmi les premiers à proposer un tel monde à plusieurs dimensions. Dans les années 1920, ils avaient déjà imaginé une cinquième dimension, qui pourrait expliquer géométriquement l'électromagnétisme, de la même façon que la relativité générale avait expliqué la gravité. Le physicien finno-suédois Gunnar Nordström (1881-1923) menait déjà le même type de réflexion quelques années auparavant.

Mais comment mettre cette théorie des cordes à l'épreuve ? Il reste difficile de trouver des expériences adéquates. Je l'ai déjà évoqué, pour étudier directement les cordes il faudrait des énergies un million de milliards de fois plus importantes que la production des plus grands accélérateurs de particules actuels. Il est sans doute tout aussi complexe d'accéder aux dimensions supplémentaires. En revanche, les tests théoriques ne manquent pas. Il faut bien vérifier si la théorie tient la route logiquement, et si elle permet d'éliminer les paradoxes et les contradictions rencontrés précédemment en gravité quantique. L'un de ces tests porte sur les trous noirs, dont les paradoxes désagréables troublent depuis longtemps de nombreux physiciens théoriciens.

## Les trous noirs ne sont pas noirs

Parmi les physiciens d'aujourd'hui, Stephen Hawking est sans aucun doute le plus connu. Atteint de la terrible maladie de Lou Gehrig, qui l'a presque entièrement paralysé, il est devenu un symbole de l'invincible intellect. Un médecin a prédit sa mort prochaine quand il avait vingt et un ans ; il en a près de soixante à l'heure où j'écris ces lignes, et il poursuit ses recherches, infatigable. Je l'ai aperçu à plusieurs reprises ces dernières années à l'occasion de conférences. Il arrive en chaise roulante, accompagné d'une infirmière, pour suivre une conférence qui l'intéresse. Si Hawking est l'orateur, il fait sa présentation à l'aide d'une voix digitale qui lit ce qu'il a préparé puis péniblement écrit sur son ordinateur. Bien conscient de son rôle, il pose volontiers un moment devant une projection de ciel étoilé avant le début de la conférence. Lors de la conférence Strings '99 à Potsdam en Allemagne, Hawking est arrivé dans la salle de conférences poursuivi par une horde de journalistes et de photographes. Ils ont créé un tel tumulte que cela a interrompu la présentation en cours. Les flashs fusaient. C'était irréel et presque effrayant. Qui se souciait de l'homme ? ou même de la science ? Un symbole fascinant, tout simplement…

Les grandes découvertes de Hawking datent un peu, mais son nom est lié aux questions les plus intéressantes et les plus étranges de la physique vraiment fondamentale. Dans les années 1970, Hawking fait une découverte théorique : les trous noirs ont une température et ils émettent un rayonnement. La mécanique quantique permet cet exploit qui devrait être impossible : la relativité générale nous apprend que rien ne peut sortir d'un trou noir ! Comment est-ce donc possible ? J'ai déjà expliqué que des particules sont créées et détruites en permanence dans le vide, en empruntant de l'énergie selon le principe d'incertitude. Évidemment c'est également le cas à proximité d'un trou noir. Les particules sont souvent créées par paires, surtout pour maintenir l'équilibre de la charge. Un électron et un positron peuvent par exemple être créés pour être détruits peu de temps après. Et si une particule a le malheur de passer l'horizon du trou noir, que lui arrivera-t-il ? La particule restante n'aura plus de partenaire qui pourra être détruit en même temps qu'elle ; elle devra donc mettre fin à son existence empruntée et devenir réelle. Elle est ensuite libre de s'éloigner du trou noir, et nous interprétons ce processus comme un rayonnement provenant du trou noir. L'énergie doit bien entendu être conservée, et la nouvelle particule bien réelle doit répondre de son existence. Où a-t-elle puisé son énergie ? La seule source possible est le trou noir, qui doit donc rétrécir.

Conclusion : les trous noirs ne sont pas éternels. En attendant suffisamment longtemps, chaque trou noir finira par disparaître. Généralement il ne s'agit pas d'un rayonnement particulièrement puissant. Un trou noir typique, créé suite à l'implosion d'une étoile, émet un rayonnement Hawking qui correspond à une température d'un dix millionième de degré au-dessus du zéro absolu. C'est un rayonnement tout à fait négligeable et il n'y a pas la moindre possibilité de le mesurer. On constate en revanche, et c'est étrange, que plus le trou est petit, plus la température est élevée. Cela signifie aussi que plus le trou noir est petit, plus l'évaporation est rapide. Pour de tout petits trous, le rayonnement devient significatif et cela résulte en une explosion assez puissante, qui devrait pouvoir être remarquée à des distances interstellaires.

À la naissance de l'univers on peut imaginer la création de trous noirs de la taille d'une montagne ou d'un astéroïde – leur rayon aurait été microscopique. Ils devraient exploser à notre époque et on a cherché de tels phénomènes, sans succès jusqu'à présent. Si on découvrait une telle explosion de trou noir, cela donnerait accès à un puissant laboratoire qui nous fournirait de précieux indices pour une physique nouvelle. Dans un avenir vraiment lointain, quand l'univers aura pris de l'ampleur et qu'il sera plus froid, plus désert, plus sombre aussi, les rayonnements Hawking feront partie des dernières sources de lumière avant que la nuit éternelle ne prenne le dessus. J'y reviendrai au chapitre suivant.

Le rayonnement Hawking issu de trous noirs donne lieu à d'épineux problèmes théoriques. Il semblerait en effet qu'un trou noir soit incapable de se souvenir de sa création. On a pu le nourrir d'engrais, de télévisions ou de physiciens théoriciens… Tout ce qui compte c'est la masse, la charge électrique et la vitesse de rotation. Le trou noir ne comporte aucune caractéristique au-delà de celles-là. On dit qu'un trou noir n'a pas de *cheveux*. Et cela semble être le cas pour le rayonnement Hawking aussi. Selon Hawking, il ne comporte aucune information. Il s'agit d'un rayonnement sans aucune structure, et sans signaux intéressants qui pourraient nous raconter la création du trou noir. La conclusion est donc que les trous noirs détruisent l'information. Cela peut paraître assez normal au premier abord, il existe beaucoup de façons différentes de détruire l'information. Vous pouvez par exemple tenter de détruire l'information contenue dans ce livre en y mettant le feu. Mais même si vous mettez la main sur tous les exemplaires et sur mes notes, le texte n'aura pas pour autant complètement disparu. En principe, le contenu est encodé dans les cendres et la fumée. Dans la pratique il sera bien sûr impossible de reconstituer le texte, mais il existerait encore dans le principe. Bien caché d'accord, mais il existe.

Selon Hawking, le trou noir utilise une tout autre méthode pour détruire l'information. L'information disparaît vraiment, elle est totalement détruite. Le principe même de sa reconstitution est impossible. D'après ce raisonnement le trou noir est un parfait destructeur de documents... Seul problème, c'est un processus qui selon la mécanique quantique est impossible ! L'information ne peut pas être détruite. Nous voilà arrivés au *paradoxe de l'information* des trous noirs.

Cette énigme a été discutée et rediscutée à diverses reprises ces vingt-cinq dernières années. Selon Hawking, l'information peut vraiment être détruite ; la vision traditionnelle de la mécanique quantique est donc faussée. Les principes quasi religieux de la mécanique quantique sont obligés de céder devant la gravité toute-puissante. D'autres pensent que cette conclusion est hâtive. C'est le cas par exemple du prix Nobel néerlandais Gerard 't Hooft, mais il n'est pas le seul. Comment contourner le paradoxe alors ? La solution au problème est l'un des phénomènes les plus étranges que je connaisse. Observées séparément, la mécanique quantique et la déformation de l'espace sont déjà des constructions particulières et dignes d'un conte de fées, mais en les combinant c'est encore pire ! Ou peut-être devrais-je dire encore mieux ? Quoi qu'il en soit, je vais tenter de vous expliquer les tenants et les aboutissants de cette histoire.

Je vais m'aider de Tintin et de Milou pour mener une expérience qui n'est pas sans danger. Milou a décidé d'entreprendre un voyage dans un trou noir, malgré tous les dangers potentiels. Comme je vous l'ai déjà raconté, il ne se produira rien de très particulier lorsque Milou passera l'horizon, pourvu que le trou noir soit suffisamment grand. Il n'a même pas de papillons dans le ventre, et pourtant il ne pourra jamais ressortir une fois l'horizon franchi. Si nous voulons que le rayonnement Hawking transporte de l'information sur ce qui entre, donc sur Milou, il faut que cette information soit copiée avant de passer l'horizon, sous une forme ou une autre. Sinon ce sera trop tard. Le rayonnement Hawking se forme juste à la limite de l'horizon, il serait donc assez normal qu'il puisse ressentir ce qui entre. Milou laissera peut-être quelques petites traces de pattes permettant de retrouver diverses informations le concernant. C'est peut-être le cas ; peut-être que Hawking s'est juste un peu trompé dans ses calculs. Le paradoxe serait ainsi résolu. Les choses ne sont pas aussi simples bien entendu : la mécanique quantique contre-attaque ! Selon la mécanique quantique, il est tout à fait impossible de faire une copie conforme sans détruire l'original. Pas de photocopieuses parfaites ! Vous vous souviendrez peut-être de cet élément déjà évoqué lors de notre discussion sur la téléportation. En d'autres termes, si le rayonnement Hawking comporte des informations exactes sur ce qui entre dans le trou noir, ce qui entre, donc Milou, doit être détruit. Voilà le début d'un nouveau paradoxe : j'ai déjà expliqué que Milou ne ressentirait rien de particulier lors de son passage de l'horizon.

Tintin, resté à l'extérieur, a l'impression de voir Milou disparaître et être encodé dans le rayonnement Hawking sortant. Quel destin épouvantable ! En revanche, Milou ne ressent rien du tout. Voilà évidemment deux images très contradictoires, et les deux ne peuvent pas être vraies en même temps. Ou tenons-nous là une conclusion hâtive ? La situation est tout de même la suivante : d'un côté Milou, qui passe l'horizon, ne peut plus sortir pour raconter à Tintin que tout s'est bien passé, qu'il ne lui est rien arrivé de désagréable. De l'autre nous pouvons montrer que Tintin, resté à l'extérieur, n'a pas la possibilité de rattraper Milou pour lui raconter qu'il l'a vu se dissoudre puis disparaître. S'il veut le faire avant que Milou n'entre dans la singularité, Tintin devrait accélérer énormément. On dirait en d'autres termes qu'on peut avoir le beurre et l'argent du beurre… Cette idée étrange est appelée le principe de complémentarité des trous noirs.

Heureusement, il semblerait que la théorie des cordes contient précisément cette complémentarité. En plus cette théorie des cordes améliore la mémoire d'un trou noir, en cachant de l'information dans les dimensions supplémentaires. Cette théorie parvient donc à résoudre l'un des problèmes vraiment épineux de la physique théorique, et elle semblerait donner raison à 't Hooft et aux autres sceptiques. La mécanique quantique est saine et sauve. En fait, ce n'est que le dernier exemple en date d'une réalité qui prend des formes différentes selon le point de vue. Tout est relatif, y compris la vie et la mort. Nous sommes vraiment bien loin de la réalité indépendante, univoque et évidente qui était acquise selon la vieille physique newtonienne.

On cite souvent Hawking lorsqu'on discute de prix Nobel. Mais la route est longue… J'en reviens à la conférence de Potsdam dont je vous ai déjà parlé. Un petit orchestre de chambre animait une réception dans l'orangerie du palais de Frédéric le Grand. Ils se sont mis à jouer tout à coup un morceau que je connaissais bien, *La Marche du prince de Danemark*, de Jeremiah Clarke (1674-1707). C'est le morceau qui accompagne parfois l'entrée des lauréats du prix Nobel pendant la cérémonie. Pile à ce moment-là, Hawking est entré dans sa chaise roulante. Il arborait un large sourire, mais je ne sais pas s'il avait reconnu la musique. L'avenir nous dira s'il approchera un jour le prix Nobel de plus près… Le prix Nobel est décerné pour la physique qui a été étudiée et vérifiée par des expériences. Les rayonnements Hawking, comme la physique des cordes, ne sont encore que des rêves. Nous verrons bien si et quand ils se réalisent.

## Qu'est-ce que M ?

La théorie des cordes prévoit un monde avec une gravité et des particules qui ressemblent à ce que nous voyons vraiment. Le contenu exact dépend de la théorie en dix dimensions qu'on choisit comme point de départ, et de la façon d'enrouler les directions superflues. Certaines variantes utilisent les cordes hétérotiques et donnent lieu à des modèles très réalistes, avec les bonnes particules et les forces que nous observons dans la nature. Mais même si nous trouvions une théorie des cordes et l'enroulement correspondant qui décrirait la nature, ce ne serait pas satisfaisant. On se demanderait immédiatement pourquoi cette théorie a été choisie par la nature. Ce serait plus satisfaisant si c'était la théorie elle-même qui pouvait opérer ce choix. Peut-être qu'il n'y a qu'une seule théorie qui fonctionne vraiment ? Cinq théories des cordes, c'est tout simplement quatre de trop.

Ces dernières années, on a trouvé plusieurs liens surprenants entre les différentes théories des cordes, et la façon dont ces théories décrivent la même réalité sous-jacente. Elles donnent différentes images du même phénomène ; chacune est adéquate à un moment donné. Ce qui est simple dans l'une des images est compliqué dans une autre, et inversement. Et pourquoi s'arrêter à des cordes ? Ils sont nombreux à se poser la question, naturellement... Pourquoi ne pas aller jusqu'au bout, et s'autoriser d'autres objets plus complexes, des membranes par exemple. Il s'avère justement que les cordes ne sont pas les seuls éléments ; un grand nombre d'autres structures jouent aussi un rôle important.

En plus de la théorie des cordes, une autre théorie assez bizarre a fait l'objet d'études ces dernières années. Il s'agit d'une théorie de la gravité supersymétrique qui ne compte pas moins de onze dimensions. En l'intégrant à la réflexion, on est parvenu à distinguer un résultat au milieu des années 1990. Les théories des cordes et la théorie à onze dimensions sont en fait différentes manifestations d'une théorie originelle sous-jacente, la *théorie M.* Cette théorie M compte onze dimensions au départ, mais il peut se produire toute une série d'événements intéressants selon ce que l'on fait des différentes directions.

C'est en 1995 que le lien entre théorie M et théorie des cordes commence à apparaître. Indépendamment l'un de l'autre, l'Anglais Paul Townsend et l'Américain Edward Witten, l'une des très grandes stars de la physique théorique moderne, avaient effectué une observation surprenante. On savait depuis longtemps que la théorie des cordes de Type IIA contenait des trous noirs. Rien de très surprenant en soi pour une théorie qui décrit la gravité, mais ces trous noirs étaient un peu particuliers. Ils ne pouvaient exister qu'avec certaines masses et charges déterminées. Townsend et Witten ont compris que cela devenait compréhensible s'il existait une onzième dimension, en plus des dix proposées par la théorie des cordes. La réalité sous-jacente devait être la supergravité à onze dimensions, mais avec une direction en forme de cercle. Un trou noir à dix dimensions est donc un simple graviton sans masse à onze dimensions, se déplaçant dans une onzième direction qui est trop limitée pour qu'on puisse l'apercevoir immédiatement. Qui tourne, qui tourne. Avec un point de départ en dix dimensions, ce sera interprété comme une particule massive. Plus la particule se déplace vite dans la onzième direction, plus elle semble lourde dans le monde à dix dimensions. Selon la mécanique quantique, une particule ne peut pas se déplacer n'importe comment sur un cercle. La particule doit être décrite à l'aide d'une onde où la longueur d'onde décrit la quantité de mouvement (en gros, la vitesse). L'onde doit correspondre lorsque l'on fait un tour complet, cela signifie que seules certaines longueurs d'onde ou quantités de mouvement sont possibles. On dit que la quantité de mouvement est quantique. Les mouvements de l'électron dans l'atome sont quantiques de la même façon. C'est pour cette raison que les trous noirs étudiés ne pouvaient avoir que certaines masses déterminées. Voilà un indice important pour une compréhension plus approfondie de la théorie M.

On avait précédemment tenté de décrire la théorie M à l'aide de membranes. Cela n'a malheureusement pas été une réussite. Les membranes se sont révélées instables, et elles ne pouvaient pas servir de base pour une formulation fondamentale. Mais elles ne sont pas totalement inutiles. Si une direction de l'espace-temps à onze dimensions est enroulée sur un cercle, on peut tirer des cordes des membranes. Si on prend une membrane, qu'on l'enroule autour d'un petit cercle et qu'on la regarde ensuite de loin, il s'agit bel et bien d'une corde ! Les cordes sont donc des membranes enroulées.

On trouve d'autres exemples qui montrent que la théorie des cordes trouve son origine dans la théorie M. Une théorie M, dont l'une des dimensions espace est un cercle, nous donne, comme je l'ai déjà dit, un monde à dix dimensions dont les habitants sont constitués de cordes Type IIA. Si on choisit plutôt d'enfermer la théorie M entre deux énormes murs, on obtient un monde à dix dimensions dans la surface de chaque mur. Les habitants seront alors des cordes hétérotiques. Et c'est la possibilité la plus réaliste. Si la théorie des cordes hétérotiques est une description réaliste de notre monde, cela signifie que nous vivons dans l'un de ces murs. Peut-être qu'il existe un autre monde fantôme dans l'autre mur, dont nous ne savons rien. Pourtant, il se trouve à un jet de pierre du nôtre… Dans la onzième direction. On pourrait donc s'imaginer notre univers comme une paille. De loin on ne voit qu'une seule direction, celle qui est le long de la paille et qui correspond aux trois dimensions que nous connaissons au quotidien. En y regardant de plus près, on découvre cependant une dimension en forme de cercle qui correspond aux six directions enroulées de la théorie des cordes. En s'approchant encore plus, on verra que la paille comporte aussi une épaisseur, la onzième direction. Nous habitons d'un côté de la paille.

Que signifie donc ce « M » ? Mythique, magique, mystique ou quelque chose de cet ordre ? On n'en savait trop rien jusqu'à une date très récente, même si Paul Townsend avait précisé qu'avec la tête en bas, le M ressemble à un W, celui de Witten. On croit plutôt que le M correspond à *matrice,* comme dans une formule mathématique à l'aide de matrices. Formule qui, peut-être, pourra nous dire ce qu'est vraiment la théorie M.

## L'univers dans une coquille de noix

Peut-être que la réalité est une tapisserie, tissée par les nornes Urd, Verdandi et Skuld, ces divinités féminines de la mythologie nordique ; peut-être que leurs fils sont des cordes ? Mais quelle est l'origine de la tapisserie du monde ? On croit de plus en plus que cette physique de l'infiniment petit aura aussi des conséquences en cosmologie, la science de la création et de l'infiniment grand.

Pour mieux comprendre l'apparence d'un lien entre le tout petit et le très grand, réfléchissons de plus près à une vie dans un monde avec une dimension circulaire. Que pourrait bien inventer une corde dans de telles circonstances ? Elle peut bien entendu se déplacer dans cette direction supplémentaire, et ainsi avoir une quantité de mouvement, comme n'importe quel autre objet d'ailleurs. Et, comme je l'ai déjà dit, la mécanique quantique impose une quantisation à cette quantité de mouvement. Le résultat sera alors un spectre de masses possibles dans le monde avec un nombre inférieur de dimensions. L'interprétation la plus simple en est un flot de particules avec des caractéristiques différentes. La corde peut aussi réagir différemment, elle peut s'enrouler autour de la direction supplémentaire. Plus il y a de tours, plus la corde doit être longue, et donc plus elle doit être lourde. Cela peut aussi être interprété comme des particules de masses différentes. Si la dimension supplémentaire est grande, le premier type de masse sera plus petit, alors que la masse de l'enroulement sera plus importante. Et inversement si la dimension supplémentaire est petite. On peut utiliser cela pour jouer un tour assez particulier. Imaginons que les particules qui correspondent à des cordes enroulées correspondent en fait à une quantité de mouvement quantifiée. Ce que l'on a d'abord interprété comme une quantité de mouvement quantifiée correspond en fait à des cordes enroulées. La dimension supplémentaire doit alors être grande, et pas petite. Lorsqu'on observe certains phénomènes, un choix est possible. Il peut s'agir de quelque chose d'infiniment grand ou d'infiniment petit, au choix ! Il existe un lien étroit entre le grand et le petit.

Peut-être que c'est le cas aussi pour notre univers en expansion ? Lorsque nous nous approchons du Big Bang, le moment originel, et que le monde devient de plus en plus petit, peut-être que nous devrions tout réinterpréter. Peut-être que nous le comprendrions mieux sous la forme d'un univers qui redevient de plus en plus grand ? C'est l'idée fondatrice de la cosmologie des cordes, dont personne ne sait où elle aboutira. Nous en savons encore trop peu pour tirer des conclusions définitives.

La théorie de la gravité quantique, en cours d'élaboration, nous montre tout de même un monde où grand et petit ne sont pas fondamentalement différents, mais au contraire intimement liés. Peut-être un peu comme le

> « Voir un Monde dans un Grain de Sable,
> Et un Ciel dans une Fleur Sauvage[1] »

de William Blake. Tout est cependant issu de mathématiques rigoureuses et de logique, plutôt que des rêves

1. William Blake, *Œuvres II, Augures d'innocence*, Paris, Aubier Flammarion, 1977.

d'un poète romantique. Cela fait longtemps qu'on sait qu'il est important de connaître les entrailles de la matière pour comprendre le destin et l'origine de l'univers. On dirait également que le grand influe sur le petit. Tout se tient.

Pour ceux qui ont eu la chance d'y participer ces dernières années, les développements de la physique théorique aboutissant à la théorie M ont représenté une aventure fantastique. Vu de l'extérieur cela peut sembler du vent. Comment savoir si c'est sur la bonne voie ? Pour trouver une théorie de la gravité quantique, le problème n'est pas de choisir parmi plusieurs possibilités. Il s'agit surtout de trouver une idée qui tienne la route. Une seule théorie semble résister, c'est celle des cordes. Une fois que les cordes sont intégrées, les mathématiques font le reste. Nous nous retrouvons inévitablement dans les onze dimensions de la théorie M.

Nous avons donc bien des raisons théoriques de croire que nous sommes en bonne voie pour élucider l'un des mystères les plus profonds de la nature. Cela suffit-il ? La différence entre philosophie et science, c'est qu'en science on laisse toujours le dernier mot à la nature, au travers d'expériences et d'observations. On pourrait encore être engagé sur la mauvaise voie. Peut-être une évidence nous a-t-elle échappé ? Peut-être peut-on résoudre le paradoxe de la gravité quantique tout à fait différemment ? Il est réellement nécessaire de pouvoir mettre nos idées à l'épreuve. On pourra peut-être découvrir la supersymétrie grâce à la prochaine génération d'accélérateurs de particules, en revanche pour les cordes et la théorie M, les choses se compliquent. Peut-être devrons-nous nous éloigner des tunnels souterrains et nous tourner plutôt vers les étoiles. La cosmologie est une science en pleine évolution. Peut-être que l'enfer du choc originel nous donnera quelques indices pour élucider ces mystères bien gardés…

# 10
# Le point de Swedenborg

*Où Swedenborg s'interroge sur l'origine de tout et où nous apprenons pourquoi la nuit est noire.*

Au vieux cimetière d'Uppsala on trouve une petite tombe, sans pierre et sans nom, à l'abri sous un érable. Seul un crâne est enterré là. Personne ne sait à qui il a bien pu appartenir, toujours est-il que ce n'est pas celui d'Emanuel Swedenborg.

Emanuel Swedenborg (1688-1772) était un homme à multiples facettes. Il était philosophe, scientifique, alchimiste, prophète, théologien… C'est aussi l'un des Suédois qui ont vraiment laissé leur trace dans le monde. Ses pensées et ses idées circulaient librement et prenaient les directions les plus étranges. Il a très vite été inspiré par Newton, et s'est courageusement approprié ces idées nouvelles. Vers la fin de sa vie, il a choisi de concentrer sa réflexion sur ses propres rêves, assez particuliers, et sur la nature de Dieu. À sa mort, le crâne de Swedenborg a connu un destin très particulier, correspondant tout à fait aux cheminements étranges de sa pensée. Il est mort à Londres, mais son corps a fini par trouver le repos éternel dans la cathédrale d'Uppsala. En revanche, son crâne s'est égaré, et en 1978 Sotheby's a soudainement décidé de le vendre aux enchères dans la capitale britannique. La cathédrale d'Uppsala n'abritait donc pas le bon crâne ! Celui de Swedenborg a fini par retrouver le chemin d'Uppsala, et le crâne inconnu, dont on ne sait pas à qui il a appartenu, a été enterré au vieux cimetière de la ville.

Johan Henrik Kellgren a fait un amalgame injustifié lorsqu'il a assimilé Swedenborg à toutes sortes de charlatans de son temps, en écrivant :

> « Et même si on a pu voir dans le Soleil des taches,
> La Lune avec ses taches n'en est pas moins la Lune,
> Et même si Newton a manqué parfois de panache,
> Swedenborg est bien tout simplement… idiot[1]. »

Comme je l'ai raconté, même Newton a triché avec l'ésotérique – avec moins de succès et moins de retentissement que Swedenborg cependant. Pour ce qui est du tableau global de la nature, Swedenborg était moderne au point d'en être inquiétant. Il nous parle de la création du Soleil et des planètes à partir de nuages de gaz tourbillonnants, nous raconte qu'il existe très certainement des mondes autour d'autres étoiles, et que l'univers grouille peut-être de vie. Swedenborg n'hésite pas non plus à réfléchir à la création. Dans son propre *Principia*[2], il parle de la création du tout grâce à un mouvement mécanique et géométrique ; à l'origine il

1. Traduction libre du suédois. Poème envoyé par Kellgren à la société Pro Sensi Communi le 1er septembre 1787.

2. Emanuel Swedenborg, *Principia Rerum Naturalium*, 1734.

existait un *néant infini* dont est issu l'univers grâce au mouvement. Un mouvement issu du *point*, qui est à la fois fini et infini. Emanuel Swedenborg aurait été à l'aise parmi les cosmologistes de notre époque…

## Le premier instant

Mais qu'est-ce donc que ce début ? Le début de quelque chose que Swedenborg assimile à un point infini du néant et que nous appelons Big Bang ?

Bo Setterlind se demande :

« Veux-tu voir le monde,
Tel qu'au commencement,
Avant les chiffres[1] ? »

Est-ce possible ? Qui est arrivé en premier, les mathématiques ou le monde ? Emanuel Swedenborg a vu en rêve une longue série de chiffres : des anges qui communiquaient entre eux dans une langue morte depuis longtemps. En effet, lorsque les anges voient des chiffres, ils ne perçoivent pas seulement une quantité mais plutôt une idée. Et c'est en quelque sorte ce langage des anges que la science essaie d'utiliser pour comprendre la création du tout.

Lorsque l'on essaie de comprendre la création de l'univers en cosmologie quantique, on part du principe

1. Traduction libre du suédois, d'après Bo Setterlind, *Också fåglarna är fångar i sorgespelet*, *Skapelsemorgon*, Stockholm, Bonniers, 1975.

que les lois naturelles existaient avant le monde. Si ce n'est pas le cas, comment évoquer la création ? C'est une croyance (comment l'appeler autrement ?) assez répandue parmi les physiciens, et surtout parmi les mathématiciens : les mathématiques mènent une existence à part. Le monde réalise des idées dont l'origine se trouve ailleurs. On entend clairement la voix de Platon, avec son monde idéal. Les mathématiques représentent l'éternellement parfait, alors que notre monde n'en est qu'une ombre assez floue.

L'organisation impeccable de ces lois naturelles mathématiques, nécessaire à la vie, en a émerveillé plus d'un. Une toute petite modification d'une des constantes naturelles, et la vie n'est plus possible. Mais c'est peut-être l'œuvre du hasard ? Nous devons par définition vivre dans un tel univers bien équilibré, sinon nous ne pourrions pas exister et encore moins nous interroger sur l'existence. C'est le *principe anthropique*. Ce concept en a effrayé beaucoup : selon eux, toute mention d'un principe anthropique signifie qu'on abandonne, qu'on risque d'arrêter de chercher une explication plus profonde qui existe peut-être, malgré tout. Le principe anthropique est tout de même scientifique puisqu'il fait une prévision bouleversante : il doit exister d'autres univers. Il nous suffit de trouver le chemin menant vers la connaissance de ces autres mondes.

On espère justement que la mécanique quantique nous offrira de telles possibilités. Elle permettrait au vide de donner naissance à de petites particules, mais aussi à des mondes complets. Le vide dans ce cas est le néant au-delà du temps et de l'espace, peut-être un monde idéal tel celui de Platon, où n'existent que des possibilités. Pour suivre un raisonnement de Stephen Hawking, il est aussi absurde de s'interroger sur ce qui existait avant la création, que de se demander ce qui se trouve au sud du pôle Sud. Le défi consiste à trouver les équations qui nous expliquent à quoi ressembleront ces mondes, une fois créés et bien réels. Peut-être qu'il existe toute une série de possibilités, et que notre univers n'en représente qu'une. La plupart de ces univers sont stériles et déserts, sans étoiles et sans planètes. D'autres grouillent de vie, d'autres encore sont des îlots de vie dans un espace par ailleurs désert. C'est notre cas. On a longtemps espéré ne trouver qu'un monde possible dans le cadre de la théorie des cordes. On espérait que le monde, jusque dans ses moindres détails, ne pouvait avoir que l'apparence qu'il a actuellement. Ces espoirs ont néanmoins été déçus ces dernières années. Si la théorie globale M est unique, ses manifestations possibles semblent en revanche être d'une variété infinie. Pour un grand nombre d'entre nous, le principe anthropique semble de plus en plus naturel. Et on se demande même comment il pourrait en être autrement. Le monde est particulièrement bien organisé, surtout pour permettre la vie, aucun doute possible à ce sujet. Mais comment cela serait-il possible si le monde était réglé dans le moindre détail par la nécessité mathématique ? Pourquoi les mathématiques voudraient-elles créer un monde vivant ? Il est tout de même plus probable que les mathématiques autorisent plusieurs possibilités, et que c'est ensuite le principe anthropique qui fait le reste, non ?

Nous aurons la réponse un jour. Nous trouverons les équations nécessaires pour répondre à ces questions, qui comptent parmi les plus profondes. Nous trouverons les lois naturelles qui créent le lien entre la physique de l'infiniment petit, la mécanique quantique où tout est possible, et la gravité qui décide du destin de l'univers. Et nous pouvons d'ores et déjà entreprendre une discussion intéressante sur ces questions, c'est bien cela qui est le plus passionnant.

## Les raisons de la création

Pourquoi veut-on à tout prix une création de l'univers ? Pourquoi le point de Swedenborg doit-il avoir existé ? Peut-être que l'univers existe depuis toujours ? Si nous regardons le deuxième principe de la thermodynamique dont je vous ai déjà parlé, « rien ne vaut le bon vieux temps », on s'aperçoit que cela ne peut pas vraiment être le cas. Si tout était mieux avant, et que tout va toujours à peu près bien, l'univers ne peut pas exister depuis toujours. Dans un univers infiniment vieux, tout devrait avoir eu le temps de se dégrader, tout devrait être en bien moins bon état que ça ne l'est aujourd'hui, malgré tout. Conclusion : le moment de la création doit bel et bien exister. Un moment d'ordre absolu, le coup d'envoi de la course au délabrement. L'argument peut vous paraître incongru, mais il est tout à fait sérieux, c'est même l'un des arguments les plus forts qui soient !

À une certaine époque, ce genre d'indices n'était pourtant pas du tout à la mode. On était convaincu de l'éternité de l'univers. Einstein lui-même, avec sa nouvelle théorie de la gravité, la théorie de la relativité générale, refusait de se défaire de l'idée dominante d'un univers statique. Einstein a dû admettre à contrecœur que ses équations n'autorisaient pas un tout éternel. La théorie de la relativité générale affirme que l'univers est soit en expansion, soit en contraction, et ce n'était pas du tout du goût d'Einstein. Il a donc dû trouver une porte de sortie, une façon de modifier les équations pour permettre un univers statique. C'est la *constante cosmologique* qui a apporté la réponse. En fait, Einstein a permis au vide lui-même d'avoir une masse, ou plutôt une énergie. Il a ensuite qualifié cela de plus grande erreur de sa vie. On se souvient certainement tous d'avoir commis des erreurs bien plus graves… Mais on peut soupçonner Einstein de motivations bien plus troubles. Un univers en expansion mène naturellement la réflexion vers une origine, une création, ce que nous appellerons plus tard le Big Bang. Et entre création et créateur, le chemin n'est pas très long. Un univers statique serait tout de même scientifiquement plus sûr, non ? Une telle vision du monde devrait être mieux armée pour résister aux spéculations religieuses. Dans une certaine mesure, la constante cosmologique a peut-être été créée pour échapper à un Dieu créateur.

Bien avant Einstein, Newton avait eu du mal à conclure à un univers statique avec sa mécanique. Contrairement à Einstein, Newton y a cherché le signe d'une déité. Il se représentait Dieu comme le garant de l'équilibre que la physique était incapable de maintenir. La contradiction est palpable… L'univers statique recherché par Einstein n'avait nullement besoin d'un créateur, alors que Newton voit dans ce même univers statique l'aide de la main de Dieu. Chercher à prouver ou à réfuter l'existence de Dieu à l'aide de la science est tout simplement absurde.

Ils avaient cependant tort tous les deux. L'univers n'est pas statique ; il se développe, il est en expansion. Dans les années 1920, l'astronome américain Edwin Hubble découvre que la lumière des galaxies lointaines est un peu plus rouge que la normale. Les galaxies s'éloignent donc de nous à grande vitesse et l'univers est en constante expansion, c'est la seule explication viable à ce glissement vers le rouge. C'est tout à fait normal qu'une galaxie qui s'éloigne devienne plus rouge, alors qu'une galaxie qui s'approche est plus bleue. C'est comme le bruit d'un train : si le train s'approche le son devient plus aigu, s'il s'éloigne le son devient plus grave. Des phénomènes de plus en plus éloignés, géographiquement et donc dans le temps, ont été observés récemment. Ils nous montrent sans aucun doute possible un monde qui vieillit et se développe. Quelles leçons pouvons-nous en tirer ? La nature suit son cours, quels que soient nos idées ou nos préjugés sur l'organisation du monde.

Et, ironie suprême du sort, on a trouvé récemment une constante cosmologique. En revanche, elle ne remplit pas la fonction espérée par Einstein. Il avait imaginé un équilibre parfait, où la gravité de la matière serait équilibrée par une antigravité de la constante cosmologique, créant ainsi un univers statique. Dans notre monde, la constante cosmologique a pris le dessus et elle donne plus de vitesse à l'expansion.

La découverte de la constante cosmologique de l'univers s'est faite grâce à l'observation minutieuse d'explosions d'étoiles, les supernovas, dans des galaxies lointaines. Les explosions nous donnent la distance qui nous sépare des galaxies, et nous indiquent donc leur éloignement dans le temps. La couleur de la lumière indique la vitesse d'expansion de l'univers. À ce moment-là, il y a longtemps. On peut ainsi calculer les modifications de l'expansion de l'univers à travers les âges. De nombreux cosmologues sont soulagés, et se réjouissent de cette découverte. Des mesures effectuées précédemment avec le télescope Hubble avaient montré que l'expansion de l'univers était trop rapide. Les calculs montraient un univers bien trop jeune, dix petits milliards d'années. Les étoiles les plus anciennes, qui font partie d'anciens amas au bord des galaxies, devaient avoir plusieurs milliards d'années de plus. Mais un univers en accélération avait dû connaître une expansion plus lente à une époque plus ancienne. Il pouvait donc être plus âgé ; le paradoxe était résolu.

C'est aussi une découverte importante pour la physique des particules, qui se débattait depuis longtemps avec la constante cosmologique. Comme je l'ai déjà expliqué, en physique des particules le vide est une masse bouillonnante de création et de destruction. Ce bouillonnement permanent crée une énergie sous-jacente, présente partout. Elle fonctionne exactement comme la constante cosmologique. On peut en étudier et en mesurer les effets dans les accélérateurs de particules partout dans le monde. Mais la valeur naturelle de cette énergie sous-jacente est bien supérieure aux valeurs mesurées par les astronomes et aux valeurs maximales obtenues grâce à des observations précédentes. Même la théorie des cordes et la supersymétrie ne peuvent pas résoudre le problème. Quelque chose ne tourne pas rond du tout…

La physique des particules a essayé d'arriver à une symétrie qui interdirait une constante cosmologique. Mais puisqu'elle existe malgré tout, le problème prend une autre dimension. Il ne suffit pas de trouver cette mystérieuse symétrie. Il doit également exister un effet qui rompt ne serait-ce qu'un tout petit peu la symétrie, et qui laisse une trace qu'on a pu observer. On s'est également demandé si la constante cosmologique était vraiment constante, ou si elle ne variait pas plutôt en fonction du temps. On pourrait peut-être la comparer à une énergie sombre, dont l'origine est à trouver dans un champ de particules omniprésent. Cette nouvelle forme de matière a même été baptisée, c'est la *quintessence*. En revanche, personne ne sait exactement comment cela fonctionne.

## Voilà pourquoi il fait noir la nuit !

On peut trouver d'autres façons de se convaincre que le monde n'est pas éternel. Il suffit de rester éveillé suffisamment longtemps pour constater qu'il fait noir la nuit. C'est une observation qui paraît évidente, mais comme souvent dans ces cas-là, elle cesse d'être évidente si on y réfléchit un peu. Imaginons un univers infini où les étoiles s'enchaînent. Imaginons encore que cet univers est éternel et statique. Tout se ressemblera à long terme. Cette vision du monde était assez répandue au XIX<sup>e</sup> siècle, et on dirait presque que c'est vrai. Nous voyons à peu près mille étoiles à l'œil nu, bien plus avec un télescope grâce auquel nous soupçonnons l'existence de galaxies de plus en plus éloignées. Peut-être à l'infini. De plus, le temps ne semble pas vraiment changer la donne : le ciel d'aujourd'hui n'est pas très différent de celui de l'année dernière. Mais cela n'est pas vrai du tout. Si l'univers était infini et éternel, notre axe de vision devrait toujours finir par trouver la surface d'une étoile, en allant chercher suffisamment loin. Le ciel devrait donc être aussi lumineux que la surface du Soleil ! La réalité est pourtant très différente, et on peut se demander pourquoi. C'est le *paradoxe d'Olbers*, baptisé d'après l'astronome allemand Wilhelm Olbers qui en a débattu en 1823. Et comme c'est très souvent le cas, quelqu'un en avait déjà débattu il y a bien longtemps, avant que ses réflexions ne tombent dans l'oubli. Plus de deux cents ans auparavant, Johannes Kepler s'était interrogé sur l'absurdité d'un univers infini et éternel rempli d'étoiles.

On trouve la clé du mystère dans l'âge fini de l'univers. C'est Edgar Allan Poe (1809-1849) qui l'a soupçonné en premier dans *Eurêka*.

> « Si la succession des étoiles était illimitée, l'arrière-plan du ciel nous offrirait une luminosité uniforme, comme celle déployée par la Galaxie, puisqu'il n'y aurait absolument aucun point, dans tout cet arrière-plan, où n'existât une étoile. Donc, dans de telles conditions, la seule manière de rendre compte des vides que trouvent nos télescopes dans d'innombrables directions est de supposer cet arrière-plan invisible placé à une distance si prodigieuse, qu'aucun rayon n'ait pu parvenir jusqu'à nous[1]. »

En d'autres termes nous ne pouvons pas voir à l'infini : la lumière n'a pu parcourir qu'une distance

1. Edgar Allan Poe, *Œuvres complètes, Eurêka*, Paris, Gallimard, « Bibliothèque de la Pléiade », 1951, p. 778.

limitée pendant le temps qui nous sépare de la création. Notre axe de vision est donc rompu, généralement bien avant d'avoir atteint la surface d'une étoile, et il atterrit dans le noir. C'est donc le noir entre les étoiles du ciel nocturne qui est son aspect le plus intéressant, il nous montre la nécessité d'une création – une création aux limites de l'obscurité. Pensez-y la prochaine fois que vous irez vous coucher trop tard.

## Le reflet de la création

Lorsque nous regardons le ciel, nous remontons aussi dans le temps. De nombreuses étoiles visibles à l'œil nu se trouvent à des milliers d'années-lumière, ou même plus. Avec un télescope, il est possible de remonter plusieurs milliards d'années en arrière. Et si l'univers a un âge, on devrait pouvoir remonter jusqu'à la création. On devrait pouvoir deviner la gigantesque explosion originelle en regardant suffisamment loin, dans le temps et dans l'espace. C'est exactement ce qu'a prévu George Gamow, le créateur de M. Tompkins, en 1948. Selon lui, il devait exister un reflet de la lumière de la création, visible dans toutes les directions. La lumière des galaxies lointaines se décalant vers le rouge, cela devait également être le cas pour la lumière de l'explosion originelle.

Les physiciens américains Arno Penzias et Robert Wilson n'étaient pas du tout à la recherche d'un reflet de la création, ils cherchaient à étudier la Voie lactée. Au milieu des années 1960, lorsqu'ils ont découvert un rayonnement inattendu qui semblait venir de toutes les directions, ils n'y étaient pas du tout préparés. Ils ont passé un certain temps à tenter d'identifier des sources d'erreur. Ils ont même pensé que certaines perturbations pouvaient être causées par des pigeons qui avaient construit leur nid dans l'antenne. Pour finir, après avoir nettoyé ce qui restait des pigeons, ils ont dû accepter que le rayonnement venait vraiment de l'espace. Une autre équipe de chercheurs, dirigée par Robert Dicke de l'université de Princeton, cherchait depuis longtemps à identifier le rayonnement, sans succès. Lorsque Wilson a fini par appeler Dicke pour raconter sa découverte, Dicke a bien compris que son équipe avait été devancée. Il se serait exclamé : « *Well boys, we've been scooped*[1] *!* » Penzias et Wilson se sont bien entendu vu décerner un prix Nobel pour cette découverte. C'est le meilleur argument que nous connaissions en faveur de la théorie du Big Bang. Et Wilson n'était pas un fervent avocat de la théorie du Big Bang lors de sa découverte. Ironie du sort… Selon ses propres dires, il a fallu près d'un an pour le convaincre que les observations avaient un lien quelconque avec le Big Bang.

Le fond diffus cosmologique a été émis alors que l'univers n'avait que quelques centaines de milliers d'années, et que le tout est subitement devenu transparent. Le monde était jusqu'alors composé d'une masse assez opaque d'électrons libres et de protons (des noyaux d'hydrogène), bien trop chaude pour permettre l'existence d'atomes ou de molécules. Étant donné l'interaction entre lumière et particules chargées, aucun photon ne pouvait aller très loin. Le métal est un bon

1. « Eh bien, les gars, on s'est fait avoir ! » Traduction libre.

élément de comparaison. La brillance du métal dépend de tous les électrons libres de ce métal. Ils sont responsables de la conductivité, que ce soit pour le courant électrique ou pour la chaleur. La lumière rebondit légèrement sur les électrons, et le métal prend son apparence brillante. L'univers est devenu transparent parce que les électrons et les protons se sont trouvés, et qu'ils ont formé des atomes d'hydrogène électriquement neutres. Au moment de cet événement important, la température était de quelques milliers de degrés. Depuis lors, la lumière peut se déplacer sans obstacles à travers l'univers ; seule la longueur d'onde s'est étirée au fur et à mesure que l'univers a grandi. Le rayonnement est passé du visible aux micro-ondes, et de nos jours sa température dépasse d'à peine trois degrés le zéro absolu.

J'ai raconté l'histoire de l'univers à un groupe d'enfants un jour, et je leur ai surtout parlé de l'explosion originelle et de son rayonnement. L'idée était ensuite qu'ils fassent un dessin en s'inspirant de ce qu'ils avaient entendu. Lorsque j'ai regardé les dessins un peu plus tard, j'en ai trouvé un tout à fait merveilleux : un four à micro-ondes rempli d'étoiles. Ça ne pouvait pas être mieux.

## Des graines qui deviendront des galaxies

Le fond diffus cosmologique est très stable, le rayonnement provenant de toutes les directions est à peu près équivalent. La seule vraie différence, c'est que le rayonnement est plutôt bleu dans l'une des directions, et plutôt rouge dans la direction opposée. Cela s'explique par notre mouvement à travers l'univers. Le Soleil se déplace dans la Voie lactée en direction du Cygne, et la Voie lactée se déplace à son tour avec l'amas local en direction de la constellation du Centaure. On soupçonne que c'est là que se cache un énorme attroupement de galaxies, le *Grand Attracteur*. Et bien entendu la Terre tourne autour du Soleil, les couleurs bleues et rouges du fond diffus cosmologique varient donc légèrement en fonction des saisons.

Mais ce fond diffus ne peut pas être parfaitement stable. Ce sont les irrégularités des temps anciens qui ont créé les galaxies d'aujourd'hui. Dans le reflet de la création, on devrait pouvoir deviner les graines qui allaient ensuite pousser pour donner tout ce que nous voyons aujourd'hui. Mais il a fallu attendre bien longtemps pour trouver un autre effet que celui qu'expliquaient les mouvements de la Terre. La situation est devenue vraiment difficile dans les années 1980, lorsque le rayonnement refusait obstinément de révéler une structure. Le satellite américain COBE a fini par découvrir les irrégularités tant espérées en 1992… Des astronomes émerveillés, peut-être pris d'un accès de vanité, ont déclaré qu'on venait de voir le visage de Dieu. Apparemment, il est plein de taches de rousseur…

De nouvelles observations ont permis de mesurer les irrégularités du rayonnement avec une grande précision. Le satellite américain WMAP a joué un rôle particulièrement important lorsqu'il a livré ses premiers résultats en 2003. On a par exemple pu calculer que l'univers était vieux de 13,7 milliards d'années. Pour y parvenir, on a étudié des ondes acoustiques gigantesques, et leurs déplacements lents dans l'univers du début. Si on connaît la vitesse d'expansion de l'univers, la quantité de matière qu'il contient, et ce dont il est composé, on peut calculer l'apparence des ondes. Il faut ensuite mesurer et comparer. On espère ainsi comprendre la composition de notre univers.

Malgré la découverte des irrégularités attendues, tout ne va pas pour le mieux. Malgré ses graines de galaxies, le fond diffus cosmologique est incroyablement régulier. Comment est-ce possible ? Pourquoi notre univers n'est-il pas un chaos bouillonnant et tourbillonnant ? En calculant l'expansion de l'univers, on en a conclu que des rayonnements originaires de points distants de plus d'un degré dans le ciel n'ont pas pu être en contact, n'ont pas pu collaborer depuis le début des temps. Les différentes régions n'ont tout simplement pas eu le temps de communiquer. On se demande alors comment il se fait que les rayonnements soient si semblables. Comment les différentes parties peuvent-elles savoir quelle température adopter ? Une idée assez particulière semble pouvoir résoudre le mystère. Pendant un très court instant, au début de l'existence de l'univers, une explosion absolument gigantesque aurait eu lieu. L'univers aurait enflé et atteint des proportions énormes, avant que notre bonne vieille expansion ne reprenne la main. Les irrégularités éventuelles ont ainsi pu être gommées, et notre bel univers régulier en serait le résultat. Selon cette théorie, les différentes parties du fond diffus auraient été en contact. Des signaux lumineux ont surfé sur l'espace en expansion rapide, et ont réussi à relier des zones gigantesques. Cette théorie s'appelle l'*inflation*.

L'inflation pourrait être le résultat d'une phase de transition, peu après la création, pendant laquelle le monde s'est refroidi. Un peu comme quand l'eau se transforme en glace. Mais comme dans le cas d'une pluie verglaçante où l'eau devient plus froide qu'elle ne le devrait, l'univers s'est attardé un moment de trop dans sa phase infantile. Cela s'est traduit par une énergie supplémentaire du vide, lui permettant de jouer le rôle d'une constante cosmologique et ainsi de mener à une expansion frénétique de l'univers. L'eau glacée finit par trouver son repos sous forme de glace, et l'univers s'est adapté de la même manière à sa nouvelle phase. L'inflation était terminée, et le trop-plein d'énergie s'est transformé en matière ordinaire. Comme vous et moi.

Il faut toujours savoir garder une certaine mesure. Le rôle de l'inflation est de créer un univers lisse et régulier. La même chose partout. Mais ce n'est pas vraiment le cas. Il existe des amas de galaxies, des galaxies, des étoiles, des terres, des vies. À un moment donné, à un endroit donné, des graines ont dû être plantées. La nature les a ensuite travaillées afin de créer toute la structure que nous voyons aujourd'hui. L'inflation contient la clé de ce mystère-là aussi. Le hasard de la mécanique quantique interdit le lisse et l'identique. Il existe forcément des fluctuations aléatoires, qu'on ne peut ni empêcher, ni prévoir dans le détail. Normalement, elles se cachent dans le monde microscopique, même si leur existence se fait parfois sentir plus ou moins directement dans notre monde. Vous vous souvenez peut-être du crayon qui ne peut pas rester en équilibre sur sa pointe plus de quelques secondes ? Ce que va faire l'inflation, c'est transformer cet infiniment petit en quelque chose d'infiniment grand. Ce que nous pouvons voir de plus grand dans le ciel correspond à un agrandissement des fluctuations aléatoires d'un rien insignifiant il y a très, très longtemps.

## Et après ?

*Ce monde, pour les uns, mourra brûlé,*
*Selon d'autres, gelé.*
*Ce que j'ai tâté du désir*
*Me fait dire : il sera brûlé ;*
*Mais s'il devait deux fois mourir,*
*Je sais ce que c'est que haïr.*
*Et je peux dire*
*Que pour détruire,*
*Le gel est fort aussi,*
*Et suffit*[1].
Robert FROST

Combien de temps l'univers existera-t-il ? L'expansion pourra-t-elle s'inverser ? C'est la vitesse d'expansion de l'univers ainsi que la quantité de matière qu'il contient qui conditionnent la réponse. Un peu comme un saut à pieds joints nous fait décoller de quelques décimètres seulement avant de retomber, alors que sur un petit astéroïde, le même saut nous enverrait dans l'espace pour ne plus jamais revenir. La Terre est lourde et sa gravité est suffisante pour nous retenir, alors que le petit astéroïde n'a aucune chance. Si la quantité de matière est suffisante, la gravité pourra finir par freiner

1. Robert Frost, *Feu et Glace, Poésies complètes*, Paris, Seghers, 1964.

l'univers en expansion et amorcer le mouvement inverse, même si cela prend des dizaines de milliards d'années. Tout se terminerait en gigantesque feu d'artifice des mondes, le *Big Crunch*.

En revanche, s'il y a trop peu de matière, l'expansion se poursuivra éternellement. Tout deviendra moins dense, plus froid, plus ennuyeux. La dernière étoile de l'univers s'éteindra dans cent mille milliards d'années, et, à partir de ce moment-là, la majeure partie de la matière aura donné des naines blanches éteintes depuis longtemps, des étoiles à neutrons et des trous noirs. Les systèmes solaires morts se décomposeront, même les galaxies perdront leurs étoiles dans ce désert. Tout cela dans les cent premiers milliards de milliards d'années. Mais tout ne sera pas obscurité. Parfois deux naines brunes se rencontreront, et la collision donnera naissance à une nouvelle petite étoile qui pourra commencer à briller. Dans les restes de la Voie lactée, on trouvera peut-être une centaine d'étoiles de ce type qui brilleront à un moment donné. Toutes réunies, elles ne brilleront pas plus fort que notre Soleil. Peut-être que des planètes naîtront autour de ces dernières étoiles. Peut-être que sur l'une d'entre elles on trouvera de la vie, des civilisations. On peut se demander à quoi ressemblerait la vie au crépuscule de l'univers…

Mais le délabrement se poursuivra. On retrouve le deuxième principe de la thermodynamique, *rien ne vaut le bon vieux temps*. Au bout de $10^{37}$ années il ne restera plus de protons, et plus rien de la matière ordinaire. Il ne restera que des trous noirs en plus de quelques électrons, positrons et photons. Mais comme je l'ai rappelé, même les trous noirs ne sont pas éternels. Le rayonnement de Hawking, relevant de la mécanique quantique, entrera enfin en scène. Il épuisera lentement même les plus gros des trous noirs. Ceux qui ont la masse d'une étoile disparaîtront au bout de $10^{65}$ années, alors que pour les plus massifs, il faudra attendre un gogol années, c'est-à-dire $10^{100}$ ans, pour les voir disparaître. Ensuite c'est la nuit éternelle qui tombera, et il ne se passera presque plus rien. Plus jamais. Mais il n'y aura personne pour s'ennuyer non plus…

Pour décrire les différentes possibilités, on a introduit un nombre représenté par la lettre grecque *omega.* $\Omega$ indique la quantité de matière contenue dans l'univers en fonction d'une valeur critique déterminante. Si $\Omega$ est inférieur à un, l'univers poursuivra éternellement son expansion. Si $\Omega$ est supérieur à un, la gravité transformera l'expansion en contraction. Attribuer ce rôle à la dernière lettre de l'alphabet grec est sans doute assez judicieux. Mais la découverte de la constante cosmologique change un peu les règles du jeu. Cette constante donne encore plus d'élan à l'expansion. Peu importe la valeur d'$\Omega$, ou à peu près, l'univers sera de toute façon en éternelle expansion.

La valeur d'$\Omega$ peut cependant avoir un intérêt à d'autres titres. Selon Einstein, il existe un lien entre $\Omega$ et la place de l'univers dans l'espace. Un univers où $\Omega$ est supérieur à un est appelé *fermé,* et il est de taille finie. En revanche, un univers où $\Omega$ est inférieur à un est appelé *ouvert* et il est infiniment grand. Si nous avons du mal à nous représenter un univers infini et sans fin (comment quelque chose peut-il être infini ?), un univers fini est peut-être encore plus difficile à visualiser. Que trouve-t-on après, au-delà de la fin ? Pour bien comprendre, il faut chercher un modèle simple, et dans ce cas il est bon d'éliminer une ou deux dimensions, comme je l'ai déjà proposé. Imaginons donc un monde composé des deux dimensions d'espace à la surface d'une boule. Imaginez à présent que vous êtes une ombre tout à fait plate qui vit à la surface de la boule, exactement comme celle qui nous a aidés à comprendre la déformation de l'espace-temps dans un chapitre précédent. Vous n'avez pas de représentation d'une troisième dimension supplémentaire. Vous n'arriverez jamais à la frontière d'un tel monde, quelle que soit la distance parcourue. Le monde a beau être de taille finie, vous reviendrez tout simplement à votre point de départ. Pour comprendre le développement d'un tel univers, imaginons que l'univers est un ballon de baudruche. Il grandit au fur et à mesure qu'on le gonfle, puis un jour il se met à rétrécir. La surface du ballon est pourtant toujours de taille finie, et de la même façon notre univers ne pourrait pas contenir un nombre infini de galaxies. Soulignons tout de même que le ballon gonflé n'est qu'une métaphore, à utiliser avec prudence. Pour être tout à fait précis, il faut dessiner la surface ronde dans un espace à trois dimensions où elle pourrait se déformer. Mais ceci n'est qu'un outil pour combler notre manque d'imagination. La surface déformée, ou l'espace déformé si nous ajoutons une dimension pour décrire notre monde, se suffit à elle-même et n'a pas besoin d'aller se déformer dans des dimensions supplémentaires.

La description de mondes finis mais sans frontières ne pose donc pas de problèmes aux mathématiques. Ce qui existe à l'extérieur perd son sens. Ce n'est même pas vide en fait, mais l'espace et le temps n'existent pas, rien n'existe. Aristote se débattait déjà avec de telles idées pour comprendre sa vision du monde. Pour Aristote, le lieu était défini par la matière environnante. Il n'existait pas de vide significatif, sans matière impossible de parler de temps ou d'espace. Il n'existait donc rien, au sens fort du terme, au-delà de la plus éloignée des sphères stellaires. Pas d'espace, pas de temps, rien. Ces idées sont assez élégantes, c'est vrai, par contre cela se complique lorsqu'il s'agit d'attribuer un emplacement à notre monde. Si c'est bien la matière qui définit l'emplacement, comment peut-on dire qu'un élément entouré de rien se trouve ici plutôt que là ? Voilà une énigme qui mérite des milliers d'années de réflexion...

Comment concevoir alors un univers ouvert et infini ? Ce n'est pas évident d'imaginer un univers qui aurait toujours été infiniment grand, et qui serait même né infiniment grand. Mais plutôt que de s'essayer à comprendre directement cet infini, il serait nettement préférable d'essayer de l'interpréter en termes d'observations. À quoi ressemblerait la vie dans un tel univers ?

Si l'univers est infiniment grand, cela signifie tout simplement qu'on peut voyager à l'infini et toujours trouver de nouvelles galaxies sans jamais arriver à une fin. Ce n'est pas plus étrange que cela. Un tel univers peut cependant aussi être en expansion : la distance entre les galaxies augmente avec le temps. Si l'univers est infiniment grand aujourd'hui, il le sera encore demain et il l'était déjà hier. Cela vaut aussi pour la période qui a suivi le Big Bang, pendant laquelle la matière était très dense. Partout. Mais depuis, la densité n'a fait que diminuer. Partout, et en même temps, dans un monde infiniment grand.

## Peser l'univers

Quelle est donc la quantité de matière existante ? Quelle est la valeur d'$\Omega$ ? Parmi les possibilités que j'ai évoquées, quelle est donc la bonne ? Pour répondre à cette question il faut pouvoir peser l'univers. Des tentatives ont d'ailleurs été entreprises. On a compté toutes les étoiles et tous les nuages de gaz visibles pour essayer d'en déduire la quantité de matière existante. La réponse correspond à quelques pour-cent de la valeur critique, et la conclusion paraît évidente : un univers infini en éternelle expansion. Mais peut-être existe-t-il de la matière invisible ?

Depuis longtemps, l'étude des mouvements des galaxies nous apprend qu'il existe plus de matière dans l'univers que ce que nous apercevons sous forme d'étoiles. Une inconnue doit se cacher dans la pénombre et tirailler les galaxies et les étoiles avec sa gravité : la *matière noire*.

L'étude du mouvement des étoiles dans la Voie lactée, mais aussi dans d'autres galaxies, nous a permis d'arriver à cette conclusion. Kepler avait déjà constaté que la rotation des planètes du système solaire autour du Soleil était d'autant plus lente que la distance qui les séparait de lui était importante. Il devrait en être de même pour les étoiles aux frontières de la Voie lactée. La vitesse des étoiles dans la Voie Lactée devrait diminuer avec l'augmentation de la distance et donc avec la diminution de la gravité du reste de la Voie lactée. Mais bizarrement ce n'est pas ce que montrent les observations. On a constaté que la vitesse de rotation est plus ou moins constante, et la seule conclusion logique est qu'il existe de la matière supplémentaire pour donner de la vitesse aux étoiles. Bien d'autres arguments montrent qu'Ω doit correspondre pile à la valeur critique, et qu'il doit donc exister plus de matière qu'on ne peut en voir.

Lorsque la matière devient moins dense dans un univers ouvert, elle est de moins en moins à même de freiner l'expansion. Ω diminue donc avec le temps et s'approche rapidement de zéro. De ce fait, il est difficile de concevoir un univers où un Ω de quelques pour cent se maintiendra très longtemps. Le fait que nous vivions justement à une telle époque a nourri les réflexions de nombreux astronomes...

On pourrait bien sûr avoir recours au principe anthropique pour résoudre le problème. Nous vivons forcément à une période de l'histoire de l'univers suffisamment distante du Big Bang pour que des galaxies et des étoiles avec des mondes accueillants aient pu être créées. Mais dans un univers ouvert il ne faut pas qu'il soit trop tard non plus, sinon les étoiles auraient eu le temps de s'éteindre, et tout serait devenu froid et sombre. Nous tenons peut-être notre explication ? Peut-être... Mais nous ne devons voir cela que comme un dernier recours, sinon nous risquons de passer à côté de la vraie réponse.

Autre solution : l'Ω de l'univers est égal à un. Cela signifie qu'Ω sera toujours égal à un. Nous ne vivons donc pas à une époque donnée de l'Histoire, et avons par ailleurs besoin de matière cachée pour nous faire passer des quelques pour-cent observés à la valeur magique. C'est la matière noire, bien entendu. Il reste un problème : *pourquoi* Ω correspond-il à cette valeur bien équilibrée ? Il existe peut-être une symétrie, ou un principe profond adopté par la nature ? C'est d'ailleurs ce que fait l'inflation dans sa forme tout à fait originelle : un ballon suffisamment gonflé paraîtra assez plat à une petite créature qui rampe à la surface.

Mais quelle est donc la nature de cette matière noire ? Il serait assez naturel de croire qu'il s'agit d'étoiles loupées, mort-nées. Pour que le noyau de l'étoile puisse s'allumer, il faut que celle-ci ait une masse correspondant à 8 % de celle du Soleil environ. Un corps comme Jupiter, dont la masse correspond à un millième de celle du Soleil, est donc bien trop petit. Il doit se contenter de briller avec de la lumière empruntée. On a baptisé ces objets MACHOs – *Massive Compact Halo Objects.* Halo parce qu'on s'imagine qu'ils existent plutôt vers l'extérieur de la Voie lactée, dans des halos. Cette idée a été testée à l'aide du phénomène des *lentilles gravitationnelles*, utilisant la déformation de la lumière selon la théorie de la relativité générale. Eddington avait déjà utilisé le même effet pour assurer une bonne fois pour toutes une place à Einstein dans l'Histoire. Eddington n'avait pu noter en revanche que des changements infimes aux positions apparentes des étoiles, alors que les mirages gravitationnels vont plus loin. L'influence de la gravité sur la lumière permet à un champ gravitationnel de fonctionner comme un télescope. La lumière d'une étoile qui se trouve juste derrière un objet invisible mais lourd, sera déformée de façon à produire un petit anneau visible, l'*anneau d'Einstein*. À condition d'avoir le bon angle d'observation. De plus on constate une concentration de la lumière, qui la renforce. On a donc patiemment étudié la lumière de millions d'étoiles des Nuages de Magellan pour voir ce qui se produit. On espère que des éléments de la Voie lactée habituellement invisibles vont dévoiler leur existence en passant entre nous et ces étoiles éloignées. L'étoile ne sera pas transformée en anneau, et même si c'était le cas il serait bien trop petit pour pouvoir être observé. En revanche, la concentration de lumière rend l'étoile bien plus brillante. Et de tels événements ont vraiment pu être observés. On trouve par-ci, par-là une étoile qui brille plus fort pendant quelques semaines, et qui nous raconte que des corps invisibles se déplacent dans l'obscurité.

Ils ne sont cependant pas assez nombreux pour expliquer toute la matière noire. Et tant mieux finalement. Si on avait pu trouver toute la matière noire grâce à la technique de la lentille gravitationnelle, et qu'il s'agissait justement d'étoiles mort-nées, on se serait retrouvé avec un drôle de problème à résoudre. La majeure partie de l'hélium que l'on retrouve dans l'univers a été créée à peu près trois minutes après la création. Il ne doit pas exister beaucoup plus de matière ordinaire dans l'univers que ce que l'on connaît déjà, sinon il aurait été impossible de prévoir les bonnes quantités. La matière noire ne peut donc pas être composée uniquement d'étoiles mort-nées, il doit y avoir autre chose. Une autre chose qui n'aura pas d'influence sur la recette de la soupe originelle, vieille de trois minutes. Laissez-moi vous en dire plus sur ce quelque chose.

## De notre spécificité

S'il existe des MACHOs, il existe probablement aussi des WIMPs, c'est-à-dire des *Weakly Interacting Massive Particles*. C'est le nom qui regroupe les candidats possibles pour la matière noire, qui ne poseraient pas de problèmes à la physique nucléaire des débuts. Et pour découvrir de quoi il s'agit, il faut chercher des possibilités plus exotiques que des étoiles ratées. Nous devons nous tourner vers les particules microscopiques de la physique des particules.

C'est le neutrino qui nous vient à l'idée en premier. C'est une particule qui peut traverser des années-lumière de plomb assez discrètement, on peut donc imaginer qu'il en existe de grandes quantités qui ne se font pas trop remarquer. Étant donné qu'il devrait exister un fond diffus cosmologique de neutrinos, assez semblable au fond cosmologique ordinaire de micro-ondes, on peut calculer la quantité de neutrinos existants. On a longtemps cru que les neutrinos étaient dépourvus de masse, mais des observations récentes provenant du fond des grottes japonaises ont permis de mesurer les caractéristiques des neutrinos, comme je l'ai déjà raconté. Conclusion : ils pèsent bien un petit quelque chose. Malheureusement, cette masse est sans doute bien trop petite pour que les neutrinos puissent avoir une influence déterminante sur le mouvement des galaxies, et ce malgré la quantité incroyable en circulation dans l'univers depuis le début des temps. C'est probablement plutôt quelque chose de tout à fait nouveau que nous cherchons, peut-être une autre des particules exotiques que la physique du noyau de la matière nous prédit.

Les particules supersymétriques partent favorites dans ce contexte ; la physique des particules fonde beaucoup d'espoir en elles... Et peut-être que la cosmologie leur prépare encore un rôle important ? Les neutrinos sont légers, et ils se déplacent à des vitesses proches de celle de la lumière. Les particules supersymétriques, quant à elles, sont des engins assez lourds et si elles constituent la matière noire, elles se déplacent bien plus lentement. Les neutrinos sont appelés matière noire chaude, les particules supersymétriques matière noire froide. Comment savoir alors si on est sur la bonne voie ? Comment trouver les particules supersymétriques dans le noir entre les étoiles ? Étant donné qu'elles sont si lourdes et paresseuses – elles pèsent plusieurs centaines de fois le poids d'un proton – il n'est pas très difficile de les attraper... Elles devraient par exemple tomber et se regrouper en grandes quantités dans les étoiles. Et si une particule supersymétrique seule est une particule en principe éternelle, leur existence est bien plus compromise lorsqu'elles sont à plusieurs. Les particules supersymétriques peuvent en effet se transformer en matière ordinaire, à condition d'opérer par paires. Deux d'entre elles se rencontrent et se transforment en lumière et en neutrinos. Bien entendu, il est plus probable qu'elles se retrouvent si elles sont nombreuses. Comme dans le Soleil par exemple. Ou peut-être dans la Terre. Au pôle Sud, dans les profondeurs de la calotte polaire éternelle, on a cherché des éclairs lumineux causés par ces neutrinos issus de la désintégration de particules supersymétriques du cœur du Soleil. Personne ne sait si on en verra. Peut-être qu'on verra plutôt tout autre chose que personne n'a encore pu imaginer. L'objectif du projet international AMANDA est de créer un télescope à neutrinos qui fonctionne.

Il semblerait donc que la majeure partie de l'énergie et de la matière du monde soit d'une tout autre nature que celle constatée au quotidien. Sous forme de constante cosmologique d'une part, et de matière noire d'autre part. C'est peut-être l'étape suivante de la révolution copernicienne. Non seulement la Terre n'est pas le centre du monde, et le Soleil n'est qu'une étoile ordinaire au bord d'une galaxie parmi des milliards d'autres, mais en plus nous, et tout ce que nous voyons, ne sommes qu'une petite vague, une anomalie à la surface d'autre chose, une autre chose dominante. Le monde n'est pas celui que nous pensions. Enfin personne n'en avait jamais vraiment douté, si ?

## L'éternité

*Le temps qui est derrière nous est-il long ou court ? Nul ne sait*[1].

Werner ASPENSTRÖM

Même pendant les cinquante dernières années, le Big Bang n'a pas été la seule théorie de l'univers. On pourrait croire que la découverte d'un univers en expansion nécessite une création violente à l'aide d'une explosion inimaginable. Mais ce n'est pas tout à fait aussi simple. Sir Fred Hoyle (1915-2001), Hermann Bondi et

1. Traduction libre.

Thomas Gold étaient d'un tout autre avis. Selon eux, l'univers existait depuis toujours. Au fur et à mesure que les galaxies s'éloignent les unes des autres, de la matière se crée pour les remplacer. Un atome par-ci, un atome par-là, pas grand-chose mais suffisamment pour combler les espaces. Et l'univers devient ainsi éternel. Il a toujours existé, existera toujours et aura toujours la même apparence, ou à peu près. C'est le *principe cosmologique parfait.* Le principe cosmologique, communément accepté, nous dit que l'univers est le même partout. Le principe cosmologique parfait ajoute que l'univers sera le même dans le temps. Cette théorie est celle du *Steady State*, un concurrent valable du Big Bang jusqu'aux années 1960, et la découverte du fond diffus cosmologique. L'explication la plus simple, ou peut-être la seule, de ce phénomène est justement que l'on voit le choc originel. Hoyle a cependant maintenu jusqu'à sa mort sa croyance en un univers éternel. Et c'est Hoyle qui est à l'origine du terme Big Bang. Ironie du sort… Il a utilisé l'expression dans une interview à la radio, pour railler la théorie à laquelle il ne croyait pas. Le nom est resté et personne n'a trouvé mieux…

Hoyle s'est également fait un nom de son vivant dans de nombreux autres domaines. Il a été parmi les premiers à comprendre comment brillent vraiment les étoiles. Beaucoup pensent qu'il aurait dû avoir un prix Nobel. Il a triché en paléontologie, avec des déclarations étranges comme quoi l'archéoptéryx, l'oiseau le plus ancien, serait un faux. Ces oiseaux seraient selon lui des dinosaures ordinaires, et la pierre où les fossiles ont été trouvés aurait tout simplement été manipulée pour créer une empreinte d'ailes. Cela a suscité un certain remue-ménage, mais grâce à la découverte de nouveaux fossiles, on a rapidement montré que cela ne pouvait pas être vrai. Hoyle a aussi émis l'hypothèse que la vie sur terre vient de l'espace. Un peu comme le Suédois Svante Arrhenius, qui n'a pas seulement réfléchi aux queues des comètes, mais a également élaboré une théorie de la panspermie : des graines de vie évoluent dans la Voie lactée et atterrissent sur des mondes en création. Hoyle a ajouté son petit élément douteux : cela se produirait encore régulièrement. Selon cette théorie, les épidémies de grippe seraient en fait causées par de nouveaux organismes, introduits dans le système solaire par des comètes. Hoyle va encore plus loin dans son roman de science-fiction *Le Nuage noir*[1]. La Terre croise le chemin d'un nuage interstellaire, qui est en fait un être vivant et doué de pensée. Hoyle a vraiment pondu des idées très étranges, et nous verrons bien lesquelles ont un lien quelconque avec la réalité.

Je dois avouer que je suis quand même assez attiré par le monde éternel dont rêvait Hoyle. Il paraît beaucoup plus logique. Hoyle nous parle d'amas de galaxies ancestrales qui existent depuis plus de mille milliards d'années. Cela fait rêver. Dans l'univers tel que décrit par le Big Bang, un âge comme celui-là n'a aucun sens. Rien n'existe depuis aussi longtemps. Et c'est vrai que ce qui reste paraît presque insignifiant. Mais il demeure une possibilité de concilier l'éternel et le Big Bang, qui représente tout de même la meilleure description de la nature.

---

1. Fred Hoyle, *Le Nuage noir*, Paris, Nouvelles Éditions Oswald, 1979.

Lorsque Hoyle voulait créer de la matière à partir du néant dans le cadre de sa théorie Steady State, il a introduit un nouveau champ mystérieux, présent partout. C'est de ce champ qu'était issue la matière. Presque personne n'a pris ces idées au sérieux, mais il est amusant de constater que le champ de Hoyle ressemble au champ qui sous-tend la théorie de l'inflation, bien plus récente. Et ce champ crée également de la matière, même si cela se fait très soudainement quand l'inflation cesse. Rien de nouveau sous le soleil donc.

L'inflation comporte aussi l'embryon d'une théorie qui peut décrire la création de l'univers à partir du néant, et l'apparition de nouveaux mondes qui peuvent gonfler comme des bulles et devenir des bourgeons à greffer sur d'anciens mondes. Une rangée éternelle de mondes, comme un rang de perles sur un collier sans fin. On retrouve peut-être dans le passé un monde mère pour notre monde, nous amenant à son tour vers un passé sans frontières, et donc sans début. Peut-être que tous ces mondes sont différents, ou peut-être que nous portons l'héritage de l'existence précédente, accompagné d'éléments nouveaux. Peut-être que certaines perles sont plus belles que d'autres. Notre univers peut être en expansion et devenir plus froid éternellement, cela ne signifie pas pour autant la fin irrémédiable de la matière vivante et pensante. L'objectif est peut-être de maîtriser si bien les forces de la nature que nous pourrons un jour échapper à notre monde vieillissant et nous installer dans un nouveau monde bourgeonnant, qui fleurira pour donner un univers nouveau et peut-être meilleur. L'univers éternel de Hoyle devient ainsi une réalité possible.

C'est toujours dangereux de laisser le dogme s'installer, de n'avoir plus le droit de douter. On a longtemps parlé de croyances en cosmologie, parce que les observations exactes pour tirer des conclusions certaines n'existaient pas. Heureusement la situation s'améliore. Les possibilités d'étudier la création sans préjugés sont plus grandes. À travers l'Histoire, notre vision du monde a été teintée de préjugés religieux ou philosophiques. Nous nous imaginons peut-être que nous y sommes imperméables, et que nous parvenons à traiter les mystères de façon objective et scientifique. Je dois dire que je nourris des doutes… La vision moderne de notre univers est un peu trop bien adaptée aux héritages de la pensée occidentale, avec un développement issu d'une création unique. Création à rôle central, suivie d'un développement et d'une histoire linéaires. Mais je ne devrais peut-être pas exprimer ces doutes…

De toute façon, la réponse ne dépendra pas de telles considérations. La science comporte un mécanisme intégré permettant de mettre à mal les idées reçues les plus tenaces. Un jour, nous saurons vraiment. Et nous découvrirons peut-être qu'il existe une éternité au-delà du point de Swedenborg.

# Postface

Ceux qui m'ont aidé de différentes façons sont très nombreux, et il serait impossible de tous les énumérer. Pour citer certains de ceux qui m'ont permis de résoudre des problèmes plus précis, ou qui ont joué un rôle important d'une autre façon : Jan Blomgren, Karin Carlson, Nanny Fröman, Bengt Gustafsson, Göran Henriksson, Carl Nordling, Gunnar Tibell et Staffan Yngve à l'université d'Uppsala ; Lars Bergström et Hans Mathlein à l'université de Stockholm ainsi que Tommy Danielsson à la Högskolan Dalarna et Stanislaw Iwaniszewski au Mexique. J'aimerais aussi remercier Rolf Paulsson et Hector Rubinstein, qui m'ont aidé à faire du cours « Physique pour poètes » une réalité à l'université d'Uppsala. C'est en travaillant dans le cadre de ce cours que j'ai décidé d'écrire ce livre.

Et, pour terminer, j'aimerais par-dessus tout remercier ma famille : Karolina, Oskar et Klara que l'on retrouve ici et là dans le livre.

J'aimerais également citer quelques ouvrages qui m'ont été utiles ou qui me semblent pouvoir constituer des lectures complémentaires intéressantes. Dans les ouvrages de vulgarisation de la physique ou de l'astronomie, on retrouve une série d'explications et de métaphores. On les retrouve dans toute une série d'ouvrages sans vraiment en connaître l'origine. J'ai essayé dans la mesure du possible de trouver des explications ou métaphores qui me sont propres – en tout cas je crois qu'elles sont de moi – mais j'ai bien sûr fait des emprunts lorsque cela s'est avéré nécessaire.

Si l'on souhaite se pencher de plus près sur la pensée médiévale, il existe de nombreux ouvrages intéressants sur l'histoire des idées. Mon préféré reste cependant *The Foundation of Modern Science in the Middle Ages* d'Edward Grant[1]. Pour en savoir plus sur Swedenborg, voir le poème *Dikten om livet på den andra sidan* (Poème sur la vie de l'autre côté) d'Olof Lagercrantz[2].

Isaac Newton joue un rôle important dans mon livre, et on en apprend plus sur lui dans *Isaac Newton: The Last Sorcerer,* de Michael White[3].

Sur le problème de la longitude et l'horloger John Harrison, on trouve *Longitude* de Dava Sobel[4]. *Time's Arrow, time's Cycle* de Stephen Jay Gould[5] raconte la

1. Edward Grant, *The Foundation of Modern Science in the Middle Ages*, New York, Bloomington, 1996.

2. Olof Lagercrantz, *Dikten om livet på den andra sidan*, Stockholm, Wahlström & Widstrand, 1996. Traduction libre du titre dans le texte.

3. Michael White, *Isaac Newton : The Last Sorcerer*, Helix Books, 1999.

4. Dava Sobel, *Longitude*, Paris, J.-C. Lattès, 1995.

5. Stephen Jay Gould, *Time's Arrow, Time's Cycle*, Harvard University Press, 1987.

découverte de l'âge ancestral du monde. Gould a également écrit toute une série d'essais intéressants sur son sujet, la paléontologie, ainsi que sur la science en général.

Celui qui s'intéresse aux comètes trouvera une mine d'informations dans *Comets* de Donald K. Yeomans[1] où on en apprend plus sur John Gadbury, l'astrologue raté.

Il existe un nombre incalculable d'ouvrages sur la relativité et le temps, mais *The River of Time* d'Igor Novikov[2] est particulièrement agréable. Une de mes grandes sources d'inspiration. C'est dans le livre de Novikov que mon attention a été attirée pour la première fois sur cette merveilleuse citation traitant de la mémoire issue d'*Alice au pays des merveilles.* Les réflexions qui s'ensuivent sur la mémoire humaine sont une variante d'un raisonnement que l'on retrouve dans *Une brève histoire du temps*, de Stephen Hawking[3]. *About Time* de Paul Davies[4] est aussi un bon ouvrage traitant de la relativité. On peut d'ailleurs en apprendre plus sur le voyage relativiste du muon dans ces deux livres.

Pour une description assez complète des trous noirs et de l'espace-temps déformé, voir *Black Holes & Time*

1. Donald K. Yeomans, *Comets : a Chronological History of Observation, Science, Myth, and Folklore,* New York, J. Wiley and Sons, 1991.

2. Igor Novikov, *The River of Time*, Cambridge University Press, 1998.

3. Stephen Hawking, *Une brève histoire du temps : du big bang aux trous noirs*, Paris, Flammarion, 1989.

4. Paul Davies, *About Time*, Viking, 1995.

*Warps* de Kip S. Thorne[1]. On peut en apprendre plus sur les trous de ver, les trous noirs, le jeu de billard et les machines à remonter le temps. On y trouve aussi des exemples de voyages dans l'espace vers des galaxies lointaines et des trous noirs, un peu comme les exemples que j'ai donnés. Mais tous mes exemples reposent sur des calculs propres. La biographie *Strange Beauty* de George Johnson[2] nous en dit plus long sur Murray Gell-Mann et la découverte des quarks.

Quant à ma spécialité, la théorie des cordes, on peut la découvrir dans *L'Univers élégant* de Brian Greene[3]. C'est un ouvrage de vulgarisation de bonne qualité. *L'Univers dans une coquille de noix*[4] est un livre illustré et surréaliste de Stephen Hawking sur les cordes et la cosmologie.

Dans *The Five Ages of the Universe* de Fred Adams et Greg Laughlin[5] on peut avoir un aperçu de l'histoire de l'univers pendant une période très longue. Pour celui qui veut un ouvrage sur rien, je peux conseiller *The Book of Nothing* de John Barrow[6]. Barrow est également l'auteur d'un certain

1. Kip S. Thorne, *Trous noirs et distorsions du temps*, Paris, Flammarion, 1996.

2. George Johnson, *Strange Beauty*, Random House, 2000.

3. Brian Greene, *L'Univers élégant*, Paris, Robert Laffont, 2000.

4. Stephen Hawking, *L'Univers dans une coquille de noix*, Paris, Odile Jacob, 2001.

5. Fred Adams and Greg Laughlin, *The Five Ages of the Universe : Inside the Physics of Eternity*, New York, The Free Press, 1999.

6. John Barrow, *The Book of Nothing*, Jonathan Cape, 2000.

nombre d'autres ouvrages, *The Artful Universe*[1] par exemple. On en apprend plus sur Eudoxe, Hipparque et la précession. Le plus simple pour vraiment trouver l'inspiration est cependant de se procurer n'importe quel ouvrage de Peter Nilson.

1. *Id.*, *The Artful Universe Expanded*, Oxford University Press, 2005.

# Table

*Composé par Nord Compo Multimédia*
*7, rue de Fives, 59650 Villeneuve-d'Ascq*

*Cet ouvrage a été imprimé par*

CPI
Firmin Didot

*Mesnil-sur-l'Estrée*

*pour le compte des Éditions Robert Laffont*
*24, avenue Marceau, 75008 Paris*
*en janvier 2009*

Dépôt légal : janvier 2009
N° d'édition : 49246/01 - N° d'impression : 93434
*Imprimé en France.*